INSTALLATIONS
TÉLÉPHONIQUES

J. SCHILS

INSPECTEUR DES POSTES ET DES TÉLÉGRAPHES
OFFICIER D'ACADÉMIE

INSTALLATIONS TÉLÉPHONIQUES

NOTIONS SPÉCIALES D'ÉLECTRICITÉ
DESCRIPTIONS ET FONCTIONNEMENT DES APPAREILS
MONTAGE DES POSTES D'ABONNÉS
ET DES POSTES CENTRAUX

GUIDE PRATIQUE

A L'USAGE DU PERSONNEL DES POSTES, TÉLÉGRAPHES ET TÉLÉPHONES
ET DES MONTEURS-ÉLECTRICIENS

TROISIÈME ÉDITION

PARIS (VIᵉ)

H. DUNOD ET E. PINAT, ÉDITEURS

47 et 49, Quai des Grands-Augustins

1913

AVERTISSEMENT

DE LA TROISIÈME ÉDITION

Ce livre est destiné à rappeler aux agents chargés du montage, de l'entretien et de la surveillance des installations téléphoniques, les notions élémentaires d'électricité et de magnétisme, la description et l'installation des appareils qui leur ont été enseignées.

Nous avons évité d'entrer dans de trop grands détails sur la construction des appareils, et nous nous sommes bornés à la description de ceux qui sont absolument nécessaires pour faire comprendre le principe et le fonctionnement de tous les autres.

La première partie comprend des notions sur l'énergie en général, et sur l'énergie électrique et magnétique en particulier.

La deuxième partie est consacrée à l'étude du téléphone, du microphone, des appareils accessoires nécessaires à l'installation pratique de ces instruments, enfin au montage des postes d'abonnés.

La troisième partie comprend l'étude des tableaux-commutateurs pour postes principaux d'abonnés et bureaux centraux de l'État desservant, en principe, moins de cinq cents lignes.

La quatrième partie est réservée à des indications générales sur les moyens employés pour rechercher les dérangements.

Enfin, une cinquième partie, est consacrée à l'étude sommaire des grands bureaux desservis par des commutateurs multiples *ordinaires* et *à batterie centrale*.

Les appareils et dispositifs nouveaux qui ont été adoptés depuis l'apparition de la seconde édition ont été ajoutés à l'édition actuelle. Cette addition a exigé un remaniement complet de l'ouvrage et, pour rester, autant que possible, dans les mêmes limites, nous avons dû éliminer certaines installations, qui subsistent encore, mais ne seront plus réalisées ou ne présentent qu'un intérêt secondaire.

Les phénomènes de l'induction sur lesquels sont basées, pour ainsi dire, toutes les applications industrielles de l'électricité, ont une telle importance que nous avons cru devoir ajouter aussi à cette édition une *nouvelle théorie* de l'induction. C'est évidemment sans prétention que nous présentons cette théorie; mais elle nous permet du moins d'expliquer, d'une manière satisfaisante, les effets de l'induction à ceux des élèves qui, ne se contentant pas de savoir que l'on constate telle ou telle chose, demandent à en connaître le pourquoi (voir l'appendice à la fin du volume).

PREMIÈRE PARTIE

PRÉLIMINAIRES. — ÉLECTRICITÉ ET MAGNÉTISME

———

I

PRÉLIMINAIRES

1. Historique. — Sans reprendre l'historique des recherches sur l'électricité, historique qui a fait l'objet de gros volumes, je vais indiquer ici, en quelques mots, l'origine de la science électrique.

Le mot électricité a été tiré du mot grec ἤλεκτρον, qui signifie ambre jaune. On connaît en effet depuis l'antiquité la propriété que possède cette susbtance, lorsqu'elle a été frottée, d'attirer les corps légers : petits morceaux de papier, plumes, etc. ; un philosophe grec, Thalès, de Milet, qui vivait vers l'an 600 avant notre ère, a mentionné cette propriété ; toutefois, la cause du phénomène resta longtemps inexpliquée, ou, du moins, fut attribuée à toute autre chose qu'à l'électricité.

Ce n'est que bien plus tard, vers la fin du xvıᵉ siècle, que Gilbert, médecin anglais, reprit l'étude de cette action et reconnut que beaucoup de subtances pouvaient acquérir la même propriété. On sait aujourd'hui que tous les corps, lorsqu'on prend certaines dispositions, peuvent agir de même.

Pendant le xvııᵉ et le xvıııᵉ siècle, cette force mystérieuse fut étudiée de plus près. L'identité de la foudre et de l'électricité, dont l'idée est due à Franklin, fut établie par plusieurs savants.

Enfin, au commencement et dans le cours du XIXᵉ siècle, des découvertes successives permirent de reconnaître que l'électricité pouvait être produite par des moyens divers, autres que le frottement : action chimique, action des aimants, etc... Cependant, à l'heure actuelle, la nature de cette force n'est pas encore exactement connue; toutefois, dans l'une des hypothèses émises par les savants modernes, l'électricité ne serait que l'une des formes de l'*énergie universelle* qui, suivant la façon dont elle se manifeste, produit : de l'énergie mécanique, le son, le magnétisme, l'électricité, la chaleur, la lumière, l'action chimique et beaucoup d'autres phénomènes.

NOTIONS SUR L'ÉNERGIE UNIVERSELLE

2. Transformations de l'énergie. — L'expérience a fait reconnaître que la dépense, par des moyens appropriés, d'une certaine somme de l'une des formes de l'énergie, permet de récupérer, théoriquement, une même somme d'énergie sous une autre forme. On dit théoriquement, car toutes les fois qu'il y a transformation, les moyens mis en œuvre absorbent en pure perte une partie de l'énergie dépensée.

Examinons, par exemple, les diverses transformations nécessaires pour obtenir de l'énergie d'une machine électrique. L'installation comprend : une chaudière ou générateur de vapeur, une machine à vapeur et une machine électrique, connue aujourd'hui par tout le monde sous le nom de *dynamo*.

1° La combustion du charbon, dans le foyer de la chaudière, est due à l'*énergie chimique* qui provoque la combinaison du carbone et de l'oxygène emprunté à l'air.

2° Cette combinaison provoque l'apparition de l'énergie calorifique.

3° Celle-ci, à son tour, vaporise l'eau, et la vapeur produisant de l'*énergie mécanique* pousse le piston et met la machine en mouvement. Celle-ci sert alors d'intermédiaire et, soit par attelage direct, soit à l'aide d'une courroie, transmet le mouvement à la machine électrique.

4° L'énergie mécanique est enfin transformée en *énergie électrique* que l'on recueille aux bornes de la dynamo.

3. Pertes de l'énergie. — La quantité d'énergie électrique disponible devrait être égale à la quantité d'énergie chimique qui produit la combustion ; mais l'imperfection des organes mis en jeu détermine, pour ainsi dire, des fuites d'énergie ; autrement dit, soit des pertes directes, soit des retransformations sous des formes qui ne sont pas utilisées. En effet, malgré les soins apportés à la construction des chaudières, malgré les perfectionnements imaginés dans ces dernières années surtout, une partie de la chaleur est perdue. La vapeur également perd de la chaleur dans les tuyaux et, par suite, de son énergie mécanique. Une partie du travail mécanique est absorbée par les frottements des organes de la machine à vapeur et de la dynamo et retransformée inutilement en chaleur. On pourrait enfin découvrir que, par suite du passage de la vapeur dans les tuyaux et des frottements de tous les organes en mouvement, il y a production d'énergie électrique non utilisable.

4. Utilisation de l'énergie électrique. — Cependant, une fois en possession de l'énergie électrique que nous sommes parvenus à produire par le moyen que nous venons d'exposer, par exemple, nous pouvons l'utiliser sous différentes formes en opérant de nouveau des transformations :

Sous forme d'*énergie mécanique*, pour actionner des machines ou des voitures ;

D'*énergie chimique*, pour la galvanoplastie :

D'*énergie chimique*, puis de nouveau *électrique* par l'intermédiaire d'*accumulateurs* ;

D'*énergie calorifique*, pour le chauffage ;

D'*énergie lumineuse*, pour l'éclairage ;

D'*énergie magnétique*, puis *mécanique*, pour le télégraphe ;

D'*énergie magnétique*, puis *sonore* pour le téléphone.

5. Qu'est-ce que l'énergie ? — Maintenant qu'est-ce que l'énergie, et par quoi est-elle produite ? Or, si nous ignorons la cause initiale qui a déterminé l'apparition des phénomènes naturels dus à cette force, l'étude d'une grande partie de ces phénomènes, c'est-à-dire de formes sous lesquelles l'énergie manifeste ses effets, fait reconnaître que cette force est due au nombre plus ou moins grand des vibrations dont sont animés les corps et surtout les molécules ou les atomes qui constituent la matière.

Il est nécessaire d'ouvrir ici une parenthèse et d'examiner brièvement cette constitution de la matière.

6. Constitution de la matière. — L'expérience démontre que la matière solide, liquide ou gazeuse doit être constituée par l'agglomération de particules très petites, appelées *molécules*, qui sont composées elles-mêmes d'*atomes*. Ces particules sont maintenues, sans se toucher, dans leurs positions respectives, par l'une des formes de l'énergie, qui est la force de *cohésion*.

La cohésion est considérable dans les solides; elle leur permet de garder, à l'état normal, la forme qui leur a été donnée.

La cohésion est moins grande dans les liquides : les molécules de ceux-ci glissent les unes sur les autres sous l'action de la pesanteur, et le liquide, retenu par le vase qui le contient, présente une surface plane horizontale.

La cohésion est enfin nulle dans les gaz dont les molécules sont soumises, au contraire, à une force répulsive qui les oblige à s'écarter les unes des autres. C'est pourquoi les gaz remplissent toujours les espaces qui les contiennent, et ne sont maintenus que par la résistance de l'enveloppe, la pression d'un autre gaz ou la pesanteur.

On dit que les molécules ne se touchent pas : en effet, on peut, sans y ajouter ou retrancher de la matière, augmenter ou diminuer le volume d'un corps.

Le volume peut diminuer si l'on soumet le corps à une action mécanique (martelage, laminage ou pression) qui en rapproche les molécules. La diminution de chaleur fait également, sauf dans certains cas particuliers, diminuer le volume.

Au contraire, sous l'influence d'une diminution de pression ou d'une augmentation de calorique, on peut faire dilater les corps, c'est-à-dire écarter leurs molécules.

7. Vibrations. — Examinons maintenant ce que c'est que les *vibrations*. Leur étude nous sera d'ailleurs utile pour l'explication du téléphone.

Je fixe, par exemple, une tige rigide par l'une de ses extrémités, et je déplace l'extrémité libre, sans toutefois vaincre complètement la cohésion, ce qui amènerait une rupture ou, tout au moins, une déformation permanente. Si j'abandonne l'extrémité déplacée, la tige revient sur elle-même, en vertu de la cohésion qui crée ici, pour le corps considéré, ce qu'on appelle sa force élastique; mais, lancée par cette force, la tige dépasse sa position de repos, puis revient sur elle-même pour repartir de nouveau; ces mouvements de va-et-vient diminuent peu à peu d'amplitude, tant sous l'influence de la force élastique que par suite de la résistance de l'air et, au bout d'un temps plus ou moins long, la tige reste au repos. Chacun des mouvements dans un sens ou dans l'autre est une *vibration simple*, et l'ensemble de deux mouvements successifs (aller et retour) une vibration complète.

8. Son. — Si le nombre de vibrations atteint 60 par seconde environ, nous commençons à percevoir un *son*. En effet, la tige frappe l'air; celui-ci, qui est élastique, suit les mouvements, les transmet de proche en proche jusqu'à notre oreille, et, par l'intermédiaire des différents organes de celle-ci, le cerveau perçoit le son.

En augmentant progressivement le nombre des vibrations de la tige, ce que l'on peut obtenir en diminuant sa longueur, on peut produire une série de sons parmi lesquels se trouvent les notes usitées en musique : le *la* normal, par exemple, qui sert à mettre les instruments et les voix d'accord, est le résultat de 870 vibrations simples par seconde.

Il faut remarquer que le nombre des vibrations détermine l'élévation de la note, et que l'amplitude de ces vibrations détermine l'intensité du son.

Le son est doué d'une autre qualité qu'on appelle le *timbre*. Ce timbre diffère suivant la nature du corps sonore : on distingue en effet facilement le son d'une note émise par la voix humaine du son de cette même note donnée par un instrument de cuivre. Cette différence est due à des sons, appelés *harmoniques*, produits par des vibrations secondaires propres à chaque corps, et qui se superposent au son principal.

9. Propagation du son. — Nous disions tout à l'heure que l'air transmettait les vibrations de proche en proche ; en effet, la couche d'air qui sépare la tige de notre oreille n'est pas entraînée en bloc par cette tige ; si cela était, la propagation du son serait instantanée. Or, on sait que ce phénomène, de même que tous les autres, met un certain temps pour se manifester, et qu'il parcourt, dans l'air, environ 340 mètres par seconde. La tige produit dans l'air ce que produit dans l'eau une pierre qui tombe, c'est-à-dire des ondes successives. Autrement dit, une première couche d'air entre en mouvement, puis ébranle une deuxième couche, et ainsi de suite ; c'est la dernière couche qui agit directement sur le tympan de l'oreille. Les mouvements de va-et-vient de chacune des couches produisent, à leur point de rencontre, une petite vague visible si nous avons affaire à de l'eau, et l'espace compris entre chacune de ces vagues est ce qu'on appelle la *longueur d'onde*.

Le mécanisme de la propagation du son montre que les vibrations ne sont pas seulement des mouvements de l'ensemble des corps, mais aussi de leurs molécules. La transmission du son à travers un corps solide, un mur en maçonnerie par exemple, s'opère en effet d'une manière analogue : il serait évidemment inadmissible de croire que les vibrations de l'air provoquées par la voix humaine, sont capables de faire bouger un mur dans son ensemble.

En augmentant, par un procédé quelconque, le nombre des vibrations par seconde, on constate, qu'après avoir augmenté d'acuité au point de provoquer une souffrance, le son cesse d'être perçu lorsqu'on atteint, suivant les individus, de 30.000 à 40.000 vibrations. Ceci tout simplement parce que la constitution des organes de l'ouïe ne leur permet pas de suivre des mouvements aussi rapides.

10. Les vibrations produisent d'autres phénomènes. — Or, si l'énergie mécanique que nous avons dépensée s'est transformée jusqu'ici en énergie sonore, que devient cette énergie si le nombre des vibrations augmente encore? Les études faites depuis relativement peu de temps ont fait reconnaître ou, du moins, supposer que ces vibrations déterminent des phénomènes magnétiques et électriques, puis de la chaleur, de la lumière, etc., en un mot, suivant leur nombre, tous les phénomènes que nous connaissons. Le nombre des vibrations peut alors devenir considérable puisque les différentes colorations de la lumière dont l'ensemble produit sur nos yeux la sensation du blanc seraient le résultat de 450 à 750 trillions de vibrations par seconde !

Ces vibrations affectent non seulement les molécules des corps, mais aussi le fluide impondérable, appelé *ether*, qu'on suppose exister entre les molécules des corps et dans les espaces interplanétaires. C'est en effet par l'intermédiaire de l'éther que se transmettent la chaleur, la lumière et les phénomènes magnétiques et électriques qui nous viennent des astres.

Tout est donc vibrations, c'est-à-dire de l'énergie. L'étude des phénomènes de la radioactivité a même amené certains auteurs à penser que la matière était de l'énergie condensée !

La vie n'est-elle pas le résultat des vibrations des molécules de la matière qui compose les corps organisés? Le corps humain n'est-il pas en effet un laboratoire dans lequel se manifeste des phénomènes physiques et chimiques? La pensée? le résultat des vibrations des molécules de la matière cérébrale qui, par les conducteurs appelés nerfs, transmet ses ordres à tout l'organisme; plus loin même, puisque la pensée, comme la télégraphie sans fil, peut se transmettre à un autre organisme et produire des phénomènes connus sous le nom de suggestion et de télépathie.

Mais qu'un trouble survienne dans la machine humaine et modifie le régime des vibrations de l'un des organes, l'harmonie entre tous les phénomènes qui avaient présidé à la naissance de l'individu et continué à le faire vivre est rompue : c'est la maladie et peut-être la mort...

De même, un grain de sable venant à enrayer l'un des organes de la machine à vapeur qui faisait partie de l'installation que nous avons examinée précédemment pourra provoquer un ralentissement, ou même l'arrêt de tout l'ensemble.

Comme les autres formes de l'énergie, l'énergie électrique, ou plus simplement l'électricité, peut se produire par différents moyens : le frottement, l'action chimique, l'action magnétique ; mais l'expérience a permis de déterminer quels sont, parmi ces moyens, les plus pratiques à employer pour obtenir le résultat voulu. Nous abandonnerons immédiatement l'action mécanique du frottement, qui est mis en œuvre dans des machines qui ne sont pas employées en téléphonie, et nous étudierons d'abord l'action chimique.

II

PILES

11. Action chimique. — On appelle action chimique, le phénomène qui se produit lorsque deux ou plusieurs corps, mis en présence dans de certaines conditions, se combinent entre eux pour former un corps nouveau dont les propriétés ne sont pas les mêmes que celles des corps qui sont entrés dans la combinaison.

C'est ainsi que du sable et de l'oxyde de plomb, soumis à une certaine température, se combinent pour former du verre qui diffère évidemment des deux corps précédents. C'est encore une action chimique qui se produit lorsque le fer, placé dans un endroit humide, s'empare de l'oxygène de l'eau pour former de la rouille, c'est-à-dire de l'oxyde de fer.

On constate que pendant la durée de toute action chimique il y a changement de température, quelquefois production d'énergie lumineuse, mécanique et, ce qui nous intéresse ici, production d'électricité.

12. Pile à un liquide. — Dans un vase en verre contenant de l'eau acidulée, avec de l'acide sulfurique par exemple, nous introduisons un bâton de zinc. En présence de ce métal, et aussi sous l'influence de l'acide, l'eau est décomposée en ses deux éléments : l'oxygène et l'hydrogène. L'oxygène et l'acide forment avec le zinc du sulfate de zinc, et l'hydrogène se dégage.

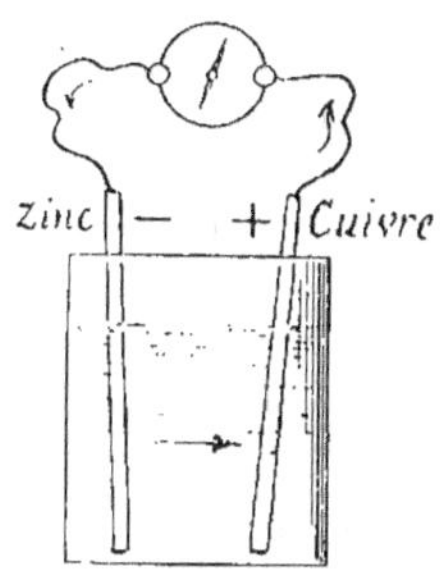

Fig. 1.

Nous ne voyons pas encore trace d'électricité ; cependant certains instruments permettraient de démontrer que le liquide et le métal sont doués maintenant de propriétés qu'ils ne possèdent pas lorsqu'ils sont séparés.

Si nous mettons dans le vase une autre tige de métal, c'est-à-dire, comme nous le verrons plus loin, un corps bon conducteur de l'électricité, et que nous réunissions les deux tiges par un fil métallique sur lequel se trouve intercalé un *galvanomètre*, nous constatons, par la déviation de l'aiguille de l'instrument, qu'il passe dans le fil quelque chose que nous appellerons *courant électrique*. En même temps, l'hydrogène, au lieu de se dégager directement, traverse le liquide et se précipite vers le corps que nous avons ajouté.

On admet, par convention, car, malgré les apparences, la chose n'est pas absolument démontrée, que le sens du courant électrique est le même que celui de l'hydrogène ; c'est-à-dire qu'il part du métal attaqué, que nous appellerons *pôle négatif*, pour se rendre au métal non attaqué qui devient le *pôle positif*. En dehors du vase, le courant continue dans la même direction et se rend du pôle positif au pôle négatif.

Il est indispensable que, des deux corps plongés dans l'eau acidulée, celui qui est destiné, pour ainsi dire, à recueillir le courant, ne soit pas attaqué. En effet si les actions chimiques avaient la même énergie des deux côtés, les forces produites s'annuleraient au sein même du liquide, et il n'y aurait pas de courant; car l'électricité, comme toute force, ne détermine un mouvement que s'il y a rupture d'équilibre : un courant d'eau, par exemple, ne s'établit que s'il existe une différence de niveau entre deux points du sol sur lequel repose le liquide. En un mot, si l'équilibre n'est pas rompu, les forces s'annulent ou restent à l'état latent.

On a donc choisi généralement le zinc parce que ce métal est facilement attaquable et aussi parce que son prix est relativement bas. Dans certaines piles, le métal non attaqué est le cuivre; dans d'autres il est remplacé par du charbon de cornues. Ce dernier corps, assez bon conducteur de l'électricité, est précisément employé dans la pile Leclanché que nous allons étudier bientôt.

13. Pile de Volta. — La pile électrique, inventée par Volta, était formée de rondelles métalliques empilées les unes sur les autres; chaque couple de rondelles, formé de deux métaux différents, séparé du suivant par une rondelle de drap imbibée d'eau acidulée, constituait un élément de la pile. En changeant de forme, l'appareil a conservé le nom de pile et chaque vase contenant les parties essentielles dont nous venons d'examiner le rôle, constitue un élément de pile. Celle-ci peut alors être formée de plusieurs éléments qui seront groupés comme nous le verrons plus loin.

14. Polarisation. — Considérons d'abord, avant de réunir les deux pôles, la tige de zinc plongée dans l'eau acidulée. On pourrait remarquer que le dégagement d'hydrogène, d'abord assez abondant, ralentit bientôt et cesse presque complètement au bout de peu de temps : c'est que l'hydrogène, en sortant de sa combinaison avec l'oxygène, ne s'élève pas assez rapidement, malgré sa légèreté, et forme, pour ainsi dire, autour du zinc, une gaine qui protège le métal contre l'attaque du liquide.

Réunissons maintenant les deux pôles : au lieu de s'accumuler autour du zinc, l'hydrogène se dirige, comme le courant, vers le métal non attaqué et celui-ci se trouve bientôt recouvert d'une enveloppe d'hydrogène qui ne se dégage que fort lentement. Or ce gaz est mauvais conducteur de l'électricité ; il en résulte qu'à partir de ce moment, la marche du courant est pratiquement interrompue. La pile est ce qu'on appelle *polarisée*.

De plus, la circulation de l'hydrogène se trouvant considérablement ralentie, ce gaz s'accumule autour du zinc et l'action chimique est également arrêtée.

Il est cependant possible d'obtenir encore du courant électrique de notre pile : il suffit d'interrompre *complètement* toute circulation en rompant la communication extérieure entre les deux pôles. L'hydrogène se dégage peu à peu et l'élément revient à son état normal. Mais cette obligation eût fait abandonner la pile comme générateur pratique d'électricité si l'élimination de l'hydrogène, au fur et à mesure de son apparition, n'avait pu être obtenue.

Fort heureusement, après avoir essayé divers moyens, on est arrivé à introduire, dans la constitution des piles, des corps riches en oxygène. Ces corps abandonnent plus ou moins généreusement ce gaz qui se combine avec l'hydrogène pour former de l'eau. Celle-ci, loin d'être nuisible, remplace en partie celle qui est décomposée ou évaporée.

PILE LECLANCHÉ

15. Description. — L'élément Leclanché est composé d'un vase en verre, de forme carrée, contenant :

1.º Une dissolution de chlorhydrate d'ammoniaque qui est le liquide actif.

La quantité de sel est de 80 grammes pour l'élément télé-graphique, et de 100 grammes pour l'élément téléphonique.

La dissolution devra monter aux deux tiers de la hauteur du vase lorsque l'élément sera complètement monté. Les bords du vase sont paraffinés afin d'atténuer, autant que possible, la montée de sels grimpants provenant de la dissolution ;

2° Un crayon de zinc qui est le métal attaqué. Le prix du zinc pur étant très élevé, et le zinc du commerce contenant des impuretés, on corrige ce défaut en amalgamant le zinc, c'est-à-dire en le trempant dans du mercure. Une lame de cuivre étamé, soudée au zinc, sert à prendre la communication ;

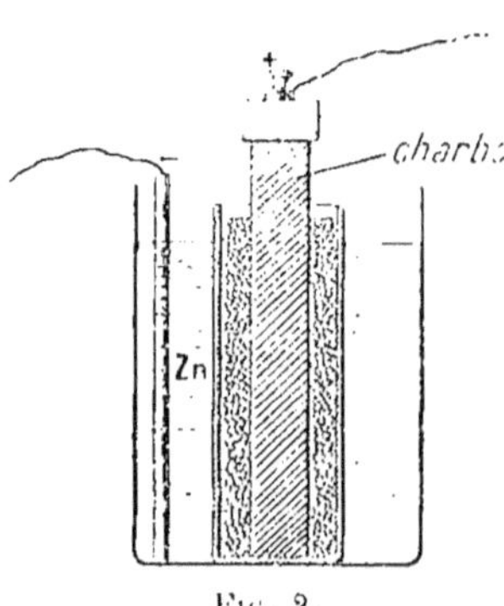

Fig. 2.

3° Un vase poreux, en terre de pipe, contenant une lame de charbon de cornues. Le charbon est surmonté, dans le modèle téléphonique, d'une calotte en plomb dans laquelle est fixée une tige filetée, en cuivre, garnie d'un écrou. C'est sous cette pièce qu'on serre la prise de communication du pôle positif.

Le haut du charbon est paraffiné, et la calotte de plomb recouverte d'une couche de vernis. De plus, lorsque le montage du vase poreux est terminé, tout le haut est trempé dans un bain de paraffine. Toutes ces précautions sont prises pour protéger le plomb contre les sels.

Sur la tête de la lame de charbon destiné à l'élément télé-graphique est soudée la lame de cuivre étamée du zinc qui, lors du montage de la pile, plongera dans l'élément voisin.

La lame de charbon placée dans le vase poreux est entourée d'un mélange, en parties égales, de charbon de cornues et de *bioxyde de manganèse* concassés. Ce dernier corps sera le *dépolarisant*. Le vase poreux est enfin bouché par de la cire dans laquelle on pratique des trous pour le dégagement des gaz.

16. Fonctionnement de la pile. — Lorsqu'on *ferme le circuit*, c'est-à-dire lorsqu'on réunit les pôles par un corps bon conducteur, la pile entre en activité sous l'influence des réactions chimiques, et le courant électrique circule dans le circuit. On admet, comme cela a été déjà dit, qu'il va, dans le vase, du zinc au charbon et, à l'extérieur, du pôle positif au pôle négatif.

Les réactions chimiques, représentées dans le tableau ci-dessous, peuvent ainsi se résumer :

Vase en verre		*Vase poreux*	
Zinc..........	Chlorure de zinc	Bioxyde de Manganèse :	
Eau et chlor-	Ammoniaque...	Oxygène...........	
hydrate d'am-			Eau
moniaque....	Hydrogène.......	....	

La dissolution de chlorhydrate d'ammoniaque se décompose en attaquant le zinc : il en résulte du chlorure de zinc combiné avec de l'ammoniaque ; de l'hydrogène se dégage. Suivant la marche du courant, ce gaz pénètre dans le vase poreux et emprunte au bioxyde de manganèse de l'oxygène avec lequel il reforme de l'eau.

Le charbon concassé sert tout simplement à corriger la mauvaise conductibilité du bioxyde de manganèse et à diminuer, par conséquent, la résistance que ce corps opposerait à la marche du courant.

Pratiquement, l'élément Leclanché ne travaille pas en circuit ouvert. En effet, si le courant ne circule pas, l'hydrogène provenant de la réaction chimique se condense autour du zinc au lieu de se diriger vers le dépolarisant. Le zinc est alors environné d'une gaine protectrice qui arrête la réaction ou, du moins, la ralentit considérablement, car l'hydrogène se dégage peu à peu.

Cet arrêt de la consommation du zinc est aussi dû à l'amalgamage qui s'oppose à la formation de petits éléments parasites, dans la masse même du zinc, entre ce métal et des parcelles d'autres métaux qu'il peut contenir.

Si l'élément Leclanché ne consomme rien en circuit ouvert, par contre, s'il travaille en courant continu sur un circuit de faible résistance, le dépolarisant ne fournit pas assez rapidement son oxygène, et la pile se polarise au bout de peu de temps.

17. Entretien de la pile. — On doit maintenir le niveau du liquide aux deux tiers de la hauteur du vase.

Ajouter un peu de sel, de temps à autre, pour maintenir la saturation du liquide; mais avoir bien soin de ne pas en jeter sur le vase poreux. Une dissolution trop faible est moins active et ne dissout pas le chlorure de zinc; celui-ci cristallise sur la base du bâton de zinc et diminue, par conséquent, la surface attaquable de celui-ci. Par contre, un excès de sel provoque la formation de sels grimpants.

Si cette formation se produit, on doit nettoyer avec soin toutes les parties recouvertes.

On doit enfin débarrasser le zinc du chlorure qui a pu s'y déposer et au besoin mettre un zinc neuf.

Le zinc pouvant ainsi se remplacer au fur et à mesure de son usure et la dissolution se renouveler, la durée de l'élément n'est limitée que par la transformation du bioxyde de manganèse en sesquioxyde, c'est-à-dire par la disparition d'une partie de l'oxygène du dépolarisant. Cette transformation peut d'ailleurs durer plusieurs mois. Le signe du dépérissement de l'élément est alors naturellement une polarisation rapide, et il ne reste plus qu'à changer le vase poreux, avec son contenu bien entendu.

Les éléments Leclanché utilisés dans les postes téléphoniques sont groupés par trois dans une boîte qui présente extérieurement les bornes de prise de courant : à gauche, le pôle négatif; à droite, le pôle positif.

PILES A LIQUIDE IMMOBILISÉ

18. Principe. — On désigne sous ce nom, des piles dont les éléments ont une composition analogue à celle de l'élément Leclanché, mais dans lesquels le liquide actif est incorporé dans une substance spéciale à chaque type. En outre, l'élément est contenu dans une boîte en bois ou en carton, moins fragile que le verre, et, sauf un trou pratiqué à la partie supérieure pour permettre le dégagement des gaz, cette boîte est complètement close.

Ces dispositions rendent le liquide inversable et permettent, par conséquent, de placer les éléments dans des endroits où la rupture de l'un des vases d'une pile ordinaire serait susceptible d'occasionner des dégâts.

En général, lorsque ces sortes d'éléments sont épuisés, soit du fait de l'usure du zinc, soit du fait de la transformation du dépolarisant, il ne reste plus qu'à les remplacer.

Parmi les différents types fournis à l'Administration, nous examinerons seulement deux modèles.

19. Pile Delafon. — La boîte est en bois, peint à l'extérieur et enduit de résine à l'intérieur. Une plaque de zinc z, constituant l'électrode négative, est repliée de manière à garnir les quatre côtés de la boîte. Au milieu de celle-ci se trouve un

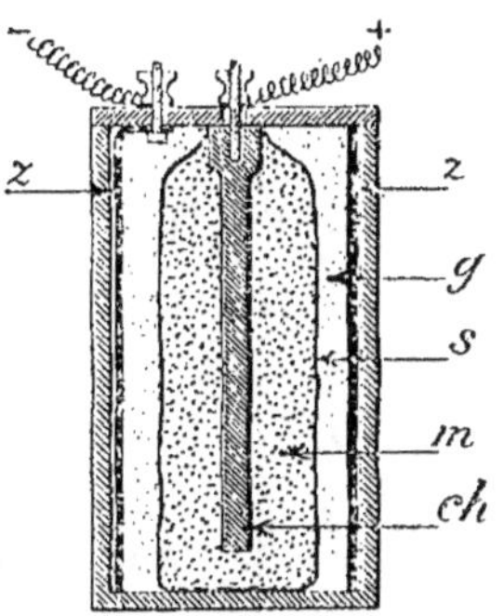

Fig. 3.
Pile à liquide immobilisé.

sac en toile s contenant une lame de charbon, ch, entourée du mélange dépolarisant m, réduit ici en poudre assez fine. L'espace vide est rempli par de la gélatine g dans laquelle on a préalablement incorporé la quantité voulue de chlorhydrate d'ammoniaque.

Le zinc et le charbon sont reliés à des bornes portées par le couvercle.

20. Pile Leclanché. — La boîte est en carton durci et verni. Le zinc est une plaque circulaire, autrement dit, un manchon. Comme dans la pile précédente, l'électrode positive et le dépolarisant sont contenus dans un sac en toile. Le liquide est immobilisé dans de la sciure de bois.

La grande surface du zinc, ainsi que l'emploi d'un sac et du dépolarisant réduit en poudre, donnent encore à ces éléments un avantage important sur les éléments Leclanché à vase poreux : comme on s'en rendra mieux compte dans la suite, la surface du zinc et l'emploi du sac réduisent la *résistance intérieure* ; le dépolarisant ainsi divisé présente une plus grande surface de contact à l'hydrogène et la pile se polarise moins.

C'est dans le même but que l'Administration tend à remplacer les éléments ordinaires par des modèles dans lesquels le vase poreux est également remplacé par un sac en toile et le bâton de zinc par un zinc demi-circulaire ; dans d'autres, le mélange dépolarisant se présente sous la forme d'un aggloméré qui supprime l'emploi du vase ou du sac. Ces éléments seront pourvus d'un couvercle qui diminuera l'évaporation.

PILE CALLAUD

21. Description. — L'élément Calland est formé d'un vase en verre cylindrique dont les bords sont, ou paraffinés comme ceux de l'élément Leclanché, ou enduits d'ocre jaune. Ce vase contient :

1° Une dissolution de sulfate de cuivre montant un peu au-dessus de la moitié de la hauteur. C'est le *dépolarisant* ;

2° Une certaine quantité d'eau acidulée par de l'acide sulfurique : c'est le liquide actif. Celui-ci se maintient au-dessus de la dissolution, grâce à la différence de densité des deux liquides ;

3° Une lame de zinc, contournée circulairement, qui est suspendue sur les bords du vase par des crochets en cuivre et plonge dans l'eau acidulée ;

4° Une tige de cuivre recouverte d'une gaine en gutta-percha et terminée par une feuille de cuivre. La tige, ainsi isolée, traverse les deux liquides, et la feuille se trouve plongée dans la dissolution de sulfate de cuivre dont la saturation est assurée par un excédent de cristaux de ce sel.

22. Fonctionnement de la pile.

— Le liquide actif, décomposé, attaque le zinc et le transforme en sulfate de zinc qui se dissout. L'hydrogène de l'eau, qui se trouve en présence du sulfate de cuivre légèrement diffusé dans la partie supérieure, se combine avec l'oxygène de ce sel et reforme de l'eau. Le sel étant décomposé, l'acide sulfurique acidule le liquide actif, et le cuivre va se déposer sur la feuille de même métal.

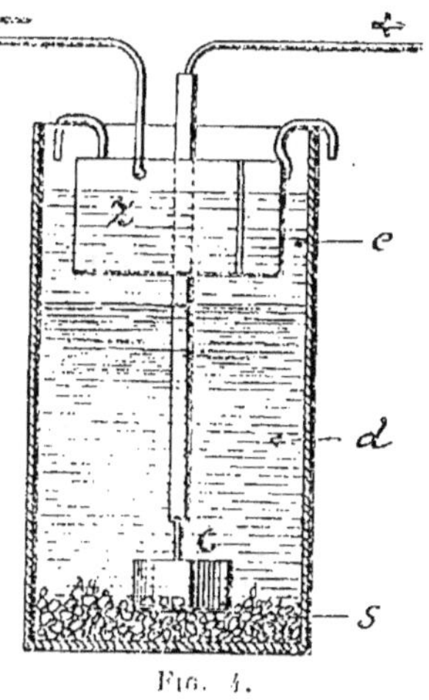

Fig. 4.

Liquide supérieur		Liquide inférieur	
Zinc	(Sulfate de zinc		
Eau acidulée) Hydrogène ....) Eau			
	Dissolution (Oxygène		
	de { Acide sulfurique		
	sulfate de cuivre (Cuivre		

Il n'est pas nécessaire, comme on le voit, que le circuit soit fermé pour que ces réactions s'opèrent. Il faut toutefois remarquer que la dépolarisation est plus accentuée quand le circuit est fermé, car, grâce à la gaine de gutta-percha, le courant est obligé, en partant du négatif, de passer au travers de la dissolution de sulfate de cuivre pour rejoindre l'électrode positive : l'hydrogène suit, par conséquent, le même chemin et traverse le liquide dépolarisant dans sa partie la plus concentrée. Donc, grâce au dépolarisant liquide, l'hydrogène est absorbé au fur et à mesure de son apparition. Il en résulte que l'élément Callaud fournit, quand le circuit est fermé bien entendu, un courant constant; mais il en résulte aussi que ses constituants s'usent à circuit ouvert. Pour ces deux raisons, l'emploi de la pile Callaud est tout indiqué lorsqu'on a besoin d'un courant presque continu. Cette pile est donc réservée aux installations un peu importantes.

MOYEN DE RECONNAITRE LES POLES D'UNE PILE A DISTANCE

23. Il peut y avoir intérêt, dans certaines installations, à ne pas attacher indifféremment les fils venant d'un générateur d'électricité à des bornes quelconques. Autrement dit, on veut diriger le courant sur les appareils dans un sens déterminé.

Si le générateur est éloigné ou placé dans un autre local, il n'est pas toujours facile de suivre les conducteurs. Il existe alors, à défaut d'appareils *ad hoc*, un moyen simple pour reconnaître ces conducteurs. Il suffit de se munir d'un verre contenant de l'eau à laquelle on ajoute, si c'est possible, quelques gouttes d'acide sulfurique ; sinon, on peut prendre du vinaigre pur. On plonge les bouts dénudés des fils dans le liquide : le circuit est fermé par l'intermédiaire de l'eau dont l'acide augmente la conductibilité ; l'eau est décomposée par le courant ; l'oxygène se combine avec le métal de l'un des fils pour former un oxyde, et l'hydrogène, suivant la marche du courant, se porte vers l'autre fil. Ce phénomène indique donc que le premier fil est relié au pôle positif, et le second au pôle négatif.

III

ÉTUDE DU COURANT ÉLECTRIQUE. — UNITÉS

CARACTÈRES DU COURANT ÉLECTRIQUE

24. Quantité. Intensité. — Un robinet peut débiter un certain nombre de litres d'eau dans un temps donné. De même, la pile fournit une certaine quantité de courant électrique dans un temps donné.

Pour mesurer cette quantité, qui est *proportionnelle à la surface du métal attaqué*, ou, si l'on veut, à la quantité de zinc consommée à la fois, on a adopté une mesure appelée *coulomb*.

Toutefois, nous ne parlerons pas ici de quantité seulement. En effet, pour utiliser le courant, il faut le faire travailler en intercalant des appareils entre les deux pôles de la pile; le courant va donc trouver une certaine *résistance* sur son passage. Nous dirons alors que le courant qui traverse une résistance est doué d'une certaine *intensité*; et c'est cette intensité que nous mesurerons en *ampères*.

25. Force électro-motrice. — L'action chimique détermine entre les deux pôles de la pile une certaine *tension* ou *force électro-motrice*. C'est la tension qui permet à l'électricité de se propager à travers les conducteurs et même quelquefois à travers l'air. La tension dépend de l'énergie avec laquelle s'opère la réaction chimique; elle varie donc avec la nature des corps mis en présence.

La tension peut être comparée à la pression que possède l'eau, grâce à la hauteur du réservoir d'où elle provient.

La force électro-motrice se mesure en volts. Le *volt* représente la tension du courant fourni par une pile-type qui est l'élément Daniell.

Pour exprimer, par exemple, l'énergie du courant fourni par un élément Leclanché, on dit que cet élément donne une force électro-motrice de 1 volt et demi environ et débite environ 1 ampère.

26. Circuit. — On appelle circuit le conducteur ou même les conducteurs qui réunissent les deux pôles d'un générateur; quand on veut faire fonctionner plusieurs appareils en même temps, le circuit comporte en effet plusieurs *dérivations*. On dit que le circuit est *fermé*, si l'on peut aller du pôle positif au pôle négatif sans rencontrer d'interruption; dans le cas contraire, le circuit est *ouvert*.

Supposons un élément de pile dont le circuit est fermé par un conducteur en fer. Si nous coupons le fil et que nous mettions les deux bouts sur la langue, nous sentons un picottement; cette sensation est due au passage du courant. Naturellement ce moyen de constatation n'est pratique qu'avec des courants faibles, il est donc préférable de se servir d'un autre procédé : nous intercalons un *galvanomètre* entre les deux bouts du fil, et la déviation de l'aiguille de l'instrument nous signale la présence du courant.

Si, au lieu d'un seul élément, nous groupons plusieurs éléments en reliant le pôle positif du premier au pôle négatif du second, et ainsi de suite, nous aurons une pile dont le pôle négatif sera le zinc du premier élément et le pôle positif le charbon du dernier. Nous verrons plus loin que ce système augmente la force électro-motrice, mais, pour le moment, nous constatons simplement une déviation plus forte de l'aiguille du galvanomètre. L'intensité du courant a donc augmenté.

27. Conductibilité et résistance. — On peut augmenter l'intensité du courant sans changer la pile. Si, en effet, nous remplaçons notre fil de fer par un fil de cuivre de même longueur et de même diamètre, nous constatons une déviation plus grande : c'est que le cuivre est meilleur *conducteur* que le fer, qu'il est, par conséquent, moins *résistant*. La *résistance* est donc l'obstacle qui s'oppose à la marche du courant et, au contraire, la *conductibilité* est la facilité plus ou moins grande avec laquelle un corps laisse passer le courant électrique.

Comme pour la force électro-motrice et l'intensité, on a créé une unité pour la résistance : c'est l'*ohm*.

L'ohm est la résistance (R) d'un conducteur qui réunit deux points entre lesquels la tension (E) est de 1 volt et dans lequel l'intensité (I) du courant atteint 1 ampère.

L'ohm peut être représenté approximativement par 50 mètres de fil de cuivre de 1 millimètre de diamètre : c'est le fil, dit d'appartement, qui est utilisé dans les installations des postes téléphoniques. On peut encore représenter l'ohm par 100 mètres environ de fil de fer de 4 millimètres de diamètre. Mais une représentation plus précise est donnée par l'ohm-étalon des laboratoires : c'est une colonne de mercure de 1^m,063 de longueur sur 1 millimètre carré de section ; la longueur est déterminée à une température de 0°.

On peut encore faire varier la résistance de plusieurs manières :

Si nous remplaçons le fil de cuivre par un fil de même métal, de même longueur, mais plus gros, nous constatons une déviation plus grande. Le gros fil est donc moins résistant que l'autre.

Enfin si, au lieu de prendre un fil plus gros, nous en prenons un plus long, la résistance augmente évidemment : en effet la déviation de l'aiguille diminue.

En un mot, plus un conducteur est gros et court, moins il est résistant ; plus un conducteur est fin et long, plus il est résistant.

Il résulte de ce qui précède que :

1° Si l'on augmente la force électro-motrice de la pile sans changer la résistance du circuit, on augmente l'intensité du courant ; l'intensité du courant est donc *proportionnelle* à la force électro-motrice.

2° Si, sans changer la force électro-motrice, on augmente la résistance, on diminue l'intensité : l'intensité est donc *inversement proportionnelle* à la résistance.

28. Formule de Ohm. — L'étude, par le savant allemand Ohm, de cette relation étroite entre la force électro-motrice, la résistance du circuit et l'intensité du courant, lui a permis d'établir la formule :

$$I = \frac{E}{R},$$

d'où l'on tire évidemment :

$$E = IR \qquad \text{et} \qquad R = \frac{E}{I}.$$

Étant donné que les éléments de pile présentent une certaine résistance intérieure (r), nous pouvons maintenant, à l'aide de la formule, déterminer l'intensité du courant qui est fourni par divers éléments dont nous supposerons le circuit fermé par un conducteur de résistance négligeable, c'est-à-dire un court-circuit [1].

Exemple :

$$\text{Élément Leclanché} \ldots \ldots \quad I = \frac{(E)\ 1v,5}{(r)\ 1\omega,5} = 1 \text{ ampère}$$

$$\text{Élément à liquide immobilisé} \ldots \quad I = \frac{1,5}{0,1} = 15 \text{ ampères}$$

$$\text{Élément Callaud} \ldots \ldots \ldots \quad I = \frac{1,079}{4,5} = 0,24.$$

Ceci ne nous permet, toutefois, qu'une simple comparaison entre des éléments de divers types. Un exemple plus utile sera fourni par une pile fermée sur un circuit contenant un appareil, c'est-à-dire une résistance extérieure. A cet effet,

1. Les chiffres relatifs à la résistance intérieure des éléments, quelquefois même à leur voltage, ne sont qu'approximatifs. La résistance surtout varie en effet considérablement, pour un même type de pile, suivant l'état des éléments et leur mode de construction.

étant donné qu'un appareil exige, pour fonctionner convenablement, une intensité d'au moins 15 millièmes d'ampère, nous
nous proposerons d'examiner si une pile de trois éléments
Leclanché sera suffisante pour actionner une sonnerie. Nous
supposerons que le conducteur est formé par 250 mètres de
fil d'appartement.

Pile :

$$\text{Force électro-motrice......} \quad E = 3 \times 1,5 = 4^v,5$$
$$\text{Résistance intérieure.......} \quad r = 3 \times 1,5 = 4^\omega,5$$

Circuit :

$$\text{Fil.......................................} \quad R = 5^\omega$$
$$\text{Sonnerie.............................} \quad R = 200^\omega$$

$$I = \frac{4,5}{4,5 + 5 + 200} = 0,021 \text{ ou } 21 \text{ millièmes d'ampère.}$$

La sonnerie devra donc fonctionner.

29. Corps bons ou mauvais conducteurs. — Tous les corps
conduisent l'électricité plus ou moins facilement ; mais, en les
classant par ordre de conductibilité, on peut les séparer en
deux séries.

La première comprend : l'argent, le cuivre, l'or, l'aluminium, le zinc, le fer, le plomb, etc., et, en général, tous les
métaux. On peut ajouter le charbon à cette liste.

La deuxième série contient les corps que leur mauvaise conductibilité permet d'employer comme *isolants* : le verre, la
porcelaine, le bois sec, la gutta-percha, le caoutchouc, etc.
Le meilleur isolant est l'air sec.

CAPACITÉ

30. Condensateurs. — L'étude de l'électricité à l'état sta-
tique ne peut trouver place dans un ouvrage aussi écourté
que celui-ci au point de vue de la théorie. Toutefois, étant

donné que des *condensateurs* sont utilisés en téléphonie, nous étudierons sommairement le rôle de ces appareils.

Supposons les pôles d'une pile reliés, par deux conducteurs, à deux plaques métalliques séparées l'une de l'autre par un isolant, une feuille de verre par exemple (*fig. 5*). Grâce à l'isolant, le circuit n'est pas fermé : le courant ne peut donc s'établir. Cependant, si la réaction chimique est en activité, il y a production d'électricité ; on pourrait, en effet, démontrer, en plaçant un galvanomètre sur chacun des conducteurs, qu'au moment où ils sont mis en communication avec la pile, il y a un mouvement du positif vers le négatif ; toutefois, le courant ne dure qu'un instant.

Supprimons maintenant la pile et mettons les deux conducteurs en communication : les galvanomètres révèlent aussitôt le passage d'un courant instantané, de sens inverse au premier. Le système des deux plaques séparées par un isolant avait donc *condensé* une certaine charge de l'énergie fournie par la pile ; nous avions constitué un *condensateur*. La réunion métallique des deux plaques a ensuite provoqué une décharge au travers des conducteurs.

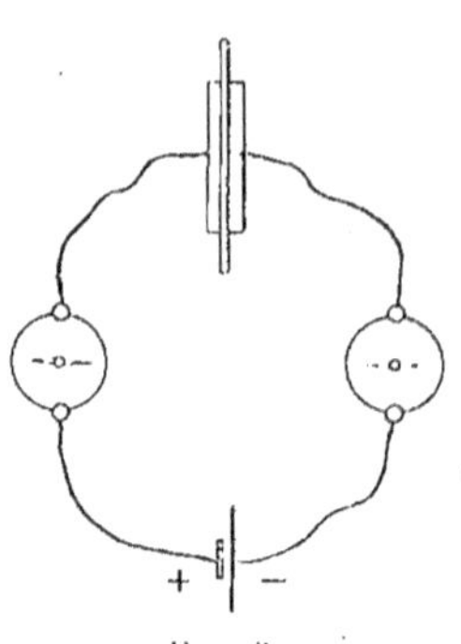

Fig. 5.

Si, au lieu de supprimer la pile, on inverse les pôles, la déviation des aiguilles des galvanomètres est plus forte. En effet, une charge de sens inverse à celui de la charge primitive, c'est-à-dire dans le même sens que la décharge, double l'effet de celle-ci.

L'intercalation d'un condensateur dans un circuit ne permet donc pas à un courant continu de passer ; mais, des émissions brèves d'un courant, séparées par des mises en court-circuit du générateur, ou, encore mieux, une succession de courants alternatifs, pourront créer des mouvements électriques capables d'actionner des appareils.

La grandeur des effets produits par un condensateur dépend de sa *capacité*, c'est-à-dire de la quantité d'énergie qu'il peut contenir. La capacité dépend de la surface des plaques et de la nature et de l'épaisseur de l'isolant qu'on appelle aussi *diélectrique*.

Pour un même diélectrique, la capacité est d'autant plus grande que les plaques présentent plus de surface et que le diélectrique est plus mince. Enfin la capacité croît également avec la force électro-motrice de la source d'électricité. Nous verrons plus loin que la capacité des condensateurs se mesure en *farads*.

31. Construction des condensateurs. — Les condensateurs utilisés dans les installations pratiques sont formés de feuilles d'étain séparées, soit par du papier paraffiné, soit par des lames minces de mica soigneusement vernies. A dimensions égales le mica possède une capacité inductive supérieure à celle de la paraffine[1], mais le prix élevé des condensateurs à mica leur fait préférer les condensateurs à paraffine pour les installations courantes.

Quel que soit le diélectrique, les feuilles d'étain d'ordre impair sont reliées ensemble et constituent une *armature*; les feuilles paires, également reliées, forment l'autre armature. L'ensemble est enfermé dans une boîte soigneusement close et portant deux bornes mises en communication avec les armatures.

Certains condensateurs sont tout simplement formés par deux longues bandes d'étain alternant avec trois feuilles de papier paraffiné. Le tout est enroulé ou replié plusieurs fois.

32. Capacité des conducteurs. — Il existe encore, dans toute installation télégraphique ou téléphonique, des condensateurs autres que ceux qui se présentent sous la forme que nous venons d'indiquer. En effet, tous les appareils, tous les fils, peuvent remplir le même rôle, puisque nous y trouvons

---

1. Air, 1 : paraffine, 2 ; mica, 3.

des conducteurs présentant des surfaces séparées par des diélectriques. Un câble, surtout, constitue un condensateur puissant : l'enveloppe isolante représente le diélectrique et les armatures sont formées, d'un côté, par le fil de ligne, de l'autre, par le sol, l'eau ou l'enveloppe en plomb qui entoure le câble. On peut donc dire, qu'indépendamment de sa résistance, tout conducteur possède une certaine capacité dont il faut quelquefois tenir compte.

UNITÉS ÉLECTRIQUES

33. Volt. — Unité de force électro-motrice : on peut mesurer directement le voltage ou, comme on dit aussi, la différence de potentiel entre deux points d'un circuit, à l'aide d'un instrument appelé *voltmètre*.

34. Ohm (ω). — Unité de résistance : l'ohm a un multiple, le *mégohm* (Ω), qui vaut 1 million d'ohms et sert à indiquer la résistance des isolants.

35. Ampère. — Unité d'intensité : c'est l'intensité d'un courant qui circule dans un conducteur ayant une résistance de 1 ohm, avec une force électro-motrice de 1 volt.

En télégraphie et en téléphonie, on compte presque toujours en *milliampères*, c'est-à-dire en millièmes d'ampère ; la plupart des appareils fonctionnent en effet avec une intensité d'environ 15 milliampères.

On peut mesurer directement l'intensité à l'aide d'un *ampèremètre* ou d'un *milliampèremètre*. Par l'introduction de résistances supplémentaires, le dernier instrument peut d'ailleurs indiquer des ampères. Nous verrons plus loin, en étudiant le galvanomètre, la différence qui existe entre le voltmètre et l'ampèremètre et les dispositions qu'il faut prendre pour utiliser ces instruments.

36. Coulomb. — Unité de quantité : c'est la quantité d'élec-

tricité qui passe dans un conducteur pendant une seconde avec une intensité de 1 ampère.

37. Watt. — Unité de puissance, appelée aussi *volt-ampère* ; c'est la puissance d'un courant d'une intensité de 1 ampère et d'une force électro-motrice de 1 volt. La puissance est donc le produit de E par I.

736 watts équivalent à un cheval-vapeur, ou 75 kilogrammètres ; donc 1 kilogrammètre vaut 736 : 75 ou 9,81 watts. Un watt représente donc environ un dixième de kilogrammètre.

Un exemple, qui sort un peu du cadre de l'ouvrage, fera mieux comprendre la relation qui existe entre ces différentes mesures :

Quelle est la puissance, en chevaux-vapeur, nécessaire pour actionner une installation qui consomme 21 ampères sous 110 volts ?

$$21 \times 110 = 2.310 \text{ watts}$$

ou, en négligeant les fractions,

$$2310 : 9,81 = 235 \text{ kilogrammètres}$$

soit :

$$235 : 75 = 3 \text{ chevaux, 10 kilogrammètres.}$$

On compte souvent, dans l'industrie, par hectowatt (100 watts) ou kilowatt (1.000 watts).

38. Farad. — Unité de capacité : c'est la capacité d'un condensateur qui, chargé sous une force électro-motrice de 1 volt, contiendrait 1 coulomb. En télégraphie et en téléphonie, on utilise des condensateurs contenant seulement quelques *microfarads*, c'est-à-dire des millionièmes de farad.

IV

DÉRIVATIONS. — CIRCUIT FERMÉ PAR LA TERRE

39. Principes. — Si nous réunissons les points A et B d'un circuit (*fig.* 6) par un fil AOB de même nature, de même longueur et de même grosseur que la partie AMB, ces deux fils ont évidemment la même résistance, et le courant qui les parcourt, la même intensité. On peut le constater en plaçant un galvanomètre en O et en M.

Si nous avons un galvanomètre en G, nous pourrons voir aussi que la déviation a augmenté quand nous avons attaché le fil AOB. En effet, en ajoutant ce fil, nous avons doublé, entre A et B, la grosseur du conducteur et, par suite, diminué sa résistance de moitié : le circuit entier est donc meilleur conducteur qu'auparavant, et l'intensité du courant a naturellement augmenté.

Raccourcissons maintenant notre fil AOB. Il est évident qu'étant moins résistant que le fil AMB, l'intensité y sera plus forte que dans cette dérivation.

Enfin il en serait de même si, au lieu de raccourcir notre fil AOB, nous le remplacions par un fil de même longueur, mais d'un diamètre plus fort.

En résumé, chaque fois qu'un circuit comporte des dérivations, la résistance totale diminue en raison de l'augmentation du nombre des dérivations; d'où augmentation de l'intensité du courant dans l'ensemble du circuit. D'autre part, l'intensité du courant, dans chaque dérivation, est proportionnelle à la conductibilité de celle-ci ou, si l'on veut, inversement proportionnelle à sa résistance.

Si l'une des dérivations a une résistance assez réduite pour être considérée comme nulle, cette dérivation est un *court-circuit*, et tout le courant y passe au dépens des autres. Dans la plupart des cas, un court-circuit est une dérivation qui s'établit accidentellement dans une installation; toutefois, nous

verrons que certains appareils permettent d'établir volontaire-
ment des courts-circuits.

Considérons de nouveau notre circuit (*fig.* 7). Nous y voyons
cette fois deux dérivations H et D; il est évident qu'aucun
courant ne passe dans ces fils, puisque le premier est en court-
circuit au point P et que l'autre n'a pas d'issue pour permettre au courant de retourner
au pôle négatif.

40. Pour déterminer exactement l'intensité du courant qui
passe dans chacune des dérivations d'un circuit, il faut d'abord
connaître la résistance de cha-

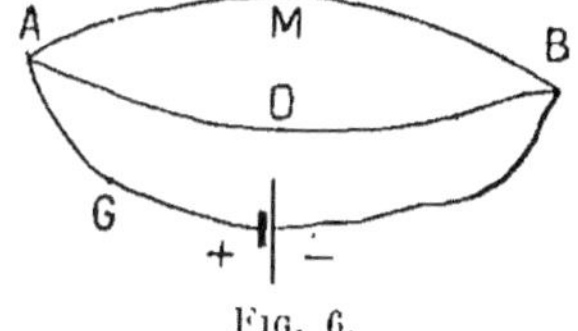

Fig. 6.

cune des parties du circuit, puis on en déduit la résistance
totale.

Supposons un circuit composé, comme l'indique la figure 8,
de deux conducteurs de 5ω reliés par deux dérivations de
chacune 10ω. Le calcul est ici très simple : en effet, les deux
fils intercalés entre A et B, ayant la même résistance, ont une
conductibilité égale; la conductibilité de la partie AB sera
donc doublée et, par suite, la résistance réduite de moitié,
soit 5ω. La résistance totale est alors de 15 ohms et, si l'on
dispose d'une force électro-motrice de 30 volts,

$$I = \frac{30}{15} = 2 \text{ ampères.}$$

L'intensité dans chacune des dérivations sera donc de 1 ampère.

Cet exemple nous montre que la résistance totale des deux
conducteurs, qui aurait été de 20ω, si on les avait mis bout à
bout, a été réduite à 5ω, c'est-à-dire au quart, par leur accouplement en quantité. Ce procédé est susceptible d'applications, par exemple pour réduire la trop forte résistance d'une
sonnerie d'appartement. Il suffit en effet de faire entrer le

courant dans les deux bobines à la fois au lieu de l'y faire passer successivement.

Toutefois il sera prudent, avant de se risquer à faire cette opération, de méditer ce qui sera dit plus loin sur le fonctionnement des électro-aimants.

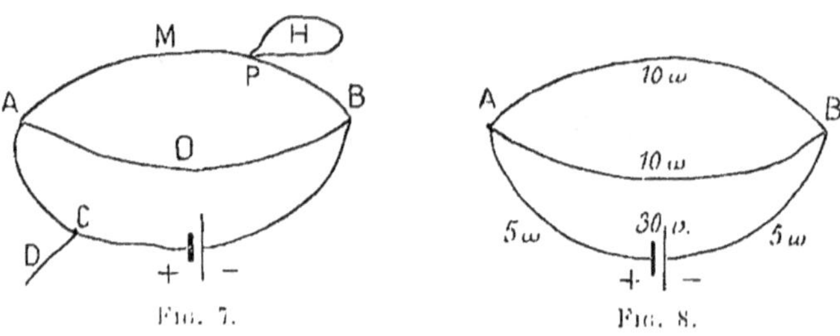

Fig. 7.   Fig. 8.

41. Loi des courants dérivés. — La conductibilité, on dit aussi *conductance*, a pour expression $\frac{1}{R}$. C'est, nous le savons, le contraire de la résistance. Or, puisque la conductibilité du circuit en AB (*fig.* 7) est égale à la somme des conductibilités des dérivations, nous aurons pour la conductibilité totale :

$$\frac{1}{R} = \frac{1}{r} + \frac{1}{r'}$$

d'où, en additionnant les deux fractions :

$$\frac{1}{R} = \frac{r + r'}{r \times r'}.$$

Pour avoir la résistance, nous renversons les termes de la fraction :

$$\frac{R}{1} \quad \text{ou} \quad R = \frac{r \times r'}{r + r'}.$$

L'application de cette formule à l'exemple précédent confirme le résultat obtenu :

$$R = \frac{10 \times 10}{10 + 10} : \frac{100}{20} = 5.$$

Prenons un autre exemple dans lequel les résistances des deux dérivations seront inégales. Cet exemple peut d'ailleurs s'appliquer à l'installation de deux sonneries de modèles différents (*fig.* 9) :

$$R = \frac{50 \times 200}{50 + 200} : \frac{10000}{250} = 40.$$

La résistance totale sera :

$$5 + 5 + 40 = 50.$$

et l'intensité dans l'ensemble du circuit :

$$I = \frac{4}{50} = 0^a,080.$$

Pour trouver maintenant l'intensité dans chacune des dérivations, une simple règle de trois inverse suffira :

1)   Si une résistance de 40 ω
            laisse passer   0,08
                 1 ω   0,08 × 40
            et 50 ω $\dfrac{0,08 \times 40}{50}$ = 0,064 (*i*)

2)   40 $\dfrac{0,08 \times 40}{200}$ = 0,016 (*i'*)
                    1
                  200

                  Total............ 0,080

c'est-à-dire qu'un appareil placé en *i* recevra un courant de

64 milliampères; et celui placé en i', un courant de 16 milliampères.

La dernière opération (2) peut évidemment être remplacée par une simple soustraction :

$$
\begin{array}{r}
0{,}080 \\
0{,}064 \\
\hline
0{,}016
\end{array}
$$

42. Pour connaître la résistance totale d'un nombre quelconque de dérivations, trois par exemple, la formule, toujours basée sur le même principe, sera la suivante :

$$\text{Conductibilité } \frac{1}{R} = \frac{1}{r} + \frac{1}{r'} + \frac{1}{r''} = \frac{r'r'' + rr'' + rr'}{rr'r''},$$

$$\text{Résistance } R = \frac{rr'r''}{r'r'' + rr'' + rr'}.$$

La résistance totale étant connue, on en déduit l'intensité, puis, comme dans l'exemple précédent, l'intensité dans les diverses dérivations.

CIRCUIT FERMÉ PAR LA TERRE

43. On peut fermer un circuit par l'intermédiaire de la terre : il suffit de mettre les bouts des conducteurs venant des pôles de la pile en communication intime avec le sol (*fig.* 10).

Cette disposition permet d'économiser le fil de retour, c'est-à-dire le conducteur qui établit la communication entre la sortie de l'appareil qui utilise le courant et le pôle négatif de la pile.

Les prises de terre doivent naturellement présenter le moins de résistance possible. Il est donc nécessaire d'apporter à leur établissement des soins sur lesquels il est d'ailleurs inutile d'insister ici.

Il faut remarquer que, si l'on met une dérivation à la terre sur un circuit métallique, il ne passe pas de courant par cette dérivation, puisque le courant peut revenir au pôle négatif par le conducteur, tandis que par la terre il ne pourrait rejoindre ce pôle. Cependant il peut se produire, dans ce cas,

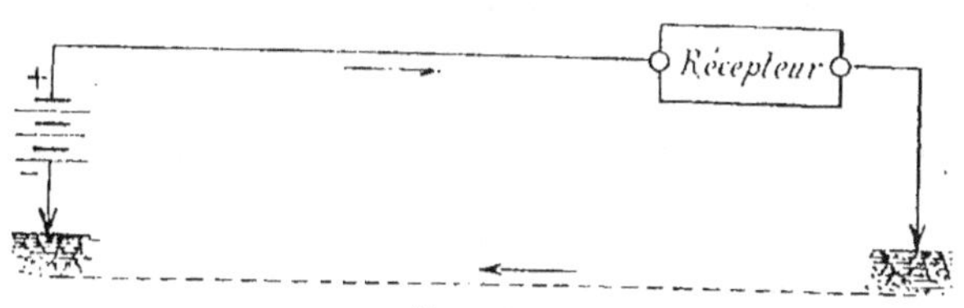

Fig. 10.

certains phénomènes qui peuvent troubler l'audition téléphonique, et nous verrons plus loin que c'est l'une des raisons qui ont fait abandonner le système de retour par la terre en téléphonie.

V

GROUPEMENT DES ÉLÉMENTS DE PILES

Il résulte des deux caractères du courant électrique, *quantité* et *force électro-motrice*, et de la relation qui existe entre cette dernière et la *résistance* pour déterminer l'*intensité*, que, pour obtenir d'un certain nombre d'éléments un effet désiré, il faut les grouper de différentes manières.

44. 1° Groupement en surface ou quantité. — Il suffit de réunir, d'une part, tous les pôles positifs et, d'autre part, tous les pôles négatifs. On additionne ainsi, au point de vue de la surface du métal attaqué, les actions chimiques qui se produisent dans tous les éléments. On a formé, pour ainsi dire, un seul élément beaucoup plus gros. Autrement dit, on aurait obtenu le même effet en groupant, dans un même vase, d'un côté, tous les bâtons de zinc et, de l'autre, tous les vases poreux de plusieurs éléments Leclanché. Comme résultat, le débit est augmenté, mais la force électro-motrice ne change pas.

Soient n éléments ayant chacun une force électro-motrice e et une résistance intérieure r. La résistance intérieure du groupement est évidemment moindre que celle d'un élément, puisque le circuit comprend autant de dérivations qu'il y a d'éléments; la résistance intérieure est donc $\dfrac{r}{n}$ d'où :

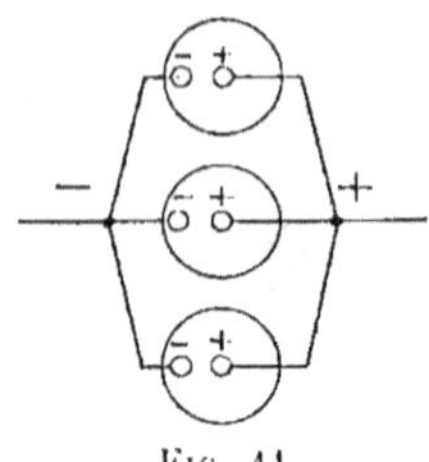

Fig. 11.

$$I = \frac{e}{\dfrac{r}{n}}$$

Prenons par exemple des éléments dont $e = 1,5$ et $r = 3\omega$; ce qui donne, pour un seul élément, $I = 0,5$ ampère, et pour un groupement de 3 éléments en quantité :

$$I = \frac{1,5}{3 : 3} = \frac{1,5}{1} = 1,5 \text{ ampère,}$$

ce qui démontre que l'intensité est égale à celle d'un élément multiplié par le nombre des éléments.

45. 2° Groupement en tension ou en série. — On réunit le pôle positif du premier élément au pôle négatif du deuxième; le pôle positif de celui-ci, au négatif du troisième; et ainsi de suite. Le pôle négatif du premier élément et le pôle positif du dernier constituent les pôles de la pile. La force électro-motrice est ainsi égale à celle d'un élément multiplié par le nombre des éléments; mais la quantité fournie est la même que celle d'un élément.

Une comparaison tirée de l'hydraulique fera mieux comprendre les effets des deux groupements sur la force électro-motrice et la quantité, car les raisons qui déterminent le résultat du groupement en quantité n'apparaissent pas d'une manière aussi évidente dans le groupement en tension.

1° Supposons un certain nombre de pompes semblables fonctionnant côte à côte ; la quantité d'eau projetée est égale à celle débitée par une pompe multipliée par le nombre des pompes ; mais la distance à laquelle le liquide est envoyé est toujours la même, quel que soit le nombre d'appareils.

2° Les pompes sont placées à la suite les unes des autres et une communication relie la première à la deuxième, et ainsi de suite : l'eau, poussée par la première, arrive dans la deuxième avec une certaine pression ; le piston de celle-ci, étant doué de la même puissance que celui de la première, va doubler la pression, et ainsi de suite. Somme toute, l'eau jaillira de la dernière pompe avec une pression proportionnelle au nombre des pompes ; mais il ne sortira que la quantité d'eau débitée par une seule pompe, puisque la première seule a puisé cette eau.

Revenons à nos piles et voyons ce que devient l'intensité dans le groupement en tension. Soient toujours n éléments ayant chacun une force électro-motrice e et une résistance intérieure r :

La force électro-motrice sera ne ; la résistance intérieure nr, puisque les résistances sont mises bout à bout ; et l'intensité :

$$I = \frac{ne}{nr}.$$

Des chiffres ne sont pas nécessaires, car l'examen de la formule montre que, si la force électro-motrice augmente autant de fois qu'il y a d'éléments, il en est de même pour la résistance intérieure. On peut donc simplifier la formule, qui devient :

$$I = \frac{e}{r},$$

et l'on voit que l'intensité est la même que celle d'un seul élément.

46. Groupement mixte. — Le groupement est formé de plusieurs séries semblables associées en quantité.

Soient m séries de n éléments chacune : la force électro-motrice du groupement total sera celle de l'un des groupements en série, c'est-à-dire ne; la résistance sera celle de l'une des séries divisée par le nombre des séries, c'est-à-dire $\frac{nr}{m}$; quant à l'intensité :

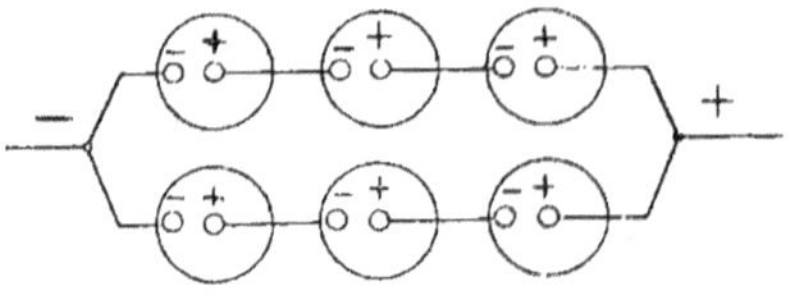

$$I = \frac{ne}{\dfrac{nr}{m}}.$$

Fig. 12.

Il existe encore d'autres modes de groupement dérivant du précédent. Un groupement mixte, utilisé surtout dans les grands bureaux télégraphiques et sur lequel nous n'insisterons pas, est formé de plusieurs séries d'un nombre différent d'éléments. Dans ce cas, la force électo-motrice est évidemment celle de la plus longue série.

47. Choix d'un groupement. — En résumé, les trois groupements permettent d'obtenir :

1° Avec le groupement en quantité, une intensité qui croît avec le nombre d'éléments; la force électro-motrice restant celle d'un élément ;

2° Avec le groupement en tension, une force électro-motrice qui croît avec le nombre d'éléments, l'intensité restant celle d'un élément;

3° Avec le groupement mixte on fait varier l'intensité et la force électro-motrice.

Mais, si l'on monte des piles, c'est pour leur faire produire du travail qui ne s'obtient que par l'interposition d'une *résis-*

lance extérieure entre les deux pôles. Il faut donc tenir compte de cette résistance et modifier nos formules en conséquence :

1° Groupement en quantité :

$$I = \frac{e}{\dfrac{r}{n} + R};$$

2° Groupement en tension :

$$I = \frac{ne}{nr + R};$$

3° Groupement mixte :

$$I = \frac{ne}{\dfrac{nr}{m} + R}.$$

Examinons maintenant les deux formules des groupements en quantité et en tension : nous y voyons que l'intensité est égale à la force électro-motrice divisée par le total de deux résistances. Supposons alors :

1° Que la résistance extérieure, très faible, est, pour ainsi dire, négligeable par rapport à la résistance intérieure, et nous supprimons R de nos formules qui redeviennent :

$$I = \frac{e}{\dfrac{r}{n}} \qquad \text{et} \qquad I = \frac{ne}{nr} \qquad \text{ou} \qquad I = \frac{e}{r}.$$

Or, la première nous a démontré que l'intensité est proportionnelle au nombre des éléments, puisque, sans faire varier le numérateur e, l'augmentation du nombre d'éléments fait diminuer le dénominateur, c'est-à-dire la résistance intérieure. La seconde formule démontre que l'intensité sera toujours la même, quel que soit le nombre d'éléments.

Par conséquent, pour un circuit dans la résistance extérieure est très faible, le groupement en quantité permettra d'atteindre l'intensité voulue en ajoutant autant d'éléments qu'il sera nécessaire.

2° Supposons que la résistance extérieure soit, au contraire, beaucoup plus considérable que la résistance intérieure; nous pouvons cette fois négliger r et écrire :

$$I = \frac{e}{R} \qquad \text{et} \qquad I = \frac{ne}{R}.$$

La première formule indique que, quel que soit le nombre d'éléments ajoutés en quantité, l'intensité ne pourra pas varier, puisque la force électro-motrice e et la résistance extérieure R sont invariables. La seconde formule nous démontre que l'intensité est proportionnelle au nombre des éléments, puisque le diviseur R est toujours invariable et que ne augmente avec les éléments ajoutés en série.

D'où il résulte que, sur un circuit dont la résistance extérieure est très grande, le groupement en tension permet d'atteindre l'intensité demandée.

Lorsque la résistance extérieure est moyenne, la combinaison des deux groupements, c'est-à-dire le groupement mixte, est tout indiquée,

48. On peut aussi démontrer, à l'aide des trois formules des groupements, que l'intensité du courant fourni par une pile d'un nombre déterminé d'éléments est maximum quand la résistance extérieure est égale à la résistance intérieure, c'est-à-dire :

$$R = r.$$

Soit, par exemple, 8 éléments ayant chacun une force électro-motrice de 1 volt et une résistance intérieure de 5 ohms, groupés en quantité et fermés sur une résistance de 10 ohms.

La résistance intérieure devient :

$$5 : 8 = 0,625,$$

donc :

$$I = \frac{1}{0,625 + 10} = 94 \text{ milliampères.}$$

Nos huit éléments, groupés en tension, nous donneraient une résistance intérieure de 40 ohms (5×8), d'où :

$$I = \frac{8}{40 + 10} = 160 \text{ milliampères.}$$

Enfin un groupement mixte, formé de deux séries de quatre éléments en tension, nous donnerait une résistance intérieure de 10 ohms ($5 \times 4 : 2$) précisément égale à la résistance extérieure, et nous aurions :

$$I = \frac{4}{10 + 10} = 200 \text{ milliampères.}$$

VI

NOTIONS DE MAGNÉTISME. — ÉLECTRO-AIMANT

49. Aimantation. — Il existe à l'état naturel une sorte de fer qui a la propriété d'attirer certains corps, tels que le fer, l'acier, le nickel, etc. Ce minerai, connu sous le nom d'oxyde magnétique, est un oxyde de fer relativement rare ; on en trouve surtout en Norvège.

Cette propriété attractive est appelée *aimantation* ou *magnétisme*. Elle peut être communiquée, par divers procédés, au fer ou à l'acier ; mais ce dernier seul, surtout s'il possède une certaine trempe, conserve la qualité d'*aimant* après la cessation de la cause qui a déterminé l'aimantation. On dispose donc, en laissant de côté l'aimant naturel dont l'emploi n'est pas pratique, de deux sortes d'aimants artificiels : les aimants *permanents* formés d'acier trempé et les aimants *temporaires* constitués par des pièces de fer d'une qualité spéciale.

50. Orientations des aimants, pôles. — Si nous prenons un petit barreau d'acier trempé aimanté, assez léger, en un mot, une *aiguille aimantée*, et que nous suspendions cette aiguille

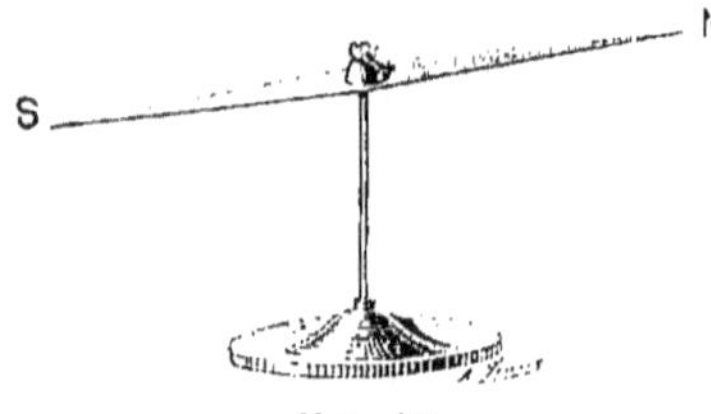

Fig. 13.

par le milieu, soit par un fil, soit sur une pointe (*fig.* 13), nous constatons qu'elle prend toujours une même direction qui est sensiblement nord-sud ; c'est-à-dire que l'une des extrémités, toujours la même, se tourne vers le nord, et l'autre vers le sud. La boussole utilise cette propriété.

Tout barreau aimanté ferait de même si nous le placions dans les mêmes conditions; mais, selon sa masse plus ou moins grande, il mettrait plus ou moins de temps à s'orienter.

On appelle pôle nord d'un aimant l'extrémité qui se tourne vers le nord, et l'autre extrémité est naturellement le pôle sud. Le pôle nord des aiguilles mobiles est généralement distingué par une teinte bleue.

51. Attraction et répulsion. — Si nous approchons du pôle nord d'une aiguille aimantée le pôle nord d'un aimant quelconque, nous constatons une répulsion entre les deux pôles, répulsion qui se manifeste par le recul de l'aimant mobile. Le pôle sud produit le même effet sur le pôle du même nom. Mais, si nous présentons un pôle nord au pôle sud, ou réciproquement, il y a attraction. Cette expérience démontre que *les pôles de même nom se repoussent et les pôles de nom contraire s'attirent*.

Cette loi permet de déterminer, à l'aide d'une aiguille aimantée, les pôles d'un aimant dont les extrémités sont dépourvues d'indications.

52. Aimantation par influence. — Si, au lieu d'un aimant, nous approchions de l'aiguille un barreau de *fer doux*, c'est-à-dire du fer aussi pur que possible et soigneusement recuit, nous pourrions constater qu'il y a toujours attraction entre les extrémités quelconques des deux pièces (*fig.* 14).

C'est qu'en effet, par l'*influence* du petit aimant, le fer doux est devenu lui-même un aimant, dont l'ex-trémité placée en re-gard du pôle de l'ai-guille est douée d'une polarité contraire : donc attraction.

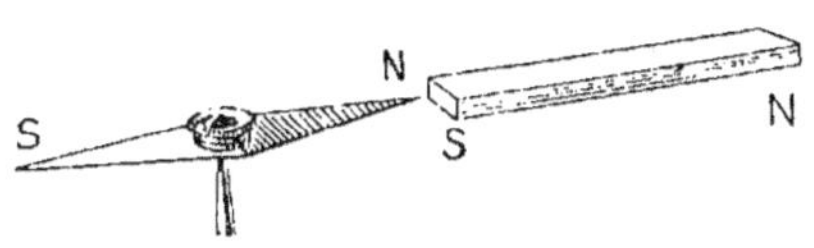

Fig. 14.

Mais pourquoi également attraction si nous présentons cette même extrémité à l'autre pôle de l'aimant ? C'est que, aussitôt éloigné de cet aimant, le fer doux perd son magnétisme pour l'acquérir de nouveau, dans les mêmes conditions de polarité que la première fois, dès qu'on l'approche de l'autre pôle : d'où nouvelle attraction.

Si maintenant nous approchons de l'aiguille un morceau d'acier trempé, l'aimantation par influence se produit égale-ment ; mais on peut constater, en présentant à l'autre pôle l'extrémité qui a subi directement l'influence, qu'il y a cette fois répulsion. Le magnétisme a donc persisté dans l'acier, surtout s'il y avait eu contact la première fois.

53. Aimants temporaires et aimants permanents. — On voit, par ce qui précède, que l'aimantation peut se communiquer par l'influence d'un aimant ; que le fer doux perd son aimantation dès qu'il n'est plus soumis à l'influence magnétique ; que l'acier trempé conserve l'aimantation acquise. Ce dernier sera donc employé pour la fabrication des aimants permanents, et le fer doux servira à constituer des aimants temporaires dont la propriété est si importante que, sans elle, la télégraphie électrique et la téléphonie seraient encore inconnues.

On a donné le nom de force coercitive à la propriété que possède l'acier de conserver le magnétisme qui lui a été communiqué.

Cette force, que le fer acquiert en se combinant avec le carbone, c'est-à-dire en devenant de l'acier, augmente encore dans celui-ci avec le martelage et la trempe.

La *perméabilité* est la facilité plus ou moins grande avec laquelle le fer se laisse pénétrer par le magnétisme.

Le fer doux est beaucoup plus perméable que l'acier, et c'est aussi grâce à sa perméabilité qu'il perd rapidement son aimantation.

On dit encore que, suivant son degré de pureté et de douceur, le fer conserve plus ou moins de magnétisme *rémanent*.

54. Fantôme magnétique. — Si l'on trempe un barreau aimanté dans de la limaille de fer, on voit les parcelles de ce métal s'attacher surtout aux extrémités, puis leur nombre diminuer en allant vers le milieu qui s'en trouve entièrement dépourvu (*fig.* 15). Cette partie, qui ne manifeste aucune trace d'aimantation, est la *ligne neutre*.

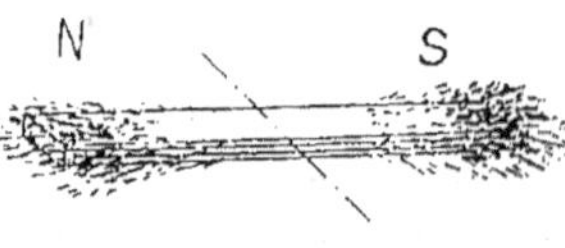

Fig. 15.

En observant la disposition des paillettes de fer, on voit que l'attraction augmente quand on s'éloigne de la ligne neutre pour se diriger vers chacun des pôles. On voit aussi que les paillettes se groupent sous la forme d'aigrettes qui semblent figurer matériellement un fluide invisible qui s'échappe des pôles.

Une autre expérience permet de compléter ces observations : on place, sur l'aimant, une feuille de carton sur laquelle on projette la limaille. Celle-ci dessine alors la silhouette du barreau aimanté, mais aussi des lignes courbes qui réunissent extérieurement les deux pôles. Ce dessin, qui accuse plus nettement les lignes quand on frappe légèrement le carton, est le *fantôme magnétique* de l'aimant. Les lignes figurées à plat sur le carton sont des *lignes de force* qui existent évidemment dans l'espace autour du barreau (*fig.* 16).

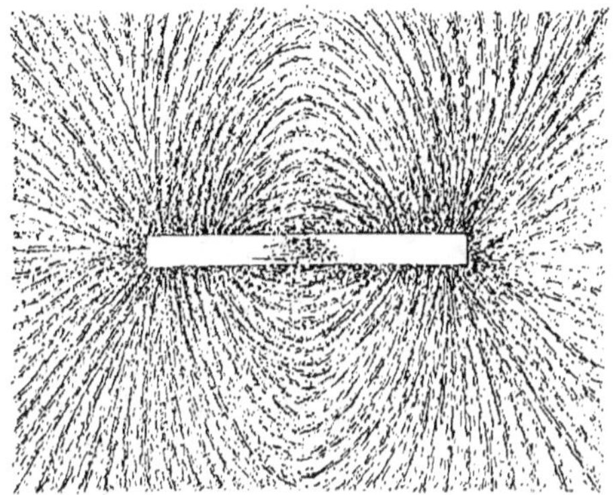

Fig. 16.

On désigne sous le nom de *champ magnétique* l'espace traversé par ces lignes et dans lequel l'aimant manifeste pratiquement son action.

55. Différentes formes d'aimants. — La puissance du champ magnétique d'un aimant est proportionnelle à la force qui a déterminé l'aimantation et inversement proportionnelle à la résistance du circuit magnétique. Dans un aimant droit, ce circuit est formé, d'une part, par le barreau lui-même qui constitue une résistance intérieure très faible; d'autre part, par le parcours extérieur des lignes de force. En réduisant cette dernière résistance, on peut donc obtenir un champ magnétique plus puissant; c'est dans ce but que les aimants présentent généralement des formes qui rapprochent les deux pôles ; la plus usitée est celle du fer à cheval (*fig.* 17).

Dans certains aimants on trouve des centres d'attraction ailleurs que sur les extrémités; ces pôles, appelés *points con-*

séquents, sont séparés les uns des autres, ou des pôles extrêmes, par des lignes neutres. Ils peuvent se produire accidentellement; mais on les détermine quelquefois avec intention.

Un aimant formé de plusieurs lames juxtaposées par les pôles de mêmes noms est, à poids égal, plus puissant qu'un aimant d'une seule pièce. Cela tient évidemment à ce que chacune des parties, prise séparément, a été plus facilement *saturée* de magnétisme que si l'aimantation avait été opérée sur une masse d'acier plus importante.

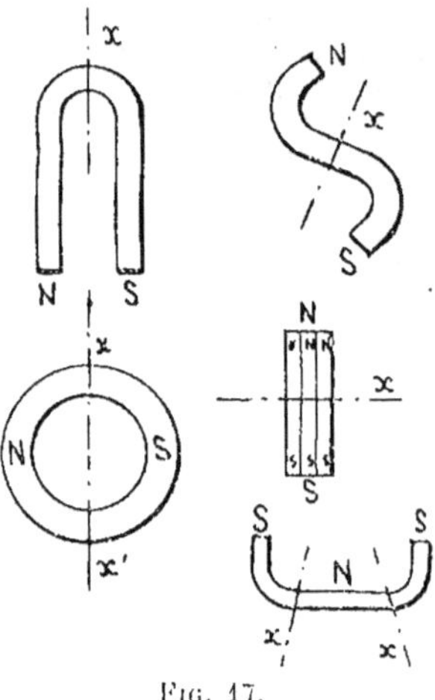

FIG. 17.

56. Nous savons déjà que, lorsqu'une pièce de fer doux est mise en contact avec le pôle d'un aimant permanent, ou simplement rapprochée assez près de ce pôle (52), l'influence détermine, à l'*extrémité libre* du fer, un pôle de même nom que celui de l'aimant. Par le fait, on peut dire que le fer doux est devenu la prolongation de l'aimant dont il emprunte une partie du pouvoir magnétique, ou, si l'on veut, dont le magnétisme s'est répandu dans une plus grande masse. En éloignant un peu le fer doux, son pouvoir magnétique diminue; mais celui de l'aimant augmente d'autant.

Au contraire, si l'aimant a la forme d'un fer à cheval, une pièce de fer doux placée en regard des deux pôles augmentera d'autant plus la puissance du champ de l'aimant qu'elle sera plus près de ces pôles. Dans ce cas, en effet, le fer doux, très perméable, diminue la résistance extérieure du circuit magnétique.

En résumé, il est possible de faire varier l'intensité d'un champ magnétique en déplaçant une pièce de fer doux située dans ce champ. Nous allons voir bientôt l'importance de cette action.

ÉLECTRO-MAGNÉTISME

57. Déviation de l'aiguille aimantée par le courant électrique.
— Si nous plaçons au-dessus ou au-dessous d'une aiguille
aimantée et dans le sens de sa longueur un fil parcouru par
un courant, nous voyons immédiatement l'aiguille dévier
vers une position qui est perpendiculaire au fil. On peut
remarquer, en prenant l'un des pôles comme point de repère,
que le sens de la dévia-
tion dépend du sens du
courant et de sa situa-
tion au-dessus ou au-
dessous de l'aiguille.

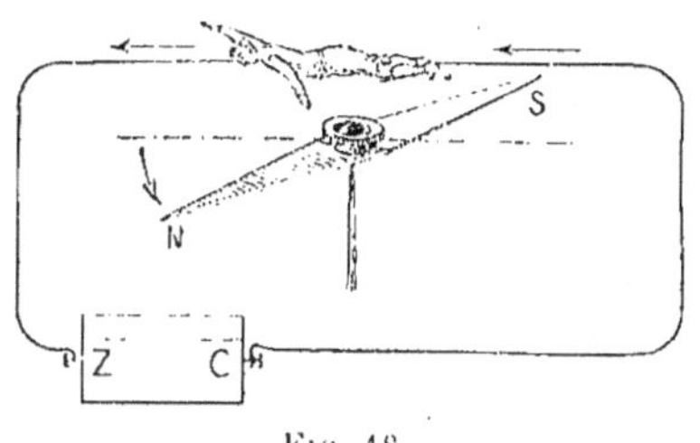

Fig. 18.

Pour déterminer ce
sens, on applique un
procédé imaginé par
Ampère : on suppose un
individu couché le long
du fil, regardant l'aiguille, et placé de telle sorte que le courant passe des pieds à la tête; dans ces conditions, le pôle nord
est dévié vers la gauche de l'observateur (*fig.* 18).

L'action du courant sur l'aiguille se comprendra aisément
quand on saura que l'expérience peut démontrer qu'un fil
traversé par un courant développe autour de lui un champ
magnétique analogue à celui d'un aimant. Il agit donc, comme
ce dernier, sur un autre aimant.

En faisant faire au fil le tour de l'aiguille, en multipliant
même le nombre des tours, chacune des spires ajoute son
action à la première, et la déviation est augmentée : nous
avons ainsi constitué un instrument appelé *galvanomètre*.

58. Galvanomètre. — Pratiquement, cet appareil est formé
d'un cadre en bois autour duquel est enroulé un certain
nombre de fois du fil de cuivre recouvert de soie. Le cadre

est fixé sur une planchette qui sert de socle, et les extrémités du fil reliées à deux bornes (*fig.* 19).

Au milieu du cadre se trouve un pivot sur lequel repose l'aiguille aimantée dont le centre est garni d'une agate. Une deuxième aiguille, en cuivre, est fixée en travers de la première, et l'une de ses pointes vient se placer au-dessus d'un demi-cercle gradué : on peut ainsi lire les déviations de l'aiguille placée dans le cadre. Celle-ci doit, en effet, se trouver, au repos, dans le sens de l'enroulement et le cadre la dissimule. On obtient d'ailleurs cette position en *orientant* l'instrument, c'est-à-dire en suivant l'aiguille de manière à placer le cadre, comme elle, dans le sens du méridien.

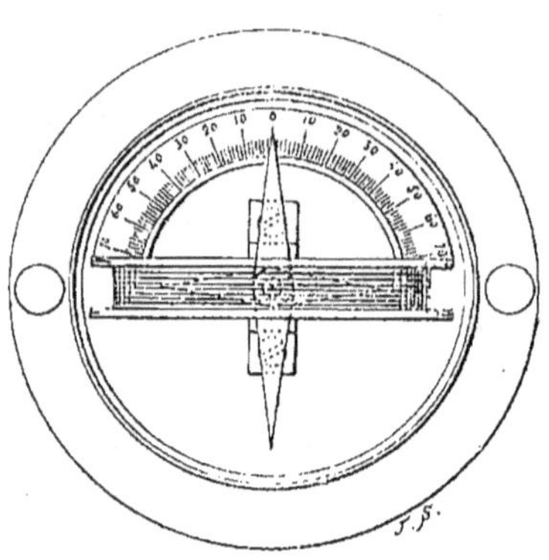

Fig. 19. — Galvanomètre.

Le galvanomètre est, comme nous l'avons vu, un instrument qui sert à déceler le passage du courant dans un circuit et à mesurer son intensité. Toutefois, le galvanomètre des installations télégraphiques que nous venons de décrire n'est plutôt qu'un galvanoscope destiné à indiquer la présence du courant. Deux appareils construits d'une manière analogue, l'ampèremètre et le voltmètre, servent à mesurer : l'un, l'intensité ; l'autre, la force électro-motrice. Nous les décrirons succinctement.

59. Ampèremètre. — C'est un galvanomètre dont l'aiguille indicatrice parcourt un cadran divisé par comparaison avec un autre instrument étalonné. Ces divisions indiquent, soit des ampères, soit des milliampères. Destiné à mesurer l'intensité du courant, l'ampèremètre doit être placé dans le circuit (*fig.* 20) : par conséquent, sa résistance doit être assez faible pour ne pas influencer sensiblement le régime du courant à mesurer.

60. Voltmètre. — Le voltmètre est établi dans les mêmes conditions que l'ampèremètre; mais les déviations de l'aiguille indiquent des volts. Cependant, destiné à mesurer la force électro-motrice aux bornes d'un générateur d'électricité, même quand celui-ci est en service sur un circuit, ou à mesurer la différence de potentiel entre deux points du circuit, on doit relier ses deux bornes aux points considérés

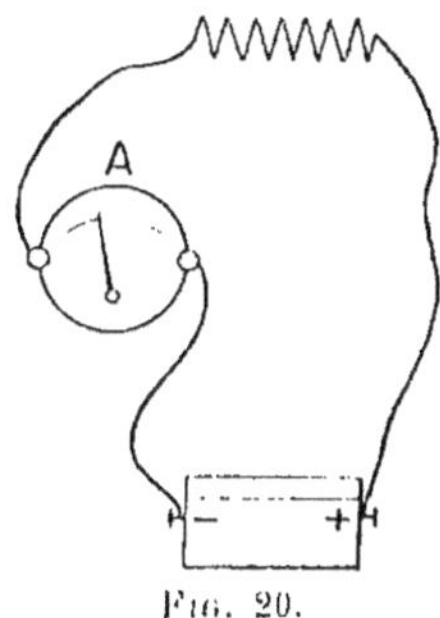

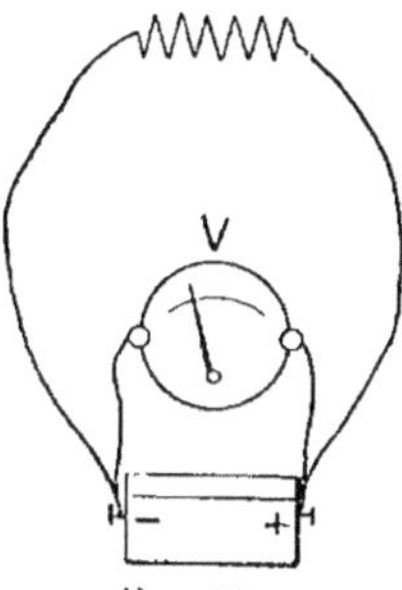

Fig. 20.   Fig. 21.

sans couper le circuit (fig. 21). Par conséquent, sa résistance doit être assez grande pour que la *dérivation* ainsi établie n'influence pas le circuit. Dans ces conditions, la déviation est due à l'intensité de la portion très minime du courant qui traverse le voltmètre; mais, comme d'après l'un des corollaires de la formule d'Ohm, la force électro-motrice est proportionnelle à l'intensité, quoique dues à celle-ci, les déviations peuvent indiquer des volts[1].

61. Solénoïde. — La similitude entre un aimant et un fil traversé par un courant se démontre en constituant ce qu'on

1. On trouvera une description plus complète d'un voltmètre, au chapitre des Mesures.

appelle un *solénoïde*. Pour cela on forme un certain nombre de spires avec un fil dans lequel on fait passer un courant (*fig.* 22). Si l'on présente les extrémités du système aux pôles d'une aiguille aimantée, on peut constater des phénomènes d'attraction et de répulsion identiques à ceux produits par un aimant. La règle d'Ampère appliquée au conducteur, en supposant le regard de l'observateur dirigé vers l'intérieur du solénoïde, montre que le pôle nord se trouve à sa gauche.

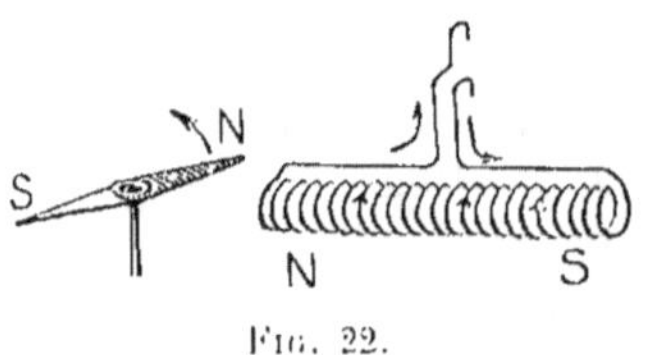

Fig. 22.

En disposant le solénoïde sur une suspension appropriée, il se place de lui-même, comme l'aiguille aimantée, dans la direction nord-sud.

62. On conçoit alors que, si le solénoïde agit comme un aimant, son influence est capable d'aimanter un barreau de fer doux et, en effet, si l'on fait circuler un courant dans un fil enroulé sur une tige de fer doux (*fig.* 23), on peut constater, à l'aide de l'aiguille, que le fer est aimanté et que sa polarité correspond à celle du solénoïde qui l'entoure. On peut aussi remarquer que son action sur l'aiguille est beaucoup plus énergique que celle du solénoïde seul : c'est que le fer doux réduit considérablement la résistance du circuit magnétique ; d'où augmentation de l'intensité de l'aimantation.

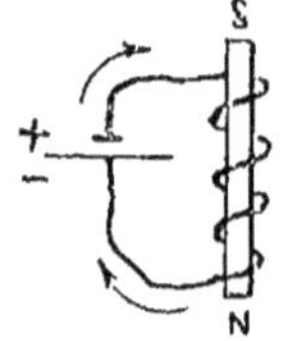

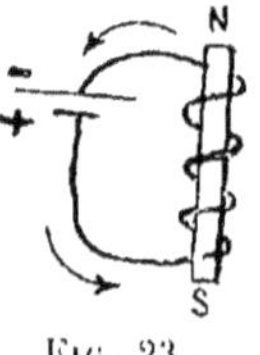

Fig. 23.

Dès que le courant cesse, l'aimantation du fer doux disparaît et on peut l'aimanter en sens inverse en changeant le sens du courant. Si le barreau est en acier trempé, le magnétisme persiste après la rupture du circuit. C'est d'ailleurs avec l'aide du courant, en prenant des dispositions diverses, que l'industrie fabrique maintenant des aimants permanents.

63. Électro-aimant. — Par ce fait d'avoir enroulé un fil autour d'un barreau de fer doux, on a constitué l'organe essentiel des appareils télégraphiques et téléphoniques : l'*électro-aimant*.

En principe, l'électro-aimant est donc formé d'un noyau de fer doux placé dans un solénoïde. L'ensemble peut être droit ou, comme la plupart des aimants permanents, recourbé en fer à cheval.

L'électro-aimant pratique (*fig.* 24) est généralement formé de deux *noyaux* cylindriques, en fer doux, fixés sur un barreau, de fer doux également, appelé *culasse*. Sur chacun des noyaux on enfile une bobine en bois ou en cuivre sur laquelle on a enroulé un certain nombre de tours de fil de cuivre recouvert de soie [1].

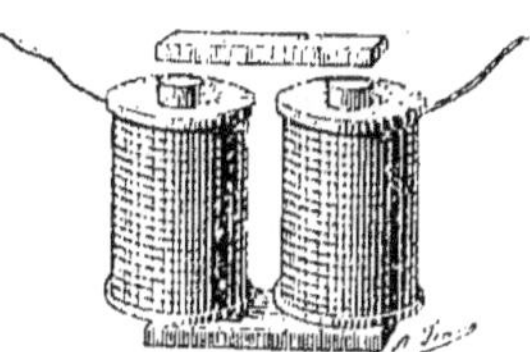
Fig. 24.

Quand on emploie des bobines métalliques, le fil est quelquefois soudé d'abord à la carcasse, puis on opère l'enroulement ; on a donc seulement une extrémité du fil libre ; l'autre est représentée par le *massif* de la bobine. Quand les bobines sont en matière isolante, on laisse une certaine longueur de fil libre avant de commencer l'enroulement ; la bobine présente donc deux bouts de fil quand l'opération est terminée. Dans tous les cas il faut distinguer l'extrémité *intérieure* et l'extrémité *extérieure*.

Les deux bobines étant faites de la même manière, voyons comment le courant devra les traverser pour aimanter les noyaux, pour déterminer, par conséquent, des pôles de noms

---

1. Ce serait sortir de notre programme que de donner ici les règles qui déterminent la résistance à donner aux électro-aimants, c'est-à-dire la grosseur et le nombre de tours du fil des bobines. On peut dire simplement qu'en principe un électro-aimant doit avoir une résistance proportionnelle à la résistance du circuit ; toutefois, comme il serait plutôt gênant d'avoir de nombreux modèles, surtout en téléphonie où un même appareil peut être mis en relation avec des lignes de résistances très différentes, on a adopté des moyennes, et nous indiquerons d'ailleurs la résistance des électros des appareils que nous étudierons.

contraires à chaque extrémité. Il n'y a tout simplement qu'à supposer l'électro-aimant en droite ligne et les deux bobines se faisant suite, base à base. Dans ces conditions, si le courant entre dans la première par le fil extérieur, il sort par le fil intérieur et doit entrer dans la deuxième bobine par le fil intérieur pour en sortir par le fil extérieur. C'est comme si les deux bobines n'en formaient qu'une seule.

En pratique, on boucle généralement les deux fils intérieurs, et les fils extérieurs sont reliés aux bornes de l'appareil. Cette disposition est d'ailleurs réalisée automatiquement quand les bobines sont métalliques.

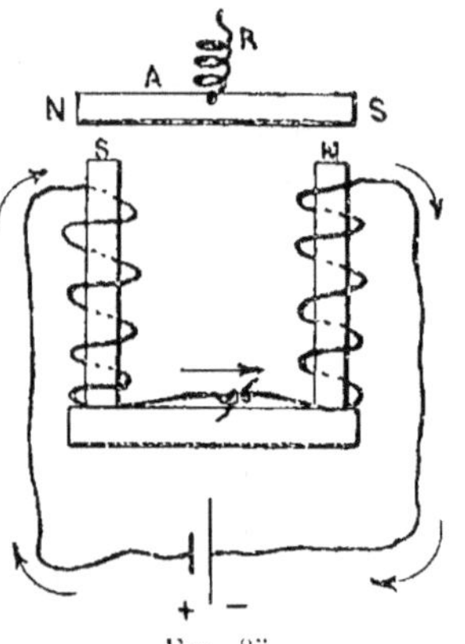

Fig. 25.

En un mot, le courant doit traverser les deux bobines d'un électro-aimant en sens inverse. S'il en était autrement, l'effet de l'une combattrait l'effet de l'autre, et il n'y aurait pas d'aimantation.

Pour utiliser l'énergie magnétique qu'on peut déterminer par intermittence dans un électro-aimant, on place, en face de ses pôles, une pièce de fer doux A (*fig.* 25) appelée armature ou palette. Un ressort antagoniste maintient celle-ci au repos à une certaine distance des noyaux et son jeu est limité par des butées. Chaque fois que le courant passe, les noyaux aimantent l'armature par influence, et, des pôles de noms contraires se trouvant en regard, celle-ci est attirée. Dès que le courant cesse, toute aimantation disparaît et le ressort ramène l'armature au repos.

Le butoir qui limite le jeu du côté des noyaux a pour but d'empêcher leur contact avec l'armature ; le magnétisme rémanent qui pourrait exister suffirait en effet à maintenir ce contact après la rupture du circuit.

VIII

INDUCTION

64. Induction par les aimants. — Prenons une bobine creuse sur laquelle est enroulé un certain nombre de tours de fil et fermons le circuit sur un galvanomètre (*fig.* 26). Si nous introduisons brusquement un aimant au milieu de la bobine, nous constatons une déviation de l'aiguille, puis celle-ci revient au repos: nous avons produit un courant par *induction*, et ce courant n'a eu, comme durée, que la durée du mouvement fait pour introduire l'aimant dans la bobine; on pourrait dire aussi : pour introduire les spires de la bobine dans le champ magnétique de l'aimant.

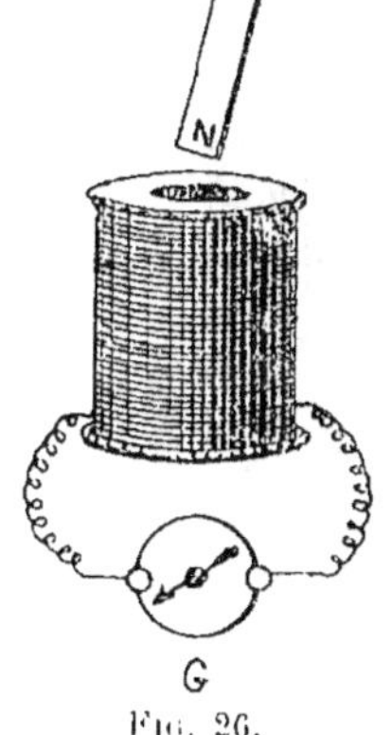

Fig. 26.

Retirons brusquement l'aimant, et nous constatons encore une déviation de courte durée; de plus, cette déviation s'est produite dans une direction inverse de la première.

La loi suivante découle de ce phénomène : tout aimant qui s'approche d'un circuit, produit dans ce circuit un courant d'induction ; tout aimant qui s'éloigne d'un circuit produit dans ce circuit un courant d'induction de sens inverse au premier.

En examinant le sens des deux courants induits par rapport au barreau aimanté, on remarque que le premier a pour effet de combattre l'aimantation, et le second de l'augmenter ; autrement dit, le premier courant marche en sens inverse du courant que l'on ferait passer dans la bobine pour magnétiser l'aimant tel qu'il est ; et le second courant induit suit la même direction que ce dernier courant. Pour cette raison, le premier courant induit est dit *inverse*, et le second *direct*.

65. Laissons maintenant l'aimant dans la bobine et approchons vivement un barreau de fer doux (*fig.* 27) : l'aiguille dévie aussitôt dans le même sens que lorsque nous avions enlevé l'aimant, puis elle revient au repos. Si nous éloignons le fer doux, nouvelle déviation en sens inverse de la première.

Nous savons, en effet (56), que les mouvements d'une pièce de fer doux dans le voisinage d'un aimant font varier le magnétisme de celui-ci ; ce sont donc les variations du champ magnétique dans lequel se trouve le solénoïde qui produisent le même effet que des mouvements de l'aimant.

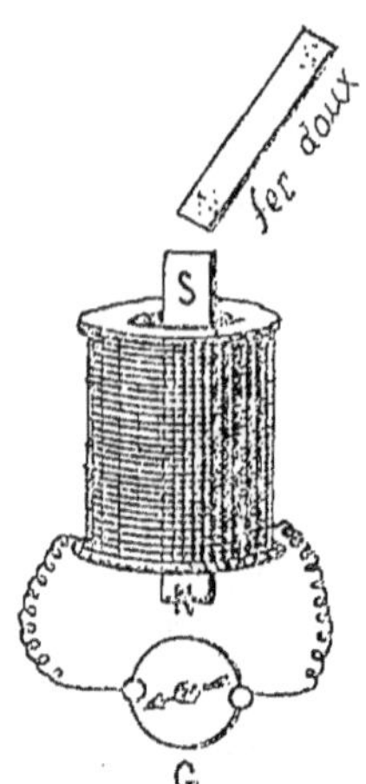

Fig. 27.

On généralise alors la loi précédente en disant : à toute variation du champ magnétique dans lequel se trouve un circuit, correspond un courant induit dans ce circuit ; quand le magnétisme apparaît ou augmente d'intensité, le courant est inverse, quand il diminue ou disparaît, le courant est direct.

L'énergie électrique développée par induction est évidemment le résultat de la dépense d'énergie mécanique faite pour introduire l'aimant dans le solénoïde ou l'en retirer, ou bien pour approcher ou éloigner le fer doux du barreau aimanté. On comprend que, plus le mouvement est rapide, moins grande est la durée du courant, mais aussi plus il est puissant.

66. Induction par le courant. — En faisant varier, par un moyen quelconque, la résistance d'un circuit, on fait varier l'intensité du courant qui circule dans ce circuit (27) ; donc, si sur ce circuit, nous intercalons un électro-aimant formé, pour la circonstance, d'un simple barreau de fer doux portant une bobine, nous pourrons faire varier l'aimantation du noyau.

Si maintenant nous enroulons sur la bobine un deuxième fil,

ou, plutôt, si nous plaçons notre électro-aimant dans la bobine utilisée tout à l'heure, nous pourrons constater des courants d'induction dans ce deuxième circuit, chaque fois que nous ferons varier l'aimantation du noyau. Des courants induits seraient également produits en fermant et ouvrant alternativement le premier circuit, c'est-à-dire en aimantant et désaimantant le noyau (*fig.* 28).

La présence du barreau de fer doux n'est pas absolument nécessaire, puisque, nous le savons, un solénoïde se comporte comme un aimant ; mais, nous savons aussi que le fer doux augmente considérablement la puissance du champ et, par suite, la puissance du courant induit.

La superposition de deux enroulements sur un noyau de fer doux constitue une *bobine d'induction*. Le fil destiné à laisser passer le courant qui agit sur le noyau est le fil *inducteur* ou *primaire* ; l'ensemble du circuit comprenant ce conducteur porte aussi ces désignations. Le deuxième fil, c'est-à-dire celui qui subit l'influence du premier circuit,

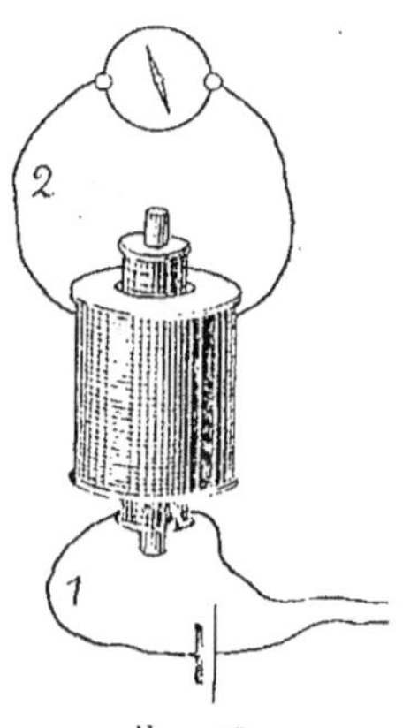

Fig. 28.

est désigné, ainsi que le circuit dont il fait partie, par l'un des termes *induit* ou *secondaire*. (Voir, en appendice, une théorie de l'induction.)

67. Bobine d'induction. — Les différentes bobines d'induction qu'on trouve dans les installations téléphoniques peuvent se ramener au type suivant : le noyau est formé d'un faisceau de fil de fer soigneusement recuit (*fig.* 29). Entre les joues de matière isolante (ébonite, buis, etc.) placées sur ce noyau, on enroule d'abord le fil primaire, c'est-à-dire au moins 340 spires d'un fil de cuivre d'environ 0,60 millimètre, recouvert de soie, et d'une résistance maximum de 1 ohm. Ce premier enroulement est recouvert d'une feuille de papier, puis on enroule le secondaire qui est formé d'au moins 3.200 spires de fil d'environ 0,16 millimètre donnant une résistance maximum de 160 ohms.

Chacune des joues porte deux plots en laiton, munis de vis de serrage. Les deux bouts du fil primaire sont soudés sur les plots de l'une des joues, et les deux bouts du fil secondaire sur les plots de l'autre joue. Les vis servent à serrer les fils des deux circuits extérieurs.

L'emploi d'un faisceau de fils au lieu d'une seule pièce de fer a pour effet de rendre le noyau plus perméable ; le champ magnétique créé par le courant primaire pourra suivre ainsi, avec plus de facilité, les variations très rapides de l'intensité de ce courant. En outre, cette disposition réduit, dans une certaine mesure, l'intensité de courants induits, dits *courants de Foucault*, qui naissent dans la masse du noyau et dont le champ, toujours suivant la loi de l'induction, est inverse de celui du courant primaire.

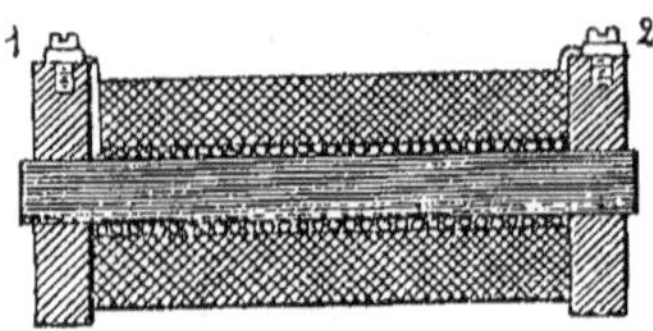

Fig. 29. — Coupe d'une bobine d'induction.

68. Fonctionnement de la bobine d'induction.

— La différence de résistance entre les deux enroulements a pour but de multiplier la force électro-motrice des courants induits qui prennent naissance dans le secondaire. Voici comment s'opère cette *transformation*.

Supposons les deux enroulements de notre bobine formés chacun d'une couche de fil semblable, ayant par conséquent la même résistance, et lançons dans le fil primaire un courant d'une force électro-motrice de 1 volt et d'une intensité de 2 ampères (*fig.* 30).

A la naissance du courant, nous créons dans l'autre circuit une force électro-motrice égale à celle du courant inducteur.

L'intensité est également la même, puisque la résistance

est égale ; sans tenir compte, bien entendu, de la perte due à la transformation [1].

Ajoutons maintenant, en série, à notre fil secondaire, une deuxième couche de fil qui double sa résistance. Le fil inducteur agit cette fois sur les deux couches de la même manière, et nous avons deux forces électro-motrices qui s'ajoutent ; seulement, comme la résistance a été doublée, l'intensité se trouve réduite de moitié : nous recueillons donc, dans le secondaire,

Fig. 30.   Fig. 31.

un courant induit de 1 ampère sous une force électro-motrice de 2 volts (*fig.* 31).

En ajoutant ainsi autant de couches qu'il sera nécessaire, nous obtiendrons des courants induits dont le voltage augmentera avec la différence de résistance entre les deux fils, mais dont l'intensité diminuera d'autant.

Il faut remarquer que nous n'avons tenu compte que de l'induction produite par la fermeture du circuit primaire. En effet, si nous envoyons dans le fil inducteur des émissions successives ou, plutôt, comme nous le ferons plus loin avec le *microphone*, si nous produisons des variations rapides de l'intensité d'un courant continu, à chaque augmentation de l'intensité correspond un courant induit d'un certain sens, et, à chaque diminution, un courant induit de sens contraire au premier.

1. Nous verrons plus loin qu'on utilise, sous le nom de *transformateurs*, des bobines d'induction à circuits égaux.

Donc, ainsi que le montrent les deux courbes ci-dessous, avec une bobine à deux circuits égaux, on doublerait déjà l'effet des variations de l'intensité d'un courant continu, puisque, pour chaque variation prise séparément, on obtient deux émissions *alternatives* dans le secondaire.

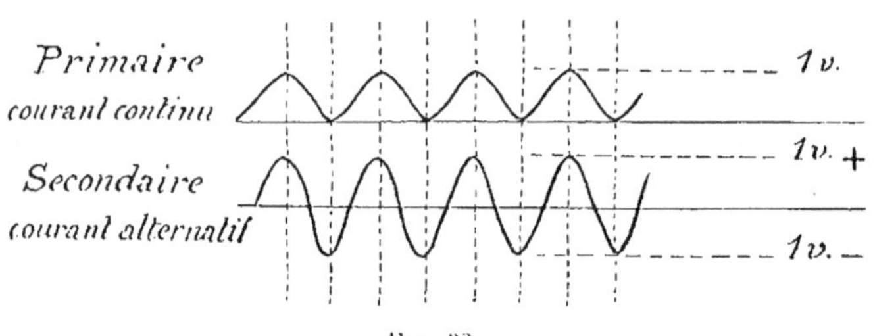

Fig. 32.

69. Pourquoi les lignes téléphoniques sont à double fil. — Les phénomènes d'induction produits d'aimant à circuit, ou de circuit à circuit se produisent également entre conducteurs rectilignes voisins.

Lorsqu'un fil se trouve à proximité d'une autre ligne parcourue par des courants, chaque émission, interruption ou changement de l'intensité de ces courants provoque, dans ce fil, l'apparition d'un courant induit.

L'induction, à condition toutefois de ne pas dépasser une certaine mesure, n'entrave pas les communications télégraphiques ; mais ce phénomène aurait pour résultat de troubler les relations téléphoniques si, par exemple, une ligne à simple fil se trouvait, dans une partie plus ou moins grande de son parcours, dans le voisinage d'une autre ligne téléphonique, télégraphique, ou surtout de transport d'énergie électrique (tramway, éclairage, etc.). Le téléphone est en effet beaucoup plus sensible que la plupart des appareils télégraphiques.

Le remède consiste à doubler la ligne téléphonique, c'est-à-dire à remplacer les prises de terre par un fil de retour. Les deux conducteurs se trouvant alors soumis aux mêmes influences, l'induction ne produit aucun courant, puisque les effets, étant de même sens sur les deux fils, s'annulent mutuellement.

Pour obtenir une anti-induction parfaite, il faudrait placer les deux fils du circuit téléphonique à égale distance de la ligne inductrice. Ce résultat est pratiquement obtenu en employant, pour le montage de ces fils sur les appuis, différents systèmes qui permettent de rapprocher alternativement chacun d'eux de la ligne en question.

70. La suppression de la terre a, par elle-même, un résultat important. Car si, dans des circonstances normales, le retour par la terre ne gêne pas les communications télégraphiques, le téléphone, toujours en raison de sa sensibilité, peut enregistrer certains mouvements électriques provenant du sol. En effet, en négligeant même les courants d'origine terrestre, il faut observer que les prises de terre des lignes téléphoniques desservies par un même bureau central seraient communes ; cette communauté pourrait s'étendre à des lignes télégraphiques et même à des lignes industrielles en relation avec le sol dans le voisinage. Or la diffusion de l'énergie électrique dans la terre ne s'opère pas d'une façon tellement complète que des perturbations ne puissent se produire sur les conducteurs qui y aboutissent et déterminer, dans un téléphone, des sons étrangers à ceux causés par la parole.

71. Self-induction. — Un solénoïde parcouru par un courant ne détermine pas seulement des effets d'induction dans un circuit voisin : chacune des spires de fil a une action inductrice sur toutes les autres spires, et cette action est encore renforcée si le solénoïde possède un noyau en fer doux. On peut même considérer un conducteur quelconque comme formé par un nombre indéfini de fils juxtaposés et dire que chacun des fils a une action inductrice sur tous les autres.

Or, d'après la loi de l'induction, l'apparition d'un courant dans le voisinage d'un circuit provoque, dans ce circuit, un courant d'induction inverse : ce courant tend donc à détruire en partie l'effet du courant qui l'a produit ; il entrave même sensiblement sa propagation, si la masse de fer doux est suffisante. Toutefois, si le courant primitif persiste sans varier d'intensité, l'induction disparaît, et l'obstacle avec elle. La propagation a donc subi simplement un retard à la fermeture du circuit. L'effet contraire se produit à la rupture : en effet, à ce moment, la disparition du magnétisme dans les spires et dans le noyau provoque dans le circuit un courant induit direct, c'est-à-dire dans le même sens que le courant inducteur. Celui-ci est donc renforcé par un courant dont la force électro-motrice provoque l'apparition d'une étincelle au point de rupture.

Ces courants induits produits dans le circuit même sont appelés *extra-courants* ou *self-induction*.

72. Il résulte de cet effet que, si l'on envoie des courants *alternatifs rapides* dans une bobine douée d'un pouvoir self-inducteur suffisant, les courants seront, pour ainsi dire, arrêtés au passage par leur propre induction qui formera un obstacle équivalent à une très forte résistance. Quant aux émissions d'une certaine durée, la self-induction ne fera que retarder leur début [1].

---

1. Un chiffre fera mieux ressortir la valeur de la résistance apparente, ou *impédance*, due à la self-induction : dans la bobine Caïlho que nous étudierons plus loin, la résistance ohmique des deux enroulements en série est de 600 ohms ; mais l'impédance atteint 60.000 ohms.

I

TÉLÉPHONE

73. Principe. — Remplaçons le barreau de fer doux utilisé dans une expérience précédente (65) par un disque mince, en fer doux, fixé par ses bords et dont le centre est au-dessus, et peu éloigné, de l'une des extré- mités de l'aimant placé dans une bobine *fig.* 33.

On sait que le bruit de la pa- role est produit par l'air qui, chassé des poumons, entre en vibrations sous l'influence des diverses parties de la gorge, de

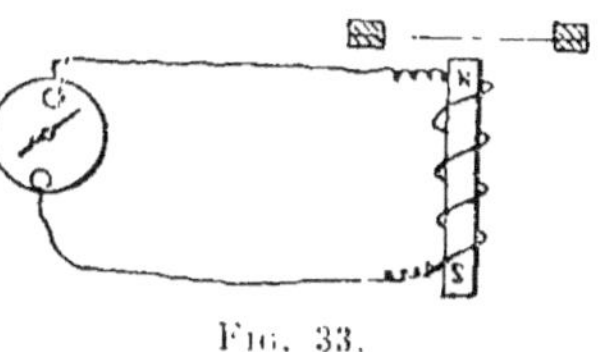

Fig. 33.

la bouche et du nez. Or, si l'on parle devant le disque, il vibre comme le fait le tympan de l'oreille d'un auditeur; autrement dit, poussé par les ondes sonores, il fléchit et revient sur lui- même. Par le fait, il s'approche et s'éloigne de l'aimant dont il fait varier le magnétisme, et ces variations provoquent, à leur tour, la naissance de courants induits dans le fil de la bobine si, bien entendu, le circuit est fermé.

Constituons maintenant un deuxième système semblable et plaçons sa bobine dans le circuit du premier (*fig.* 34) : les courants d'induction produits dans la première bobine, quand on parle devant le disque, vont traverser la deuxième, et, suivant leur sens, augmenter ou diminuer le magnétisme de l'aimant de celle-ci ; augmenter ou diminuer par conséquent, l'attraction exercée par l'aimant sur la membrane, et celle-ci reproduit le même nombre de mouvements que la première.

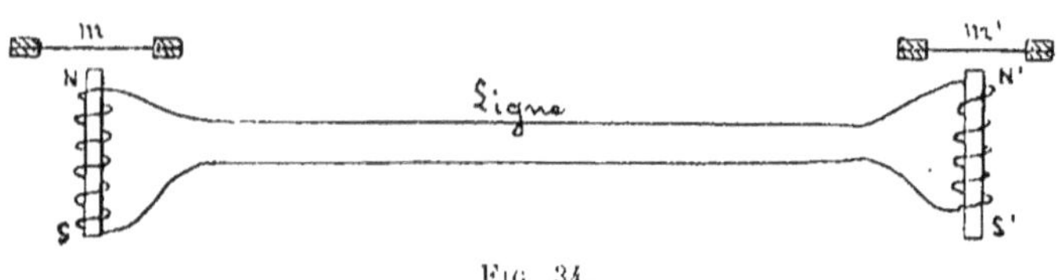

Fig. 34.

La parole, ou toute autre cause ayant provoqué des vibrations du premier disque, est donc répétée par le second.

Nous avons ainsi constitué, à peu près dans sa première forme, le *téléphone* inventé par l'Américain Graham Bell, en 1876.

La réversibilité caractérise cet appareil, puisque les deux systèmes, étant identiques, peuvent aussi bien servir comme transmetteurs ou récepteurs. On conçoit, toutefois, qu'étant donnée la faiblesse des courants induits produits par des mouvements aussi réduits que ceux du disque transmetteur, le téléphone ne serait resté qu'un moyen de communication limité à de très courtes distances ; la téléphonie n'a pris en effet son essor qu'après l'apparition du *microphone*. Celui-ci est alors devenu le transmetteur de la parole, et le téléphone en est resté le récepteur.

74. Téléphone Bell. — L'extrémité d'un aimant cylindrique est chaussée d'une petite bobine en bois entourée d'un certain nombre de tours de fils. L'ensemble est enfermé dans une gaine en bois qui sert de poignée à l'instrument. Le haut de la gaine est évasé autour de la bobine et, sur les bords de cette partie, repose une plaque mince en tôle douce (*fig.* 35).

Un couvercle est vissé sur la gaine et vient serrer la plaque sur ses bords. Ce couvercle, creusé en forme de cône, permet de concentrer les ondes sonores sur le centre de la membrane lorsque l'appareil est transmetteur et de diriger les sons vers l'oreille lorsqu'il est récepteur. La membrane est vernie sur sa face extérieure pour éviter l'oxydation.

L'extrémité inférieure de la poignée est traversée par une vis qui pénètre dans l'aimant et permet de rapprocher plus ou moins celui-ci de la plaque vibrante.

Enfin, les fils de la bobine sont soudés à des conducteurs passant au dehors et formant une liaison souple avec la ligne.

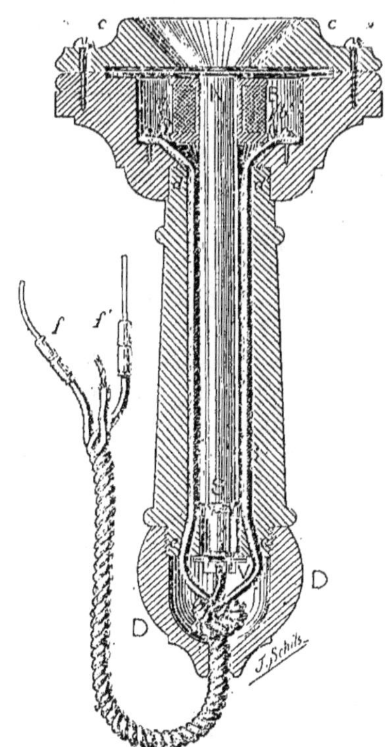

Fig. 35. — Coupe du téléphone Bell.

75. Téléphones divers. — Les téléphones qui ont été imaginés à la suite de l'invention de Bell ne diffèrent du modèle que nous venons de décrire que par des détails de construction.

En général, l'aimant est disposé de manière à faire agir ses deux pôles sur la plaque. De plus, pour éviter de le soumettre directement à l'influence des courants induits, ce qui aurait pour effet d'altérer assez rapidement son pouvoir magnétique, les pôles sont prolongés par des noyaux en fer doux qui reçoivent les bobines. Cette disposition rend même l'appareil plus sensible : on sait en effet que le fer doux obéit plus facilement que l'acier aux variations de magnétisme qui lui sont communiquées.

La résistance totale des bobines varie entre 150 et 200 ohms.

Le réglage est opéré une fois pour toutes à la construction. A cet effet, la hauteur de l'électro-aimant est telle que les extrémités des noyaux affleurent les bords du boîtier de l'appareil. Cet affleurement est d'ailleurs assuré, après le montage de l'électro, en rodant tout l'ensemble sur un plan. La distance qui sépare la membrane des noyaux est alors déterminée au moyen d'une rondelle en laiton, d'épaisseur convenable, interposée entre le bord du boîtier et la membrane.

Il est à remarquer que, sauf certains modèles recherchés pour leur sonorité, les téléphones actuels ont une plaque vibrante relativement rigide. En effet, si le téléphone, employé comme transmetteur, exige une membrane souple, c'est-à-dire capable de faire des mouvements d'une amplitude suffisante pour influencer le champ magnétique de l'aimant, il n'en est pas de même quand le téléphone est utilisé seulement comme récepteur. Car, d'une part, une membrane trop souple donne des vibrations étrangères à celles produites par la parole et dénature, par conséquent, le timbre de la voix ; d'autre part, l'expérience a fait reconnaître que le son émis par le téléphone n'est pas dû seulement aux vibrations proprement dites de la plaque, mais aussi aux vibrations moléculaires de toute la masse magnétique. Dans ces conditions, du moment que l'intensité du son est suffisante, il y a intérêt à donner une certaine rigidité à la membrane, et l'instrument gagne en netteté.

Parmi les nombreux types de téléphones admis sur les réseaux de l'État se trouve le téléphone Ader : c'est l'un des plus répandus, et c'est d'ailleurs un excellent modèle qui a été adopté pour les postes fournis par l'Administration des

Téléphones. Nous nous contenterons d'en donner une description.

76. Téléphone Ader. — Désigné quelquefois sous le nom d'Ader n° 3, parce qu'il a été précédé de deux types un peu différents, ce téléphone est formé de la façon suivante (*fig.* 36).

Le système magnétique est monté dans un boîtier en cuivre muni d'un anneau qui sert à suspendre l'appareil. L'aimant est un anneau plat composé de deux lames superposées. Sous les pôles sont fixées deux équerres en fer doux e, e', dont les parties verticales, munies de joues en cuivre, constituent les noyaux de deux bobines. L'ensemble est fixé au fond du boîtier par trois vis, dont deux, isolées du massif, supportent les bornes auxquelles aboutissent, d'un côté, les fils de l'électro-aimant et, de l'autre, les conducteurs du cordon souple qui relie l'appareil au poste.

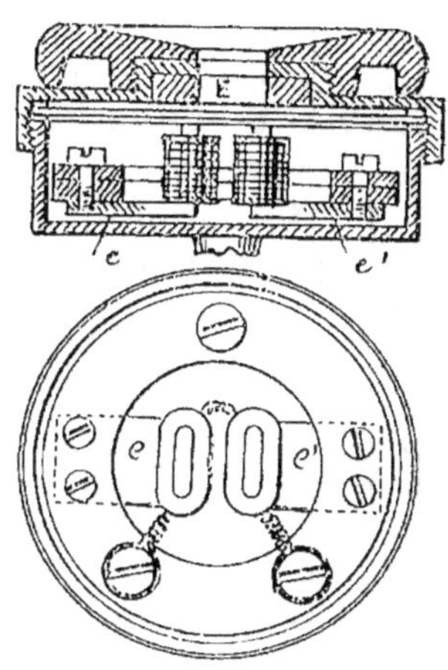

Fig. 36. — Téléphone Ader.

Sur les bords du boîtier se trouve une rondelle en cuivre qui reçoit la plaque vibrante. Un couvercle muni d'un pavillon en ébonite, ou toute autre matière analogue, est vissé sur le boîtier et maintient la membrane.

Dans l'épaisseur du couvercle, autour du trou central, se trouve un anneau en fer doux E, appelé *excitateur*. L'utilité de cette pièce, qui est exclusivement employée dans les téléphones Ader, est de renforcer le champ magnétique; elle n'existe plus dans un modèle pour lequel on a recherché surtout la légèreté, puisque son boîtier est en aluminium.

II

MICROPHONE

77. Bien avant l'invention du téléphone, on connaissait la propriété que possèdent les corps conducteurs de faire varier la résistance d'un circuit, lorsque, intercalés dans ce circuit, des morceaux superposés de ces corps sont soumis à des pressions différentes.

Cette propriété avait d'ailleurs été pratiquement utilisée pour la construction de *rhéostats* constitués par du charbon en poudre placé dans un tube et soumis à la pression, plus ou moins grande, d'un piston mû par une vis.

On conçoit sans peine, quand on sait que les corps qui nous paraissent les mieux polis, présentent, vus au microscope, des surfaces hérissées d'aspérités, que, si deux fragments d'un corps conducteur, reposant simplement l'un sur l'autre, viennent à subir une pression, le nombre de leurs points de contact est augmenté ; donc, si les deux fragments ferment un circuit, la résistance de celui-ci diminue. Si la limite d'élasticité des aspérités n'a pas été dépassée, tout reprend sa place dès que la pression cesse, et la résistance redevient la même qu'auparavant. En un mot, la résistance et, par conséquent, l'intensité du courant, dépendent de l'intimité plus ou moins grande des contacts. C'est l'observation de ce phénomène qui a amené Edison et Hughes à l'invention du *microphone*.

L'invention d'Edison a précédé un peu celle de Hughes ; toutefois, en raison de l'extrême sensibilité du microphone de ce dernier, c'est celui-ci qui est resté, pour ainsi dire, le type fondamental de ce remarquable instrument.

78. Microphone Hughes. — Deux morceaux de charbon de cornue sont fixés sur une planchette vertical et leurs faces en regard sont légèrement creusées afin de recevoir les pointes d'un crayon de même matière (*fig.* 37). Le crayon n'est pas serré, mais s'appuie par son propre poids sur le bloc inférieur et est maintenu simplement par le bloc supérieur.

La planchette est fixée sur un socle portant deux bornes qui sont reliées aux blocs et qui permettent d'introduire l'appareil dans un circuit. L'ensemble repose sur des pieds en caoutchouc qui amortissent les vibrations qui pourraient provenir du support.

Si, à l'un des téléphones dont nous avons vu le rôle dans le chapitre précédent, nous substituons le microphone et une pile (*fig.* 38), nous pouvons parler devant la

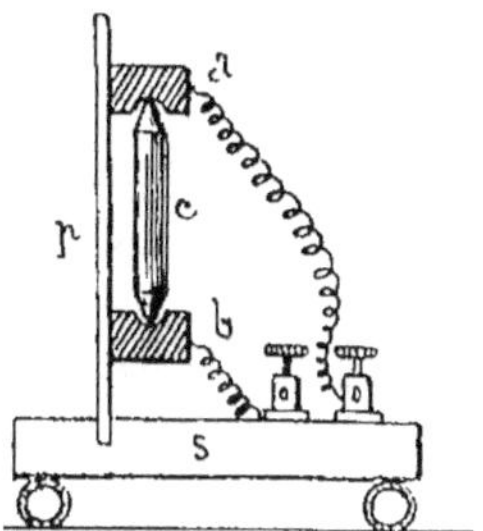

Fig. 37. — Microphone Hughes.

planchette et le téléphone reproduit les paroles prononcées.

En effet, les vibrations de la planchette font varier l'intimité des contacts établis entre le crayon et ses supports; d'où variation de la résistance du circuit; il en résulte des variations de l'intensité du courant et enfin des variations de l'aimantation du noyau du téléphone. La membrane plus ou moins attirée, exécute le même nombre de mouvements que la planchette.

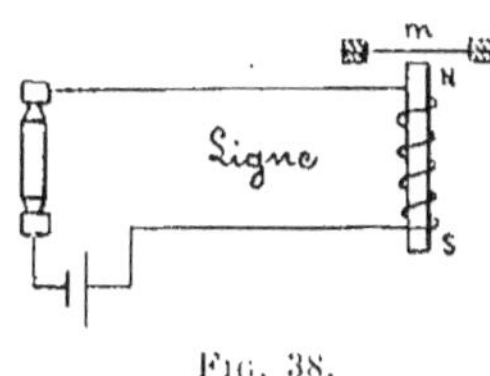

Fig. 38.

79. Microphone Edison.

79. **Microphone Edison.** — Le microphone d'Edison est formé de deux disques, l'un en charbon et l'autre en platine, sur lesquels la plaque vibrante s'appuie légèrement, au repos, par l'intermédiaire d'un bouton en ivoire. Les vibrations imprimées à la plaque font ici évidemment varier la pression sur les disques et, par suite, l'intimité du contact existant entre ceux-ci. Toutefois, comme nous le disions plus haut, cet appareil est moins sensible que le microphone de Hughes.

80. On remarquera, qu'en parlant du Hughes, il n'a pas été question de pression : c'est qu'en effet, en contradiction avec Édison, l'inventeur n'a expliqué le fonctionnement de son appareil qu'en faisant valoir les variations de contact.

Cependant on pourrait démontrer, surtout en plaçant la planchette du microphone Hughes horizontalement et en comparant les mouvements qu'elle imprime aux charbons à ceux qui sont communiqués à une personne placée sur le plateau d'un ascenseur, qu'il semble bien que ce sont des variations de la pression du crayon sur ses points d'appui qui font varier la résistance du circuit.

81. Les microphones actuels, dérivés de celui de Hughes, comportent un plus grand nombre de charbons et divers dispositifs atténuant la trop grande mobilité des crayons. On évite ainsi la rupture du circuit et, par suite, la chute complète de l'intensité du courant et la formation d'étincelles qui occasionnent des bruits désagréables dans le téléphone ; on diminue en même temps la résistance du circuit microphonique.

Les microphones les plus puissants sont généralement constitués par des pièces en charbon entre lesquelles se trouve du charbon en grains plus ou moins gros.

Nous allons examiner simplement quelques-uns des microphones admis sur les réseaux de l'État.

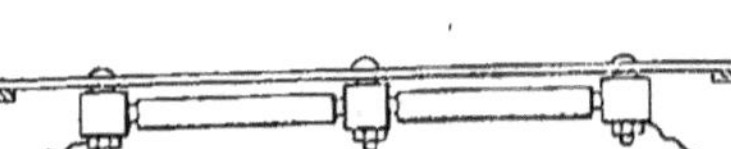

Fig. 39. — Microphone Ader.

82. Microphone Ader. — Il est formé de trois barres carrées en charbon, percées transversalement chacune de cinq trous *fig.* 39).(Les trois barres sont fixées parallèlement, à l'aide de boulons, sous une planchette vibrante en sapin et réunies par deux séries de cinq cylindres en charbon dont les tourillons reposent librement dans les trous des barres. Les fils de communication sont fixés aux deux barres extrêmes. La planchette est collée par l'intermédiaire de bandes en caoutchouc, sur les bords d'une boîte dont le dessus est légèrement incliné comme un pupitre.

83. Microphone P. Bert et d'Arsonval. — La planchette est verticale ; trois barres de charbon sont placées horizontalement derrière elle, la plus longue en haut, les deux petites en bas (*fig.* 40). Ces dernières sont réunies à la première par deux paires de cylindres en charbon. Pour atténuer la grande mobilité de ces cylindres, placés dans les mêmes conditions que le crayon du microphone Hughes, ces pièces sont enveloppées d'une chemise en fer doux qui est attirée par un aimant. Celui-ci est monté sur une lame de laiton, formant ressort, qui permet de régler la sensibilité de l'appareil. Ce réglage, qui consiste à approcher plus ou moins les pôles de l'aimant des chemises en fer, s'opère, suivant les modèles, soit à l'aide d'une vis, soit au moyen d'un excentrique.

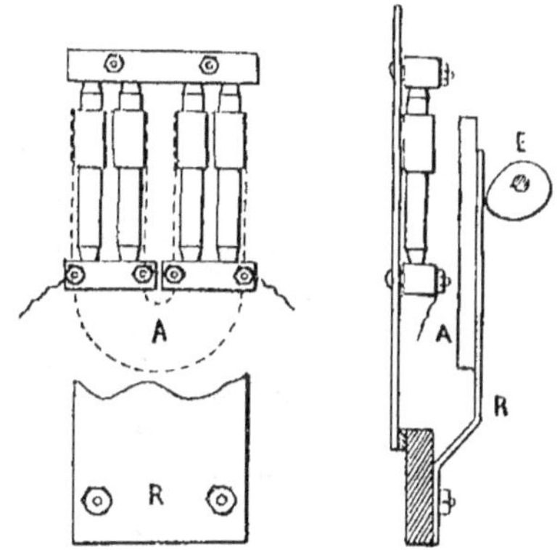

Fig. 40. — Microphone P. Bert et d'Arsonval.

84. Microphone Solid-back. — Beaucoup de microphones à grenaille, d'ailleurs excellents, ont précédé le *Solid-back*, mais en raison de son extrême sensibilité et de sa puissance, ce microphone a été surtout adopté comme appareil d'opérateur dans les bureaux centraux. Il permet, en effet, de parler sans élever la voix, et l'on comprend l'importance de cette qualité dans une salle où un personnel nombreux doit répondre aux demandes des abonnés.

Le Solid-back est constitué, en principe, par deux pastilles de charbon dont les surfaces, parfaitement polies, sont en contact avec des grains de graphite.

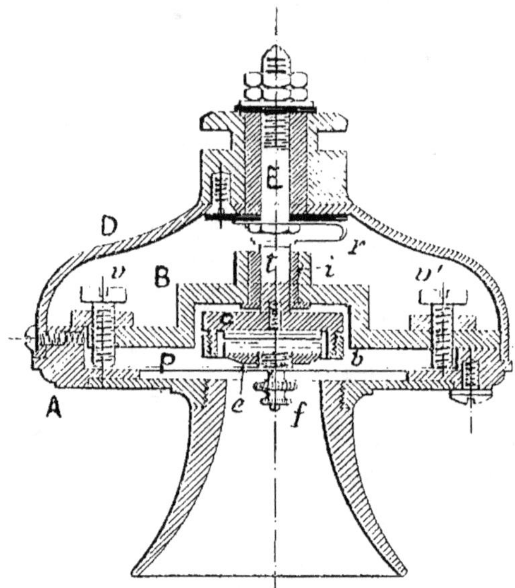

Fig. 41. — Microphone Solid-back.

L'appareil comprend deux parties : le microphone proprement dit et le boîtier.

Le premier est composé : 1° de deux pastilles de charbon soudées sur des disques en cuivre munis de tiges filetées (*fig.* 41); 2° d'une cuvette en laiton C, munie d'une bague b vissée sur son pourtour, et dont le fond porte extérieurement une tige cylindrique t. Le premier disque est vissé dans le fond de la cuvette. Sur la tige filetée du deuxième disque est enfilée une rondelle de mica d'un diamètre supérieur à celui du disque et maintenue au moyen d'un écrou plat *e* de forme conique.

Le boîtier est composé :

1° D'une couronne en cuivre A munie d'un rebord intérieur sur lequel vient reposer la plaque vibrante P. Cette plaque est en tôle et percée d'un trou central. Un disque, muni d'une embouchure, est placé devant la plaque ;

2° D'un pont transversal B, vissé des deux côtés sur la couronne et portant deux vis à contre-écrous *v*, *v'* qui viennent presser sur la plaque. Le centre du pont porte un collier de serrage garni d'un manchon *i* en matière isolante ;

3° D'un couvercle D également vissé sur la couronne et dont le centre est garni d'un boulon isolé E portant, du côté intérieur, un ressort-lame replié *r*.

Si l'on suppose le couvercle et le pont enlevés et le microphone démonté, voici comment on procède au montage :

Après avoir garni la cuvette de 4 décigrammes de graphite en poudre, on pose dessus le deuxième disque ; la rondelle de mica vient s'appuyer sur les bords, et la bague, vissée sur la cuvette, maintient le tout. On introduit alors la tige filetée du deuxième disque dans le trou central de la plaque vibrante, et deux écrous *f*, serrés successivement sur celle-ci, la rendent solidaire du microphone. L'ensemble est placé dans le fond du boîtier et le pont mis en place : dans cette situation le collier vient entourer librement la tige *t* de la cuvette. On enfonce alors les deux vis *v*, *v'*, jusqu'au contact de la membrane, de façon à la caler dans le fond du boîtier, et l'on serre les contre-écrous. Puis l'on tourne la vis de serrage du collier et le microphone se trouve ainsi fixé sur le pont.

On place enfin le couvercle dont le ressort vient prendre contact avec le bout de la tige de la cuvette.

Ainsi qu'on le voit, l'un des charbons est mis, par la plaque, en relation avec le massif, et l'autre, par la cuvette, est relié au boulon du couvercle. C'est donc par l'intermédiaire de ce boulon et du massif du boîtier que le microphone est introduit dans le circuit.

Quand on parle devant l'appareil, la plaque, en vibrant, entraîne le disque qui est fixé derrière elle, grâce à la flexibilité de la rondelle de mica, et le charbon antérieur comprime plus ou moins le graphite sur l'autre charbon.

85. Microphone de l'Administration, modèle de 1902. — C'est le modèle qui est monté sur les appareils de l'Administration, modèle 1902. Il a beaucoup d'analogie avec le microphone

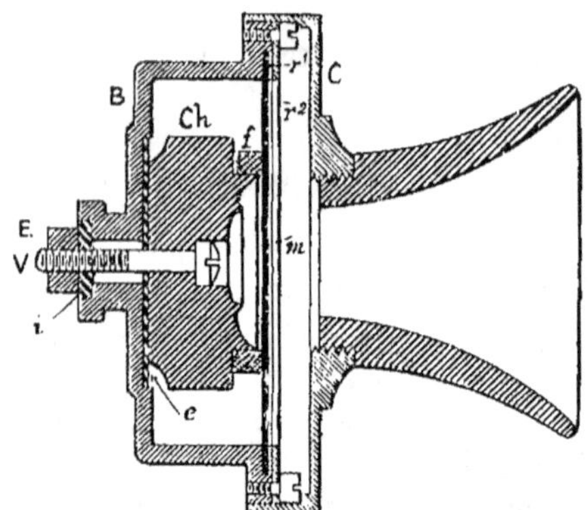

Fig. 42. — Microphone de l'Administration (1902).

Hunnings que le Solid-back a remplacé dans les bureaux centraux (*fig.* 42).

Au fond d'un boîtier en cuivre, isolé par une rondelle d'ébonite, est fixé un bloc cylindrique de charbon *Ch* dont la face antérieure présente une double gorge circulaire. La vis de fixation V est maintenue extérieurement par un écrou E, qui serre sur une rondelle d'ébonite. Dans les premiers appareils construits, une couronne en feutre *f* entourait le bloc de charbon de manière à maintenir la grenaille placée sur celui-ci ; cette couronne a été supprimée. Une membrane de charbon *m*, serrée sur le pourtour du boîtier par un anneau, vient prendre contact avec la grenaille. Enfin, un couvercle, muni d'une embouchure, recouvre la membrane,

Le microphone est placé dans une ouverture pratiquée dans la paroi antérieure de l'appareil et maintenu par une couronne. Cette disposition permet de faire tourner l'instrument sur lui-même pour remédier, en cas de besoin, au tassement de la grenaille.

Les communications sont établies par l'intermédiaire de deux ressorts fixés dans la boîte et qui viennent prendre contact, l'un avec le boîtier, l'autre avec l'extrémité de la vis de fixation du bloc de charbon.

86. Capsule microphonique amovible, modèle administratif 1910.

— Un disque en charbon, présentant des rainures circulaires et sept trous coniques, est vissé sur un disque de cuivre muni d'une vis centrale (*fig.* 43). Cet ensemble est posé sur une plaque d'ébonite, et fixé au fond d'une capsule en laiton au moyen d'un écrou porté par

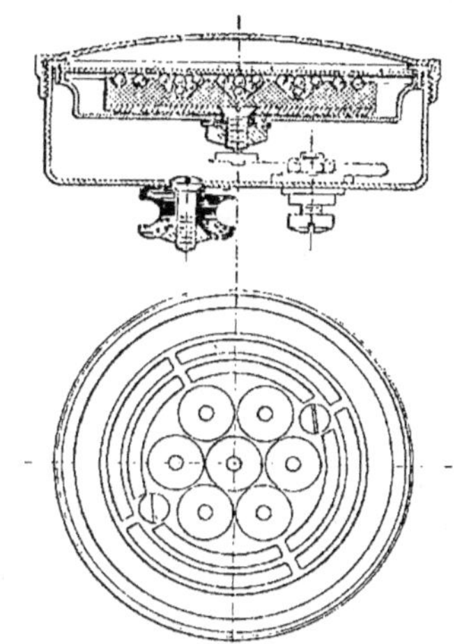

Fig. 43. — Capsule microphonique amovible dans son boîtier.

la vis centrale et serrant sur une rondelle d'ébonite. Les rainures et les cavités sont garnies de boules de charbon et une membrane de même matière, maintenue par un anneau fileté, ferme la capsule.

La capsule microphonique peut se placer, soit dans le boîtier d'un appareil mural, soit dans un boîtier monté à l'extrémité d'une poignée portant, d'autre part, un téléphone. Cet accouplement, très usité, d'un transmetteur et d'un récepteur sur un même support, constitue un *appareil combiné*.

Le boîtier est muni de deux bornes dont l'une est isolée. Quand on place la capsule dans le boîtier, la vis centrale se met en relation avec un ressort-lame porté par la borne isolée ; le disque en charbon est donc relié à celle-ci, et la membrane à l'autre borne, par le massif. Le boîtier est fermé par un couvercle percé de trous.

L'avantage d'un microphone ainsi disposé est de pouvoir substituer rapidement une capsule en bon état à une capsule défectueuse. Celle-ci est alors rapportée à l'atelier et réparée dans de meilleures conditions que si le travail avait dû être exécuté sur place.

Des dispositifs spéciaux permettent de substituer la capsule microphonique à d'autres modèles de microphones.

87. Constitution du circuit microphonique. — Le courant de la pile placée dans le circuit du microphone est plus puissant

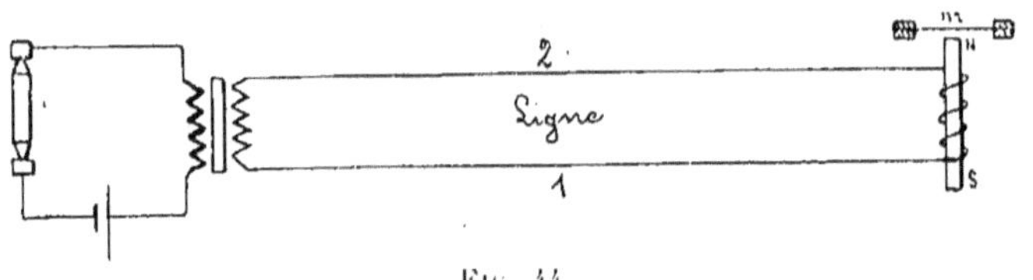

Fig. 44.

que les courants d'induction produits par un téléphone transmetteur ; cependant il faut bien remarquer que ce n'est pas l'intensité du courant de la pile qui agit sur le récepteur téléphonique pour en faire vibrer la plaque, mais bien les *variations* de cette intensité. Or, ces variations sont encore assez faibles et ne sont sensibles que si le circuit n'a pas une trop grande résistance ; autrement dit, si la ligne n'est pas trop longue. C'est pourquoi, réduit à lui-même, le microphone, quoique déjà supérieur au téléphone transmetteur, n'eût pas permis de porter la parole bien loin. C'est alors, en interposant la bobine d'induction entre le circuit microphonique et le circuit de ligne, que Berliner et Edison ont résolu le problème de la téléphonie à longue distance.

Sur le circuit du microphone, intercalons le fil primaire d'une bobine d'induction et relions le fil secondaire aux fils de ligne qui se terminent au téléphone du correspondant (*fig.* 44).

Les vibrations de la parole font varier les contacts des charbons : d'où, variations de la résistance du circuit, variations de l'intensité du courant, variation du magnétisme du noyau de la bobine, et enfin naissance de courants d'induction dans le fil secondaire de celle-ci. Ces courants alternatifs circulent sur la ligne et font varier l'aimantation du noyau du téléphone, et la membrane, plus ou moins attirée, reproduit les paroles prononcées devant le microphone.

Comme on le voit, les variations de la résistance du microphone se font sentir ici sur un circuit de très faible résistance,

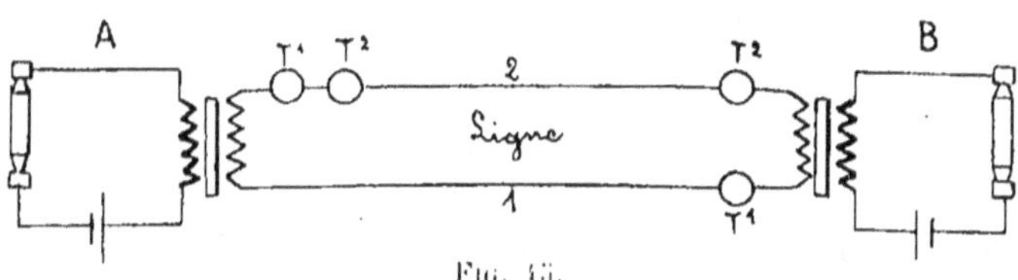

Fig. 45.

puisqu'il est composé seulement des charbons, du fil primaire de la bobine et de la pile. La résistance du fil secondaire, au contraire, est très grande, et les courants qui y naissent sont doués, comme nous l'avons vu plus haut (68), d'une force électro-motrice qui leur permet de vaincre facilement la résistance d'une ligne très longue. L'alternance augmente encore leur efficacité sur le téléphone qui, très sensible, fonctionne sous une *intensité* très faible.

88. Pour permettre aux deux postes de transmettre ou de recevoir, il suffit, comme l'indique la figure 45, de les munir chacun d'un microphone avec sa pile et la bobine d'induction, et de placer un ou deux téléphones sur le circuit secondaire. On voit que les téléphones peuvent être différemment placés sur le circuit par rapport au fil secondaire ; on peut aussi, suivant les dernières prescriptions du service téléphonique, les placer, dans chacun des postes, en dérivation l'un sur l'autre.

III

APPAREILS ACCESSOIRES DES INSTALLATIONS TÉLÉPHONIQUES

Les accessoires des installations, c'est-à-dire les organes qui, sauf quelques exceptions, ne sont pas groupés dans un même meuble, comprennent : les appareils de protection, *paratonnerres* et *coupe-circuit* ; les appareils de commutations ou *commutateurs* ; les appareils d'appel, *sonnerie* et *appel magnétique* et les *relais*.

APPAREILS DE PROTECTION

89. Paratonnerres. — Les paratonnerres sont destinés à protéger les postes, c'est-à-dire les opérateurs et les appareils, contre les courants dangereux qui peuvent circuler sur les lignes lorsque celles-ci sont constituées, tout ou partie, par des fils aériens. Ces courants peuvent provenir des décharges atmosphériques ou d'une ligne de transport d'énergie électrique mise accidentellement en contact avec la ligne téléphonique.

Le paratonnerre actuellement installé est un *paratonnerre à charbons* pour deux fils ; mais on trouve encore en service divers modèles, parmi lesquels le *paratonnerre à pointes et à feuille isolante* est le plus répandu.

90. Paratonnerre à pointes et à feuille isolante. — Cet appareil est ainsi construit : sur un socle en bois est d'abord posée une première plaque de cuivre C munie d'une borne et de deux colonnettes prolongées par une tige filetée (*fig. 46*). Sur cette plaque est placée une feuille en papier ou en gutta-percha. Sur cette lame isolante vient reposer un ensemble de deux plaques de cuivre A, B, reliées entre elles par des en-

tretoises en ébonite. La plaque inférieure A est munie de
deux bornes, et la plaque supérieure B porte des pointes
tournées vers la plaque A et séparées de celle-ci par un espace
de 1 millimètre environ. Enfin ces deux plaques sont fixées
sur la première à l'aide d'écrous qui se vissent sur les tiges
des colonnettes.

La plaque à pointes B et la plaque C ainsi reliées métalli-

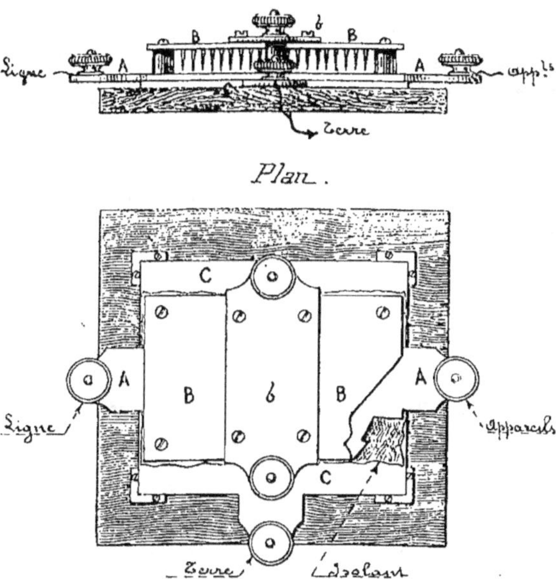

Fig. 46. — Paratonnerre à pointes et à feuille isolante.

quement sont mises, par la borne, en communication avec la
terre. La plaque intermédiaire A a ses deux bornes reliées,
d'une part, au fil de ligne et, d'autre part, aux appareils du
poste; elle est isolée des autres plaques par la feuille et les
entretoises. Les courants utiles traversent donc simplement la
plaque A pour se rendre aux appareils.

Quand une décharge dangereuse frappe la ligne, le pouvoir

self-inducteur des appareils ralentit suffisamment le passage du courant dans ceux-ci pour que ce courant, grâce à sa force électro-motrice, puisse franchir l'espace qui sépare la plaque A des pointes, ou bien percer la feuille isolante pour s'écouler à la terre.

Ce paratonnerre a l'inconvénient d'être fréquemment, sinon détruit, du moins détérioré et mis momentanément hors de service par une décharge. En effet, si l'intensité du courant est très forte, les pointes peuvent être fondues, et même volatilisées en partie, et l'instrument perd de son efficacité vis-à-vis des décharges ultérieures. D'autre part, le métal en fusion peut réunir les pointes à la plaque médiane, ou bien réunir celle-ci à la plaque inférieure et la ligne est à la terre.

Une ligne téléphonique à double fil exige naturellement, dans chaque poste, un paratonnerre sur chacun des fils.

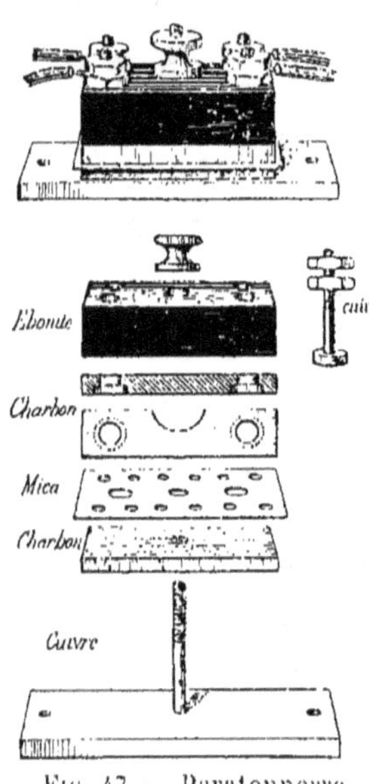

Fig. 47. — Paratonnerre
à charbons.

91. Paratonnerre à charbons. — Une plaque de cuivre (*fig. 47*), munie d'une tige filetée supporte : 1° une plaque de charbon ; 2° une feuille de mica percée de trous ; 3° un bloc de matière isolante sous lequel sont fixés deux blocs de charbon, chacun au moyen de deux boulons. Le tout est maintenu par un écrou vissé sur la tige centrale.

La base est reliée à la terre, et chacun des blocs supérieurs est relié, à l'aide de contre-écrous vissés sur les boulons, à l'un des fils de ligne et aux appareils.

Les courants ordinaires traversent les charbons supérieurs ; mais les courants dont la tension est trop grande passent par les trous du mica pour se rendre directement à la terre par le charbon inférieur et la plaque support. Si l'intensité est également très forte, les particules de charbon détachées par les étincelles sont brûlées; dans tous les cas, ce paratonnerre peut recevoir un assez grand nombre de décharges avant que les résidus soient en assez grande quantité pour combler les trous du mica, c'est-à-dire mettre la ligne à la terre d'une manière plus ou moins parfaite. Il suffit alors d'enlever l'écrou central, puis le bloc isolant et de faire tomber les poussières.

92. Coupe-circuit. — Suffisant contre les décharges atmosphériques qui ont toujours une durée très courte, le paraton-

nerre peut encore garantir contre un courant à haute tension provenant d'une ligne industrielle si le contact accidentel entre cette ligne et le circuit téléphonique est très bref. Mais ce contact peut se prolonger; le courant peut être d'une intensité dangereuse sans avoir une force électro-motrice suffisante pour passer à la terre par le paratonnerre : un autre organe de protection est donc nécessaire, c'est le *coupe-circuit*.

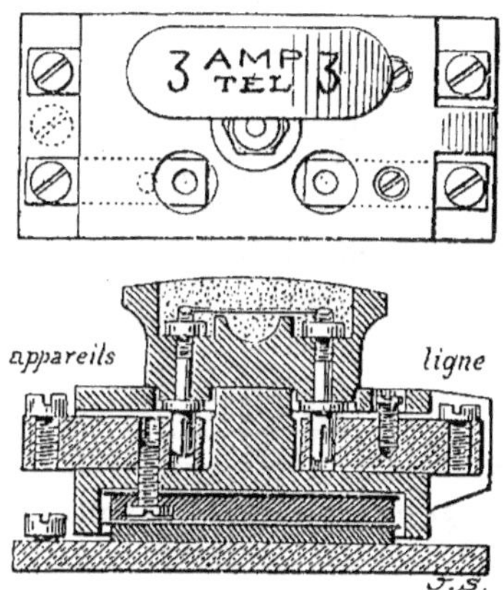

Fig. 48. — Coupe-circuit-paratonnerre.

Comme son nom l'indique, celui-ci est destiné à rompre la communication entre le circuit et les appareils lorsque le paratonnerre est insuffisant pour les protéger ou que l'installation n'en comporte pas (lignes entièrement souterraines).

En principe, le coupe-circuit est formé par un fil métallique, dont la fusion se produit au passage d'un courant d'une intensité déterminée : en général 1 et 3 ampères.

Il est constitué de la façon suivante :

Un petit bloc creux, en porcelaine, porte deux tiges de cuivre reliées intérieurement par un fil d'argent fusible sous l'intensité voulue (*fig.* 48) ; la cavité est remplie de plâtre. Cet ensemble forme un *bouchon*.

La coupe-circuit est double et comme l'indique la coupe figurée, il est combiné, dans l'un des deux types adopté par l'Administration, avec un paratonnerre à charbons. La partie destinée à recevoir les deux bouchons est alors ainsi constituée : un bloc de porcelaine porte deux paires de plots munis de vis de serrage et percés de trous destinés à recevoir les tiges des bouchons (l'un de ceux-ci figure dans la vue en plan).

Les deux fils du circuit s'attachent aux plots séparés par un ergot et les fils intérieurs de l'autre côté.

Quand il y a un paratonnerre logé dans le bloc, les deux charbons supérieurs sont mis, par leurs vis de fixation, en dérivation sur les plots du côté des appareils.

Nous verrons plus loin le montage des paratonnerres et des coupe-circuit dans les installations.

COMMUTATEURS

93. Les commutateurs sont destinés à opérer des permutations entre différents circuits, sans qu'il soit nécessaire de toucher aux communications serrées sous des bornes.

Presque tous les commutateurs des installations téléphoniques sont à *deux directions*. Dans ces conditions, un commutateur reçoit trois fils et permet de relier l'un d'eux à l'un des deux autres. La téléphonie employant deux fils de ligne, les commutateurs sont souvent réunis par paires ; chaque paire est alors commandée par une même tige de manœuvre.

On distingue deux sortes de commutateurs : 1° les commutateurs à communications fugitives, c'est-à-dire de très courte durée ; après avoir été actionnés, ils reviennent automatiquement à une position de repos : tels sont les *clés d'appel* ; 2° les commutateurs établissant des communications ayant une certaine durée. La permutation est opérée, soit à l'aide d'une lame métallique qui reçoit le fil principal et le met en communication avec des *plots* qui reçoivent les autres fils, soit à l'aide d'une *fiche* métallique qui s'enfonce entre des blocs sur lesquels aboutissent les conducteurs.

94. Clé d'appel. — La clé d'appel (*fig.* 49) est formée, en principe, d'un ressort-lame vissé sur un *plot de fixation f*. Au repos, le ressort s'appuie sous un *pontet*, *s*, relié à la sonnerie ou à tout autre organe de réception d'appel. Quand on presse sur un bouton, le ressort quitte le pontet et prend contact avec une *enclume*, *p*, reliée à une pile.

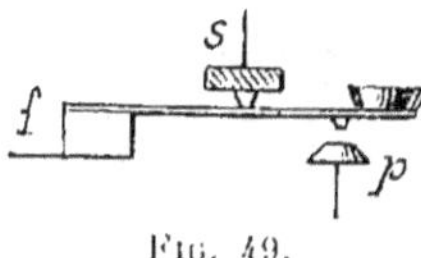

Fig. 49.

Le fil de ligne étant relié au plot de fixation, peut être mis en communication avec la sonnerie ou avec la pile.

Les clés d'appel sont généralement doubles, et diverses dispositions, qui ne changent rien au principe, permettent d'avoir des communications établies par frottement de ressorts sur des plots: ce qui est beaucoup meilleur qu'un simple contact par pression, au point de vue de la continuité des circuits.

95. Commutateur bavarois. — Cet appareil (*fig.* 50) est formé de trois blocs de cuivre, un grand et deux petits, fixés sur un socle en ébonite. Des boutons de serrage servent à fixer les connexions. Des échancrures sont formées par le forage de deux trous entre le grand bloc et les deux petits. Enfin une fiche en cuivre, munie d'une tête en corne, permet de réunir métalliquement le grand bloc à l'un des deux autres en l'introduisant dans l'ouverture voulue.

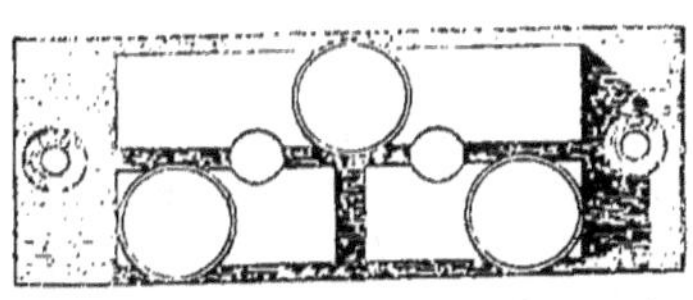

Fig. 50. — Commutateur bavarois.

Une fiche égarée pouvant compromettre le fonctionnement

d'une installation, les commutateurs à fiches indépendantes sont proscrits des postes d'abonnés.

96. Commutateur rond. — Il est formé d'une planchette ronde supportant un axe central relié à une borne (*fig.* 51).

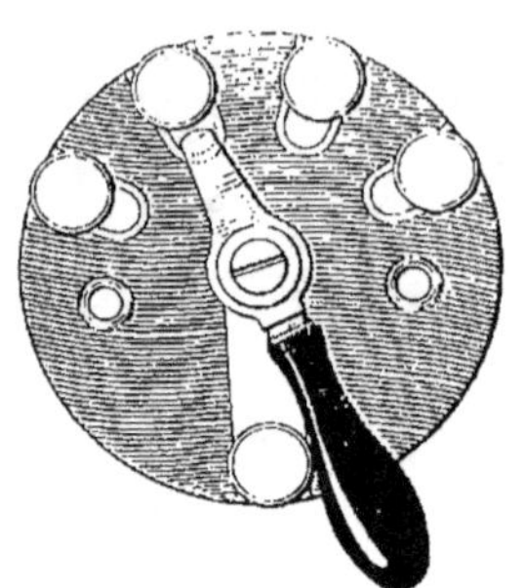

Fig. 51. — Commutateur rond.

Sur l'axe pivote une lame de cuivre, munie d'une manette en corne, et pouvant prendre contact avec l'un des plots métalliques, munis de boutons de serrage, disposés sur le pourtour du socle. On peut ainsi, en manœuvrant la manette, relier métalliquement la première borne à l'une des autres.

97. Commutateur double à deux directions. — Ce commutateur permet, par une seule manœuvre, de relier deux fils de ligne à deux directions différentes. C'est, en somme, un double commutateur rond dont les deux manettes sont solidaires l'une de l'autre. La figure montre que les bornes L^1 et L^2 peuvent être mises en communication avec les bornes 1 et 1' ou avec les bornes 2 et 2'.

98. Commutateur inverseur. — Intercalé entre les conducteurs venant des pôles d'une pile et une clé d'appel, un commutateur inverseur permet d'envoyer le courant sur la ligne dans un sens ou dans l'autre. Le modèle à manette est formé de deux lames a et b, reliées aux pôles de la pile. Ces lames peuvent prendre contact avec deux des plots c, d et e. Les plots c et e sont reliés à la borne L et le plot d à la borne T. La figure 53 indique que le positif est en communication avec L, et le négatif avec T. En poussant la manette à gauche, le positif se trouve relié à T, et le négatif à L par ce.

99. Inverseur des Ateliers. — Le modèle des Ateliers de l'Administration (fig. 54) est ainsi constitué : un bloc d'ébonite, muni d'une poignée *aa'*, porte deux lames de laiton *bb'*

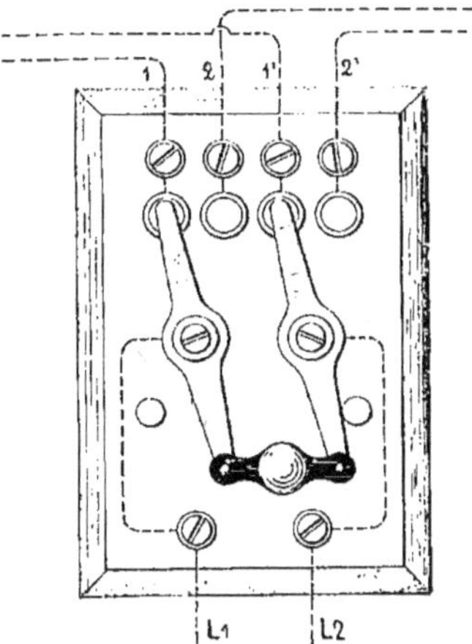

Fig. 52. — Commutateur double
à deux directions.

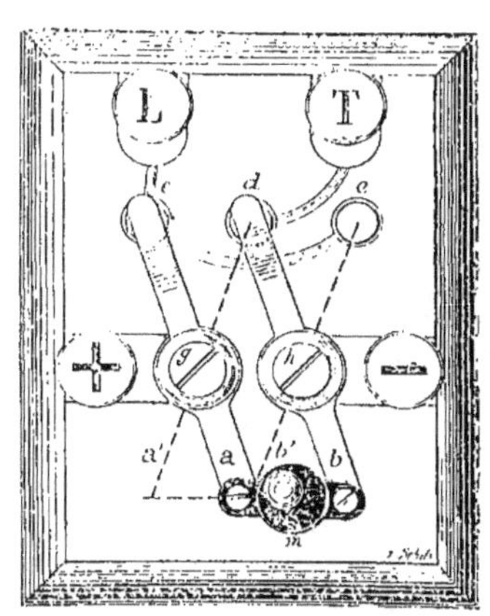

Fig. 53. — Commutateur inverseur à manette.

et *dd'* (l'une de ces lames est représentée séparément en B).
Le bloc est monté sur pivot au mi-
lieu du socle dont les quatre plots
peuvent être reliés deux à deux par
les lames. Dans la position indiquée, les lames réunissent, d'une
part C et T, et d'autre part Z et L.
Un quart de tour imprimé à la poignée permet de relier C à L et Z à
T. Un ressort, monté sur l'axe,
assure la pression des lames sur les
plots.

Comme pour d'autres modèles
de commutateurs, les dispositions
prises pour la construction de cet
appareil ont eu pour but d'éviter
de faire passer le courant par des
pivots. Trop libres ceux-ci peuvent, en effet, établir des con-

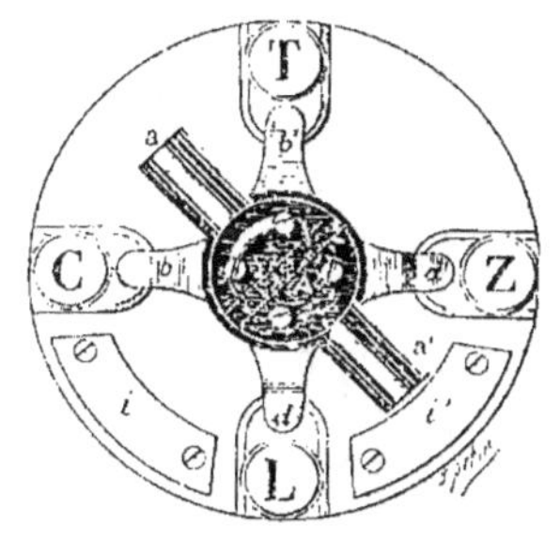

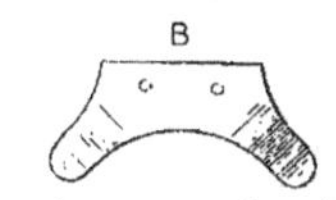

Fig. 54. — Inverseur des ateliers.

6

tacts défectueux, variables même, comme ceux d'un microphone, et modifier ainsi mal à propos les courants qui
traversent l'appareil.

APPAREILS D'APPELS

100. Sonnerie. — La sonnerie est composée, en principe,
d'un électro-aimant fixé, par sa culasse, à une équerre B qui

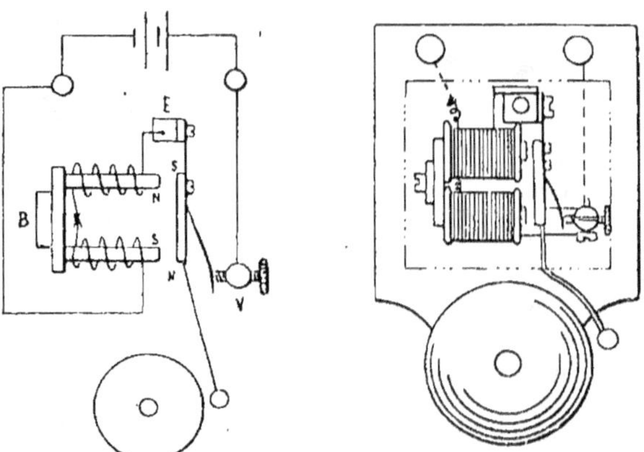

Fig. 55. — Sonnerie.

est elle-même fixée sur une planchette supportant tout l'appareil (*fig.* 55). L'armature est portée par un ressort-lame qui est
fixé à une deuxième équerre E. Ce ressort, appelé *ressort
antagoniste*, tend à éloigner l'armature des pôles de l'électro-
aimant. Un prolongement du ressort antagoniste ou, si l'on
veut, un deuxième ressort-lame vient s'appuyer sur une vis
de réglage V montée sur une petite colonne isolée du massif
métallique; ce dernier ressort est l'*interrupteur*. L'armature
est prolongée par une tige munie d'un marteau qui se trouve
à proximité du bord d'un timbre.

Deux bornes sont reliées : celle de droite, à la vis de réglage;

celle de gauche, à l'une des extrémités du fil de l'électro-aimant dont l'autre extrémité est reliée à l'équerre qui supporte l'armature.

Si nous relions les bornes aux deux pôles d'une pile, le courant entre, par exemple, par la borne de gauche, traverse l'électro-aimant, l'équerre, le ressort antagoniste et l'armature, le ressort interrupteur et la vis de réglage, et sort par la borne de droite. Une aimantation étant développée dans les noyaux, l'armature est magnétisée par influence et attirée, le marteau frappe le timbre ; mais ce mouvement sépare le res-

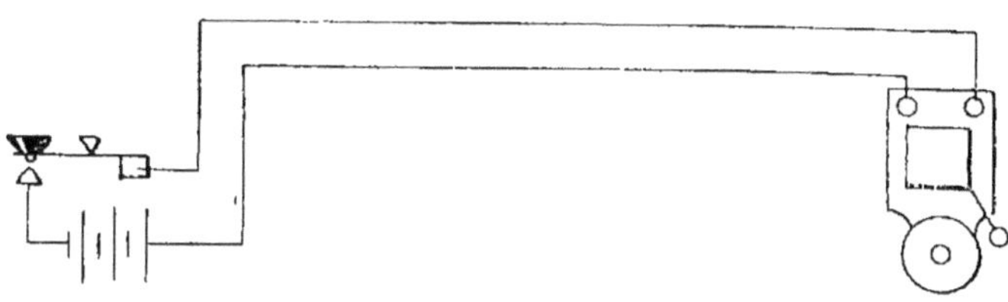

Fig. 36.

sort interrupteur de la vis de réglage et, le circuit étant ouvert, le courant ne passe plus. L'aimantation disparaît donc, et l'armature revient au repos sous l'influence de son ressort antagoniste. Par ce fait, le ressort interrupteur referme le circuit et provoque une nouvelle attraction de l'armature, et ainsi de suite, tant que la pile sera en communication avec les bornes.

Afin d'empêcher le magnétisme rémanent de maintenir l'armature collée sur les noyaux, l'extrémité de ceux-ci est garnie d'une petite pièce de cuivre.

Pour éviter l'oxydation qui tend toujours à se produire quand une étincelle éclate à la rupture d'un circuit, la vis de réglage et l'interrupteur sont garnis d'un alliage d'argent. Dans tous les appareils, d'ailleurs, la même précaution est prise pour les pièces qui ferment des circuits.

La résistance de la sonnerie des postes téléphoniques est de 200 ohms.

101. Pour utiliser la sonnerie comme signal d'appel, il suffit de relier ses deux bornes aux fils d'une ligne et de compléter le circuit par une pile et un bouton d'appel (*fig.* 56).

102. Sonnerie polarisée. — L'installation de la *batterie centrale* dans les bureaux centraux nécessite l'intercalation d'un condensateur dans le circuit de réception d'appel des postes d'abonnés.

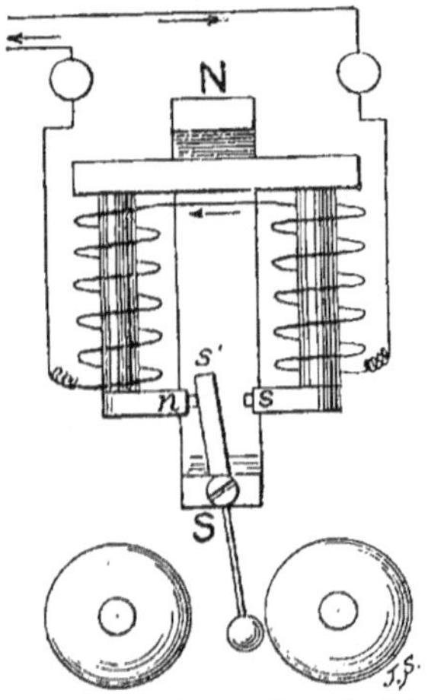

L'appel de ces postes doit donc s'effectuer au moyen de courants alternatifs. Or, si la sonnerie trembleuse que nous venons de décrire donne encore un battement suffisamment régulier sous l'influence des émissions alternatives d'un *appel magnétique*, elle fonctionne très mal quand il s'agit des émissions très brèves d'un condensateur chargé par un alternateur. L'emploi d'une sonnerie magnétique s'impose donc; en voici le principe :

Fig. 57. — Sonnerie polarisée.

L'électro-aimant a ses noyaux pourvus de deux pièces polaires entre lesquelles vient se placer une armature en fer doux; cette pièce pivote sur le pôle d'un aimant permanent NS dont elle forme le prolongement (*fig.* 57).

L'armature porte une tige terminée par un marteau qui peut frapper sur deux timbres.

Au repos, l'armature penche indifféremment à droite ou à gauche, puisqu'elle n'a pas de ressort antagoniste. Quand on envoie des courants alternatifs dans l'électro-aimant, les pièces polaires changent de polarité à chaque alternance; et, à chaque alternance, l'une des pièces attire l'armature qui est repoussée par l'autre. Le marteau oscille donc entre les deux timbres et les frappe alternativement.

Dans un autre modèle, le second pôle de l'aimant est, pour ainsi dire, prolongé par la culasse et les deux noyaux ; les extrémités de ceux-ci ont donc la même polarité. Chacune des émissions a pour effet de diminuer l'aimantation d'un noyau et de renforcer celle de l'autre ; l'armature est, par conséquent, attirée alternativement par chacun des noyaux.

Les sonneries magnétiques ont une résistance de 1.000 ohms.

103. Appel magnéto-électrique. — L'appel magnéto-électrique ou, plus simplement, appel magnétique, est un générateur d'électricité destiné à remplacer la pile d'appel. Il est formé, en principe, d'une bobine de fil enroulée sur un noyau

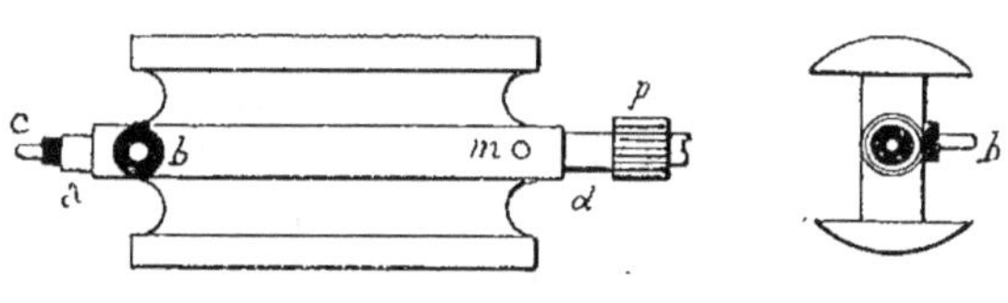

Fig. 58.

de fer doux qui peut tourner entre les pôles d'un aimant permanent. Les courants d'induction, développés dans le fil par suite des variations de magnétisme du noyau lorsque ses extrémités s'approchent ou s'éloignent de l'aimant, vont actionner la sonnerie du correspondant.

L'emploi de la clé d'appel a dû naturellement être évité pour ne pas avoir à manœuvrer deux organes à la fois ; à cet effet, l'appel magnétique comporte un commutateur automatique qui permet d'envoyer les courants sur la ligne ou de mettre celle-ci en communication avec la sonnerie.

En permettant la suppression de la pile d'appel, cet appareil simplifie l'installation et, surtout, l'entretien des postes. Toutefois, sauf quelques exceptions, l'appel magnétique ne peut être installé que sur les postes fixes. L'extension du système de la *batterie centrale* à tous les bureaux centraux permettra seule la suppression radicale des piles d'appel.

104. La bobine de l'*induit* est constituée par un noyau de fer doux dont la forme est indiquée par la figure 58. Elle est montée sur un axe muni de deux tourillons *a*, *d*, et d'un pignon denté *p*. Autour du noyau est enroulé un fil de cuivre recouvert dont la résistance est de 400 à 500 ohms ; l'une des extrémités est soudée au massif en *m*, et l'autre à une broche *b* qui traverse l'axe pour s'implanter dans une cheville *c*, qui se trouve au centre de cet axe et en dépasse l'extrémité. La broche et la cheville sont isolées par des bagues en ébonite.

Quand la bobine est mise en place, l'extrémité de la che-

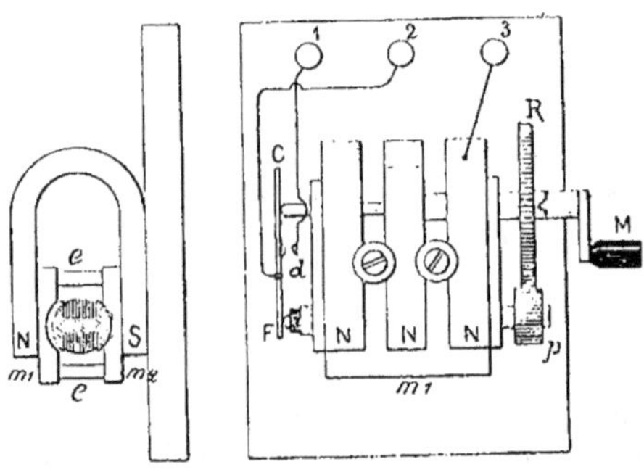

Fig. 59.

ville frotte sur un ressort qui sert de prise de communication. Les deux bouts du fil sont donc représentés : l'un par le massif ; l'autre, par le *ressort frotteur*.

Le système *inducteur* est formé de trois ou quatre aimants en fer à cheval dont les pôles de mêmes noms sont appliqués sur deux pièces de fer doux m^1, m^2, appelées masses polaires (*fig.* 59). L'écartement de ces masses est maintenu soit par des entretoises, soit par des flasques en cuivre fixées sur les côtés. La partie interne des masses est alésée avec soin pour que la bobine puisse, en tournant, présenter ses épanouissements polaires le plus près possible de ces pièces, sans cependant les toucher ; autrement dit, l'*entre-fer* doit être aussi réduit que possible. L'axe de la bobine repose, par ses tourillons, dans des trous pratiqués dans les flasques, et son entraînement est opéré au moyen d'une manivelle M qui, par l'intermédiaire d'une roue dentée R agit sur le pignon.

Le frotteur est prolongé par un *ressort-commutateur c*, qui, au repos, s'appuie sur l'arbre de la manivelle. Quand on tourne celle-ci, l'arbre subit un mouvement longitudinal vers la droite et quitte le commutateur qui vient prendre contact avec un butoir *d*. Ce mouvement est obtenu de la façon suivante :

La manivelle est goupillée sur l'arbre, et son manchon est pourvu d'une dent *d* (*fig.* 60), qui engrène avec une encoche

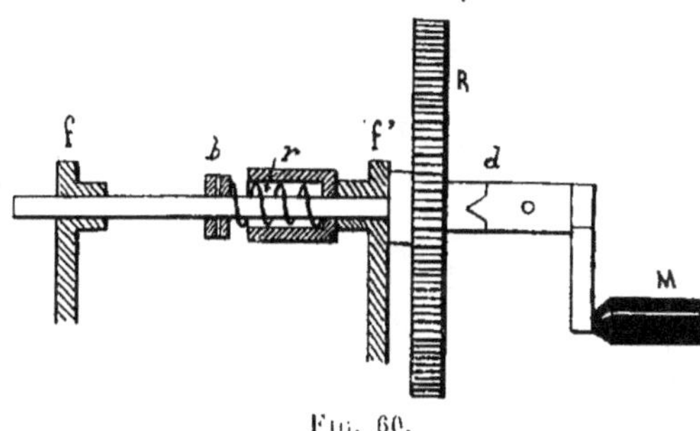

Fig. 60.

pratiquée dans le manchon de la roue R ; celle-ci est libre sur l'arbre.

Quand on commence à tourner, la dent glisse dans l'encoche et tend à repousser la roue ; mais, celle-ci butant sur la flasque, c'est l'arbre qui recule vers la droite. Dans ce mouvement, une bague *b*, fixée sur lui, presse un ressort à boudin *r* et vient buter sur le bord du barillet qui contient ce ressort. A ce moment l'arbre a quitté le commutateur qui est venu s'appuyer sur le contact *d* ; le jeu entre la bague et le barillet est tel, que la dent restée en prise avec l'encoche entraîne la roue dentée et, par suite, la bobine. Quand on lâche la manivelle, le ressort *r* réagit et pousse l'arbre vers la gauche celui-ci reprend contact avec le commutateur qui quitte son butoir, et la dent reprend sa place au fond de l'encoche.

L'ensemble de l'appareil est fixé sur un socle en bois qui porte trois bornes. La borne 1 est reliée au butoir du commutateur; la borne 2, aux ressorts; et la borne 3 au massif métallique de l'appareil.

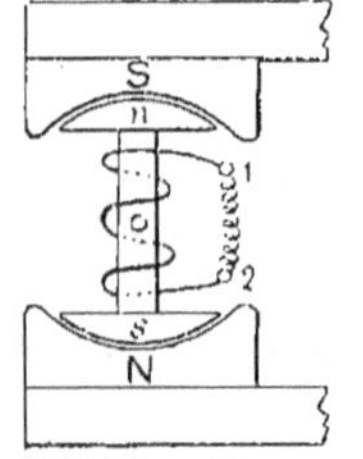

Fig. 61.

Avant d'examiner le fonctionnement de cet ensemble, voyons comment les courants d'induction se développent dans la bobine.

105. Supposons d'abord l'appareil au repos : sous l'influence du magnétisme du système inducteur, le fer du noyau s'aimante et la bobine, abandonnée à elle-même, prend la position indiquée par la figure schématique (*fig.* 61).

Supposons maintenant la bobine entraînée dans le sens de la flèche (*fig.* 62) ; dans le premier quart de tour, les pôles du

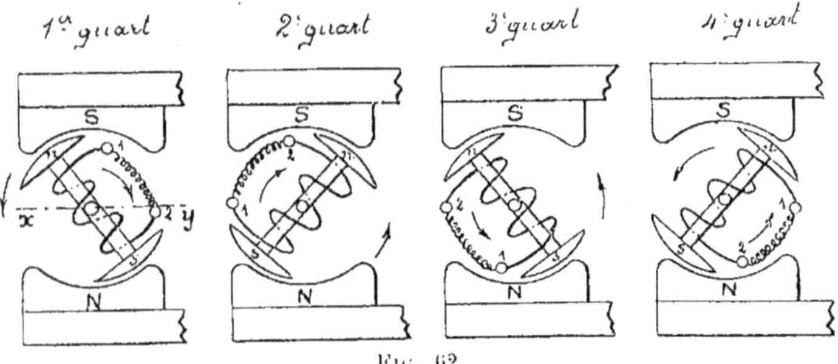

Fig. 62.

noyau s'éloignent des masses polaires; par conséquent, leur aimantation diminue, d'où, d'après le principe que nous connaissons (65), naissance, dans le fil de la bobine, d'un courant d'induction *direct*, c'est-à-dire de 1 vers 2. Dans le deuxième quart de tour, le noyau qui avait perdu toute aimantation en franchissant la ligne neutre *xy*, en acquiert de nouveau en rapprochant ses extrémités des masses polaires : d'où, naissance d'un courant inverse ; mais, comme la polarité du noyau a changé de sens, ce courant passe encore de 1 à 2, c'est-à-dire dans le même sens que le premier.

Dans le troisième quart de tour, l'aimantation du noyau diminue; il en résulte un courant direct qui est, cette fois, de sens contraire au précédent, qui passe, par conséquent, de 2 vers 1. Enfin, dans le quatrième quart de tour, disparition, puis augmentation du magnétisme qui développe, comme dans le deuxième quart, un courant inverse qui suit le précédent en passant encore de 2 à 1.

En résumé, dans un tour complet de la bobine, il y a quatre

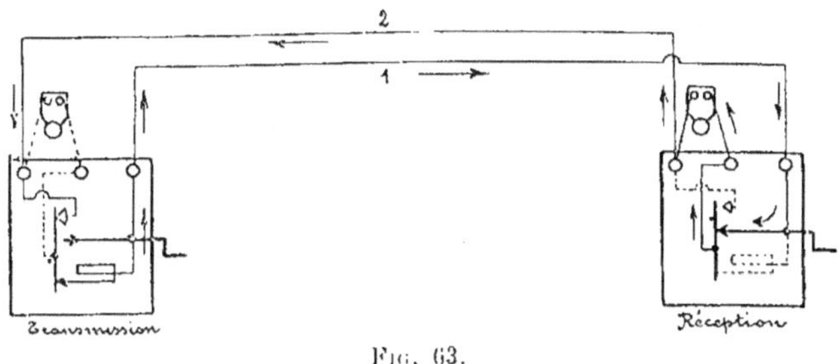

Fig. 63.

émissions de courant induit; mais, se suivant deux à deux dans le même sens, on peut dire que l'appareil émet deux courants alternatifs par tour de bobine.

106. Supposons maintenant l'installation théorique suivante (*fig.* 63); les fils de ligne sont attachés aux bornes 3 et 1, et la sonnerie intercalée entre les deux premières bornes.

Pour appeler, on tourne la manivelle qui laisse le ressort-commutateur venir sur son butoir et entraîne la bobine. Celle-ci, en raison de la différence des diamètres de la roue dentée et du pignon, décrit quatre révolutions par tour de manivelle. Le courant partant, par exemple, du massif, passe par la borne 3, se rend chez le correspondant, et revient par le fil 2 et la borne 1, pour rejoindre l'autre extrémité de la bobine par le butoir, le ressort-commutateur et le frotteur. Sur la borne 1, nous avons une dérivation vers la sonnerie ; mais cette borne 1 se trouve reliée à la borne 2, c'est-à-dire à la sortie de la sonnerie, par un *court-circuit* formé par le butoir et le commutateur ; par conséquent, le courant ne traverse pas la résistance de la sonnerie.

Dans l'autre poste, le courant, entrant par la borne 3, arrive au massif, passe par l'arbre de la manivelle, le commutateur, la borne 2, la sonnerie, la borne 1, et retourne à sa source par le fil 2. La bobine est en dérivation entre le massif et le commutateur, mais se trouve court-circuitée par l'arbre et le ressort : donc le courant ne traverse pas la résistance de la bobine.

En résumé, à la transmission, le commutateur établit un court-circuit entre les bornes 1 et 2 pour permettre au courant de passer sans traverser la sonnerie ; à la réception, le commutateur établit un court-circuit entre les bornes 2 et 3, c'est-à-dire entre les deux extrémités de la bobine, pour supprimer la résistance de celle-ci.

Nous verrons plus loin l'installation réelle de l'appel magnétique sur les postes téléphoniques.

107. Appel magnétique, modèle 1901. — L'Administration a adopté un modèle d'appel magnétique qui est basé sur le même principe que le précédent, mais qui présente divers perfectionnements.

Le noyau de l'induit a la même forme, mais il est *feuilleté*, c'est-à-dire formé de lamelles en tôle douce enfilées sur l'axe : le noyau est ainsi plus perméable, et l'on évite les courants de Foucault.

Pour assurer la liaison entre la bobine et le frotteur, celui-ci est formé d'un double ressort dont les branches pressent sur les deux faces d'une molette fixée sur la cheville de l'arbre (*fig.* 64).

L'extrémité de l'arbre de la manivelle est pourvue d'un téton en matière isolante qui, au repos, s'appuie sur le commutateur et le met en contact avec une équerre vissée sur la flasque : le ressort se trouve ainsi en communication avec le massif par l'intervention toute mécanique de l'arbre.

Les bornes sont au nombre de quatre : deux, L¹ et L² pour les fils de ligne, et les deux autres, S¹ et S² pour la sonnerie. Les bornes S² et L¹ sont conjuguées et reliées au butoir de travail du commutateur. Grâce à cette double borne, qui

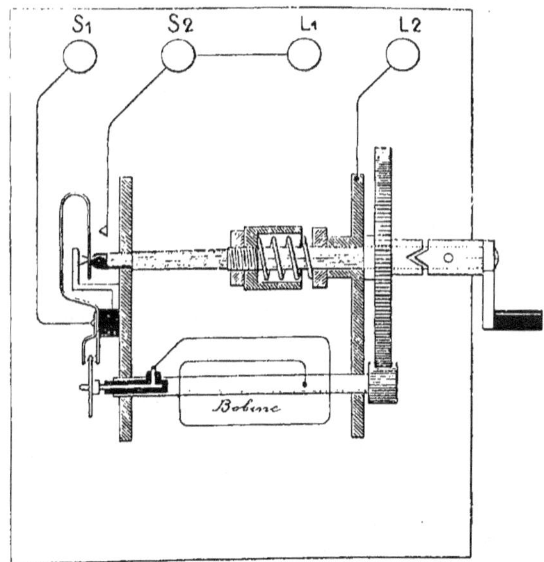

Fig. 64. — Appel magnétique, modèle 1901.

représente la borne 1 de l'appel ancien modèle, on évite tout simplement, dans certaines installations, d'attacher deux fils sous une même borne.

RELAIS

108. Principe. — On distingue deux sortes de relais : le relais de sonnerie et les relais polarisés. Le premier est destiné à substituer le courant d'une pile locale au courant de ligne qui serait trop faible pour actionner plusieurs sonneries à la fois.

En principe, c'est un électro-aimant dont le fil des bobines

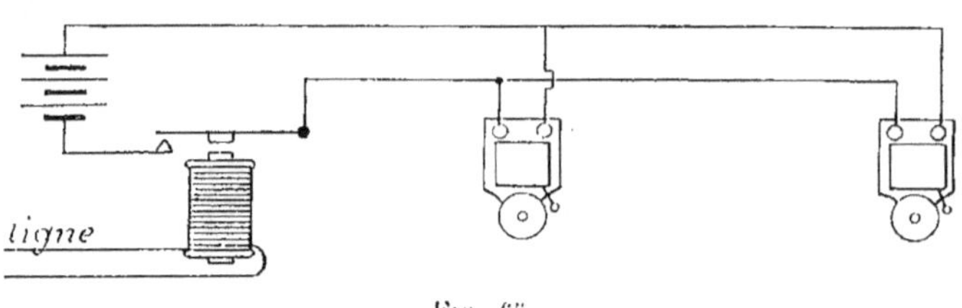

Fig. 65

est placé dans le circuit d'une ligne (*fig.* 65). L'armature est en relation avec l'entrée des sonneries et son butoir de travail est relié au pôle positif d'une pile locale dont le négatif est relié à la sortie des sonneries. On voit que l'armature peut être comparée à un bouton d'appel placé sur le circuit des sonneries et pouvant être actionné électriquement par le passage du courant de ligne dans l'électro-aimant.

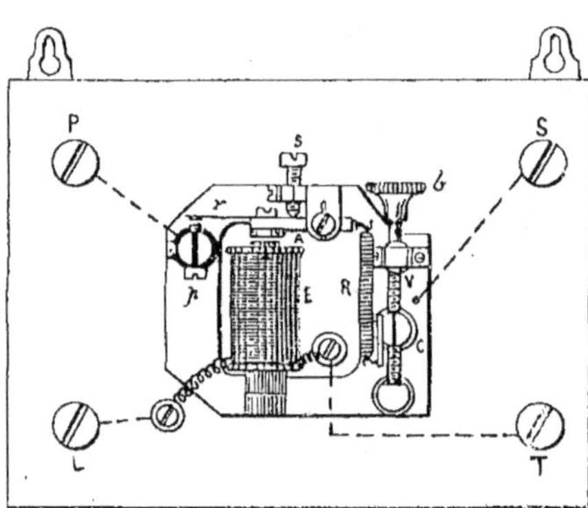

Fig. 66. — Relais de sonnerie.

109. Description du relais de sonnerie. — Il est formé d'un électro-aimant fixé sur une planchette verticale par l'intermédiaire d'un bâti en cuivre (*fig.* 66). Un levier, pivotant sur deux vis, porte l'armature A ; le levier est prolongé, à gauche, par un ressort-lame qui surplombe une vis-butoir portée par une colonnette isolée ; son extrémité de droite porte un crochet auquel vient s'attacher un ressort antagoniste R. Celui-ci est attaché, d'autre part, à un curseur C traversé par la vis de réglage V. En faisant tourner celle-ci sur elle-même, à l'aide du bouton b, le curseur descend ou monte en tendant plus ou moins le ressort. Enfin une vis s sert de butoir de repos au levier et permet de rapprocher plus ou moins l'armature des noyaux.

Les bornes L et T sont reliées à l'électro-aimant; la borne P au butoir de travail p; et la borne S, au massif, c'est-à-dire au levier de l'armature.

110. Relais polarisés. — Les relais polarisés sont des appareils dont certaines parties sont douées en permanence de pôles magnétiques. L'armature ne subit un déplacement que si le courant traverse les bobines de l'électro-aimant dans un sens déterminé. Ce déplacement peut alors être utilisé, comme dans le relais de sonnerie ordinaire, pour fermer le circuit local d'un signal d'appel.

Deux modèles, le *rappel par inversion* et le relais *Sieur*, étaient utilisés dans le montage primitif des installations d'embrochage que nous verrons plus loin; mais le second ayant été progressivement supprimé, nous donnerons seulement la description du rappel par inversion qui n'a pas encore complètement disparu des installations téléphoniques.

111. Rappel par inversion de courant. — Cette désignation est appliquée à un relais de sonnerie polarisé utilisé depuis longtemps en télégraphie. Il est constitué de la manière suivante.

Les extrémités des noyaux d'un électro-aimant couché sur une planchette sont munies de pièces polaires dirigées l'une vers l'autre (*fig.* 67). Entre ces pièces vient se présenter l'extrémité d'une armature en fer doux, polarisée par un aimant permanent dont elle forme, pour ainsi dire, un prolongement mobile. L'armature est montée sur des vis-pivots et peut osciller entre deux butoirs; mais, au repos, un ressort antagoniste la maintient sur l'un d'eux. Comme dans le relais ordinaire, l'armature et le butoir de travail sont reliés à deux bornes P, S, qui permettent d'introduire ces pièces dans le circuit local comprenant une pile et une sonnerie (ou tout autre signal d'appel). Pour assurer la communication qui pourrait être douteuse entre l'armature et ses pivots, la borne P est reliée, non seulement au massif de l'aimant, mais aussi à la vis de réglage du ressort.

Quand un courant traverse les bobines, les noyaux sont aimantés ; si le pôle de l'armature est de même nom que celui du noyau près duquel elle se trouve, elle est repoussée par

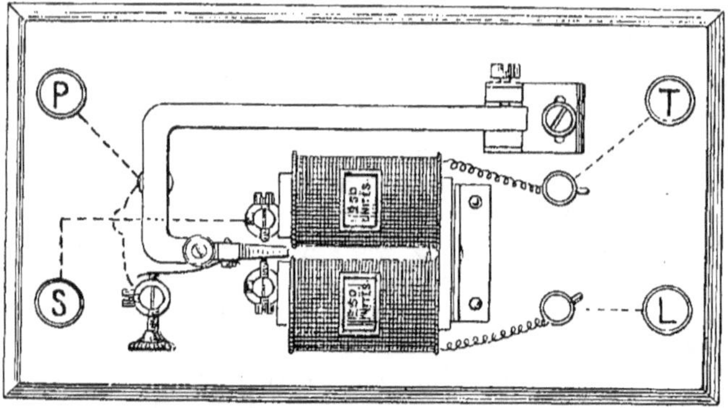

Fig. 67. — Rappel par inversion.

celui-ci et attirée par l'autre : elle quitte donc son butoir de repos pour passer sur le butoir de travail et fermer le circuit local. Si le sens du courant est inverse, la polarité des noyaux l'est également, et l'armature est, au contraire, attirée plus fortement sur son butoir de repos. Le courant de ligne a donc traversé, cette fois, l'électro-aimant sans provoquer la fermeture du circuit d'appel.

Les bornes de ligne sont doublées pour permettre d'inverser le sens du courant dans l'électro-aimant sans toucher aux connexions extérieures ; il suffit, en effet, de croiser les fils d'entrée et de sortie des bobines.

La résistance du rappel par inversion est de 500 ohms.

IV

CONSTITUTION DES POSTES MICRO-TÉLÉPHONIQUES

112. Constitution théorique du poste d'abonné. — Nous avons vu (88) qu'en principe, pour que deux correspondants puissent s'entretenir, il faut que leurs postes soient composés : 1° d'un microphone et d'une pile reliés au fil primaire d'une bobine d'induction; 2° d'un ou deux téléphones reliés au fil secondaire et aux deux fils de ligne. Mais il faut, de plus, munir chacun des postes d'une sonnerie, pour recevoir le signal d'appel, et d'une clé d'appel reliée à une pile pour actionner, au moment voulu, la sonnerie du correspondant, ou plutôt *l'annonciateur* du bureau central. Indépendamment du circuit local du microphone, chaque poste comporte ainsi trois circuits de ligne :

1° Le circuit de réception d'appel ;

2° Le circuit de transmission d'appel ;

3° Le circuit de conversation.

Dans les postes admis antérieurement à 1899 sur les réseaux de l'État, et dont il reste encore un certain nombre en service, ces trois circuits sont reliés en permanence au fil n° 2 ; il reste donc à relier le fil n° 1 successivement à chacun d'eux.

À cet effet, un premier commutateur, qui est un crochet de suspension de l'un des téléphones, a pour objet de mettre automatiquement, au repos, le fil n° 1 en communication avec la clé d'appel : celle-ci, à son tour, met le fil en communication avec la sonnerie. Quand on presse sur le bouton, c'est la pile qui est reliée au fil n° 1. Enfin, quand on décroche le téléphone, le crochet met ce fil en communication avec le circuit de conversation.

De plus, ce mouvement du crochet est utilisé pour fermer, à ce moment seulement, le circuit du microphone. On évite ainsi l'usure inutile de la pile microphonique et surtout sa polarisation, puisque ce sont des éléments du genre Leclanché qui la constituent.

Le crochet commutateur est donc formé, en principe, par un levier métallique pivotant sur un axe et terminé, d'un côté, par un crochet C qui reçoit le téléphone (*fig.* 68). Sous le poids de celui-ci, le levier s'appuie sur un butoir *s* relié à la clé d'appel et appelé *contact de sonnerie*. Quand on enlève le téléphone, le levier se relève sous l'action d'un ressort R et prend contact avec le butoir *c* appelé *contact de conversation*.

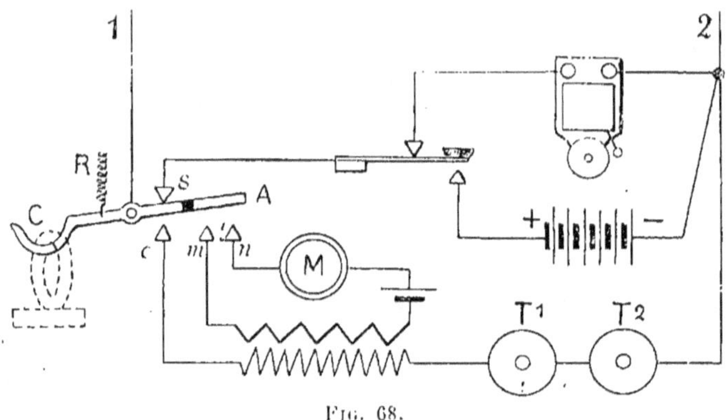

FIG. 68.

En même temps, un prolongement en métal A, isolé par de l'ébonite, réunit deux contacts *m*, *n*, intercalés sur le circuit microphonique et ferme, par conséquent, ce circuit.

Tous les contacts sont, en réalité, constitués par des ressorts sur lesquels vient frotter le levier, ou bien celui-ci porte lui-même des ressorts qui frottent sur des plots.

113. Postes muraux et mobiles. — Presque tous les constructeurs établissent deux modèles de postes : les postes muraux et les postes mobiles.

Les premiers sont appliqués et fixés sur un mur à une hauteur convenable.

Les seconds sont constitués par de petits meubles, de formes très variées, qui peuvent se poser sur une console, une table, un bureau, etc., et se déplacer dans une certaine limite. A cet effet, l'appareil est relié, par un cordon souple à huit conducteurs qui peut atteindre une longueur de 5 mètres, à une planchette fixe qui reçoit tous les fils de communications.

114. Dispositions générales des postes dits de 1893. — Pour simplifier les installations, le remplacement provisoire ou définitif des appareils déjà montés et leur entretien, l'Administration prescrivit, en 1893, certaines conditions aux constructeurs.

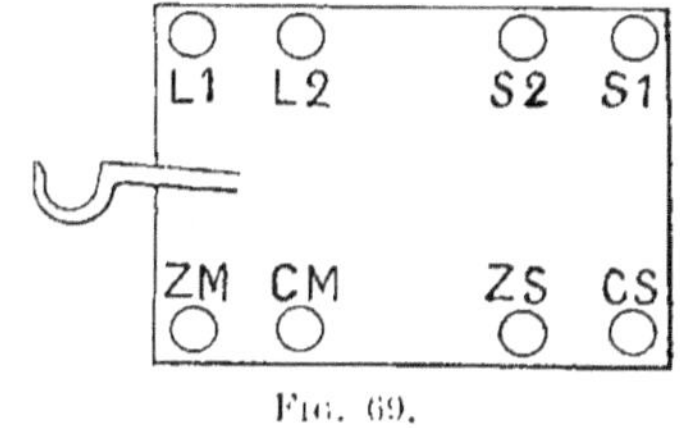

Fig. 69.

Parmi ces conditions nous retiendrons les suivantes :

1° L'emplacement des bornes des postes muraux (*fig.* 69). On comprend de suite l'importance de cette obligation qui permet d'uniformiser le montage des connexions extérieures, et surtout, de remplacer rapidement un appareil quand une réparation ne peut être effectuée sur place.

2° La position, à gauche, du crochet commutateur, de manière à laisser à l'auditeur la faculté de se servir de sa main droite pour prendre des notes.

3° La couleur des fils des différents circuits : circuit d'appel (transmission et réception), jaune ; circuit de conversation, bleu ; fil commun à ces deux circuits, tricolore ; circuit microphonique, rouge. Cette disposition permet évidemment de suivre plus facilement les différents fils en cas de dérangement.

A titre d'exemple, nous examinerons un peu en détail un poste mural et un poste mobile de 1893.

115. Poste mural Ader 1893. — Nous avons vu (82) que le microphone Ader est monté sur une boîte dont le dessus est légèrement incliné en avant comme un pupitre. Dans le modèle mural, la boîte contient, en outre, la bobine d'induction et les pièces qui constituent le commutateur ; elle est appli-

quée sur une planche verticale qui porte les bornes, la clé
d'appel et les vis d'attache des récepteurs.

Le commutateur (*fig.* 70) est formé d'un levier ABD qui

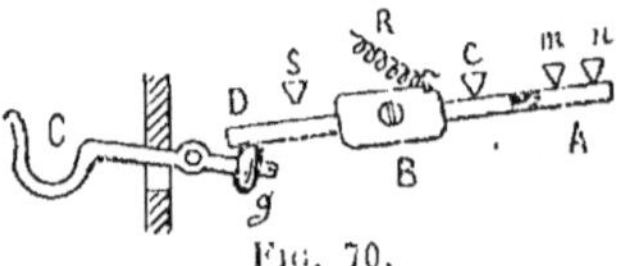

peut prendre contact, au repos,
avec le ressort de sonnerie s et,
sur conversation, avec le ressort
c ; son prolongement isolé A
réunit alors métalliquement les
deux ressorts m et n. Le levier

Fig. 70.

est maintenu dans cette dernière position par le ressort

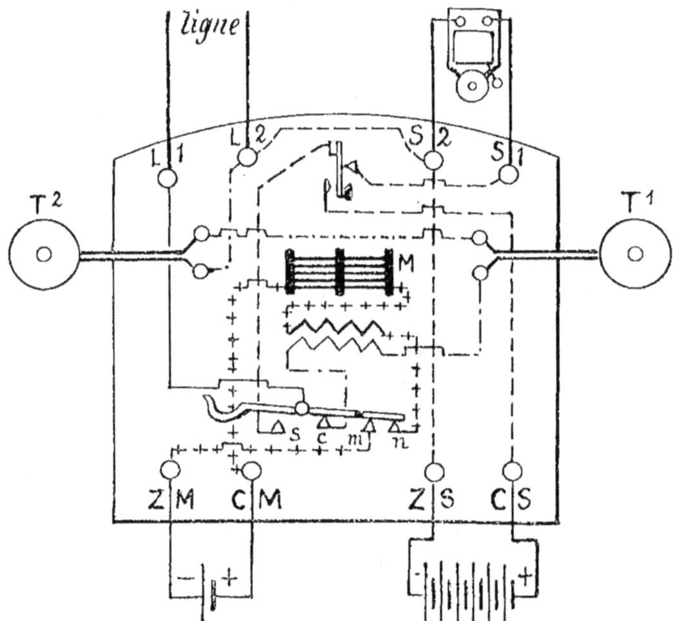

Fig. 71. — Poste mural Ader 1893.

antagoniste R et est mis en jeu par le levier Cg quand on
suspend le téléphone au crochet C.

Avant de suivre les différents circuits sur le schéma ci-dessus, remarquons que les bornes L2, S2 et ZS, c'est-à-dire la sortie des trois circuits de ligne, sont conjuguées entre elles.

Réception d'appel. - Le téléphone de gauche est supposé accroché. Le courant passe par L1, massif du crochet, contact de sonnerie *s*, clé d'appel, pontet, borne S1, sonnerie, borne S2 borne L2.

Transmission d'appel. — Pôle positif de la pile d'appel, borne CS, enclume de la clé dont le ressort est abaissé, contact de sonnerie *s*, commutateur, borne L1 ; le courant passe chez le correspondant et revient à L2, S2, ZS et pôle négatif.

Circuit de conversation. — Le téléphone est décroché, le commutateur quitte le ressort de sonnerie *s* et prend contact avec le ressort de conversation *c* ; le circuit comprend alors : borne L1, commutateur, contact *c*, fil secondaire de la bobine, les deux téléphones et borne L2. Au même moment, le circuit microphonique est fermé par la réunion des ressorts *m* et *n* : pôle positif de la pile, borne CM, microphone, fil primaire, contacts *nm*, borne ZM et pôle négatif.

Dans tous les postes des modèles 1893, les différents constructeurs ont établi les circuits d'une manière analogue ; mais dans chacun de ces circuits, l'ordre des organes peut varier, entre autres, la situation des deux téléphones et celle des ressorts interrupteurs du circuit microphonique.

116. Poste mobile Ader 1893. — La boîte du microphone est posée sur une colonne qui surmonte un pied circulaire. Plus petite que celle du poste mural, la boîte ne contient que le commutateur ; la bobine d'induction est placé dans le pied qui porte aussi la clé d'appel, les bornes et les vis d'attache des téléphones.

Les circuits sont les mêmes que dans le poste mural ; toutefois, pour économiser deux fils, l'interruption du circuit microphonique est placée entre le microphone et le fil primaire (*fig.* 72).

La planche de fond des postes muraux et le pied des appareils mobiles sont pourvus de pièces de caoutchouc qui amortissent les vibrations pouvant provenir du support et influencer le microphone mal à propos.

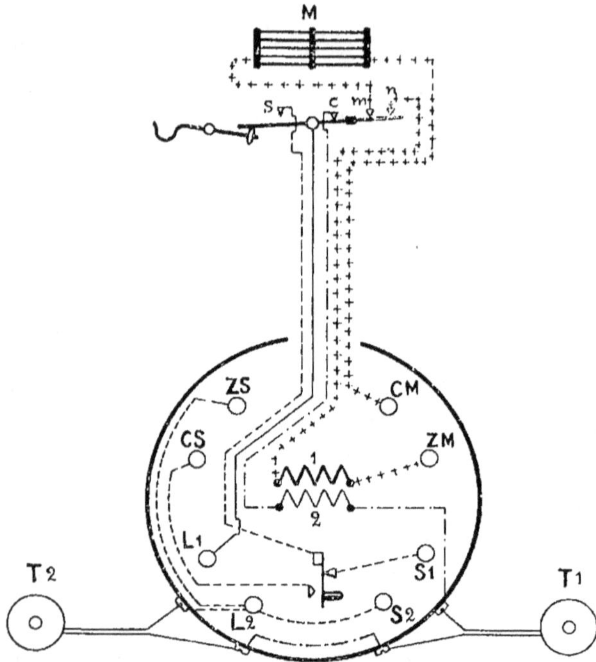

Fig. 72. — Poste mobile Ader 1893.

117. Postes d'abonnés modèle 1900. — Par une décision qui date de la fin de l'année 1899 et dont les prescriptions étaient applicables à partir du 1ᵉʳ janvier 1900, l'Administration a exigé de nouvelles conditions pour la construction des appareils admis sur ses réseaux. Les constructeurs devaient, entre autres, établir des contacts à frottement pour tous les organes de commutation ; l'usage des vis à bois était absolument proscrit ; enfin, ce qui est le plus important, tous les circuits devaient être indépendants.

En effet, sans compter les inconvénients que peut présenter la communauté des trois circuits de ligne des postes 1893 sur la borne L2, au point de vue des dérangements, il faut remarquer que la sonnerie reste en dérivation sur le circuit de conversation quand le téléphone est décroché. La dérivation est bien ouverte, puisqu'il existe une interruption au contact de sonnerie ; mais nous avons vu (32) qu'un conducteur quelconque présente toujours une certaine *capacité* : les bobines de la sonnerie remplissent donc le rôle d'un condensateur vis-à-vis des

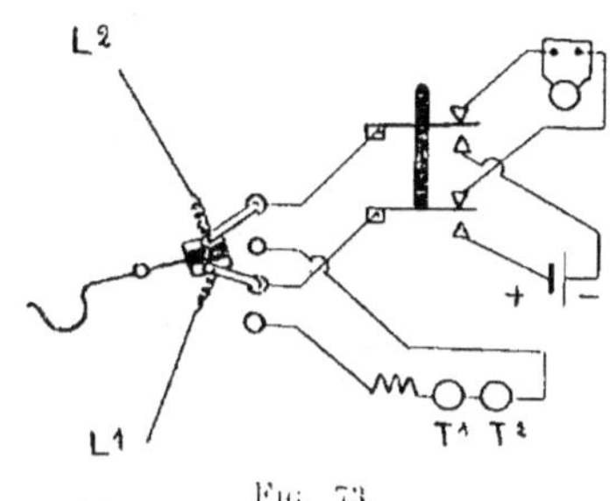

Fig. 73.

courants d'induction alternatifs passant dans le circuit de conversation, et les décharges de ce condensateur viennent apporter un trouble, assez léger il est vrai, dans ce circuit.

Les deux fils de ligne arrivent donc, en principe, au crochet-commutateur et sont fixés à deux parties isolées l'une de l'autre (*fig.* 73). Au repos, le commutateur met les deux fils en communication avec les deux ressorts d'une double clé d'appel. A leur tour, ces ressorts mettent les deux fils en relation, au repos, avec les deux bornes de la sonnerie et, quand on appuie sur la clé, avec les deux pôles de la pile d'appel.

Quand on décroche le téléphone, le commutateur met les deux fils en communication avec les deux extrémités du circuit de conversation. Les trois circuits : sonnerie, pile d'appel, conversation, n'ont ainsi aucun point commun.

Nous prendrons comme exemple les postes mobiles et muraux du modèle administratif. Ces postes sont munis du microphone de l'Administration (85) et de récepteurs Ader (76)

118. Poste mobile modèle 1902. — Le crochet-commutateur est formé d'un levier pivotant sur son extrémité de droite (*fig.* 74) et portant un bloc d'ébonite sur lequel sont fixés, à

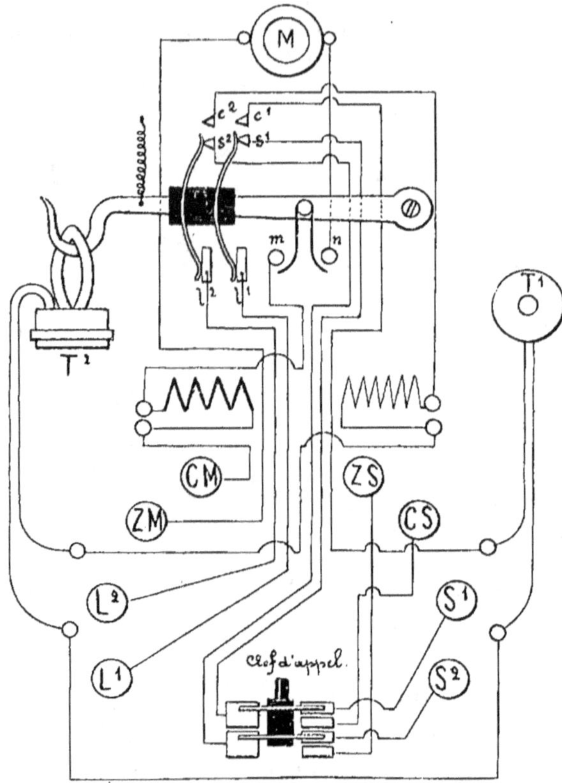

Fig. 74. — Poste mobile 1902.

plat, deux ressorts-lames. Pour plus de clarté, ces deux ressorts et les plots de contact sont représentés de profil. Quelle que soit la position du crochet, les ressorts sont toujours en prise avec deux longs plots l^1, l^2, reliés respectivement aux bornes L1, L2; mais ils peuvent passer des plots s^1

et s^2 aux plots c^1 et c^2. Le circuit microphonique est fermé, quand le téléphone de gauche est décroché, au moyen d'un ressort dont les deux branches viennent réunir métalliquement les colonnettes m et n.

La clé d'appel est construite d'une manière analogue: deux

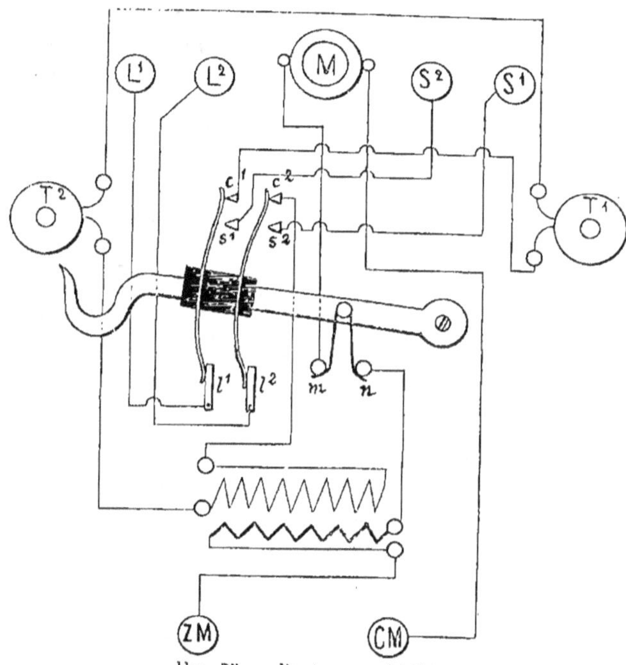

Fig. 75. — Poste mural 1902.

ressorts, fixés sur une pièce d'ébonite surmontée du poussoir, peuvent réunir, chacun, un grand plot à l'un des petits plots d'une paire située en regard du premier.

Réception d'appel. — Les fils de ligne sont en relation, par les bornes L1 et L2, les plots l^1 et l^2, les ressorts, les plots s^1 et s^2, avec les grands plots de la clé d'appel. Celle-ci, à son tour, par ses deux ressorts, met la ligne en relation avec les deux petits plots reliés aux bornes S1 et S2, c'est-à-dire avec la sonnerie.

Transmission d'appel. — Les bornes CS et ZS sont reliées aux deux plots de travail de la clé d'appel. Quand on presse sur le bouton de celle-ci, les deux pôles de la pile sont donc en communication avec les deux fils de ligne, d'un côté, par s^1, l^1 et borne L1 ; de l'autre, par s^2, l^2 et borne L2.

Téléphone décroché : 1° circuit microphonique : borne CM, fil primaire, colonnettes m, n, microphone, borne ZM ; 2° circuit de conversation : borne L1, plot l^1, ressort, plot r^1, téléphones, fil secondaire, plot r^2, ressort, plot l^2 et enfin borne L2.

119. Poste mural modèle 1902. — Les organes sont les mêmes que ceux du poste mobile et les circuits sont constitués d'une manière analogue ; toutefois, cet appareil étant toujours installé avec un appel magnétique, ne comporte pas de clé d'appel. Il en résulte que les plots s^1 et s^2 sont reliés directement aux bornes de sonnerie S1 et S2 (*fig.* 75).

120. Applique murale modèle 1902. — Il existe aussi un modèle administratif, appelé applique murale, dans lequel le microphone, qui est un solid-back (84) est monté sur une poignée qui supporte également un téléphone. Cet *appareil combiné* s'accroche au levier commutateur à la place du récepteur de gauche.

121. Montage des récepteurs en dérivation. — Depuis le 1er novembre 1907, les constructeurs sont tenus de monter les récepteurs en dérivation, au lieu de les placer l'un à la suite de l'autre, c'est-à-dire en série. Ce montage, indiqué par le schéma ci-après (*fig.* 76) doit même être effectué sur tous les postes reliés avec les bureaux centraux de Paris, antérieurement à cette décision.

122. Appareils de l'Administration modèles 1910. — Ces appareils sont de trois types : l'applique murale, l'appareil mural et l'appareil mobile (*fig.* 77, 78 et 79). Ils sont munis d'un commutateur formé de ressorts-lames en acier accouplés avec des lames de laiton et montés sur une pièce d'ébonite.

Les lames de laiton, moins élastiques que les ressorts, permettent de parfaire le réglage de la position de repos de ceux-ci et en limitent le jeu. Les ressorts sont au nombre de huit : deux ressorts de ligne, deux de sonnerie, deux de conversation et deux pour le circuit microphonique. Les premiers s'appuient, au repos, sur les ressorts de sonnerie ; plus longs que les autres, ils présentent des extrémités recourbées entre

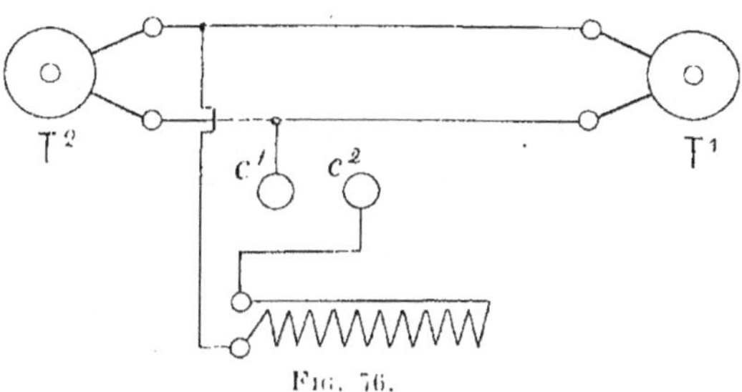

Fig. 76.

lesquelles vient se placer un galet porté par le bras intérieur du crochet-commutateur (*fig.* 77). Quand on enlève le récepteur, le levier bascule et le galet écarte les ressorts de ligne ; ceux-ci abandonnent les ressorts de sonnerie et viennent s'appuyer sur les ressorts de conversation. En même temps, par l'intermédiaire d'une pièce en matière isolante, les deux ressorts du circuit microphonique sont mis en contact.

Dans le but de supprimer les bornes extérieures et de protéger ainsi les prises de communications, les connexions sont reliées à des vis de serrage portées par une réglette en ébonite placée à l'intérieur de l'appareil. Les communications avec l'installation sont alors établies au moyen d'un câble terminé par une planchette de raccordement et contenant le nombre voulu de conducteurs.

Les récepteurs sont montés en dérivation.

123. Applique murale 1910. — Cet appareil (*fig.* 77) est muni d'un combiné 1910 formé par la réunion d'un boîtier pour capsule microphonique amovible (86) et d'un récepteur Ader (76). Le combiné est suspendu au crochet-commutateur et le crochet fixe porte un deuxième récepteur.

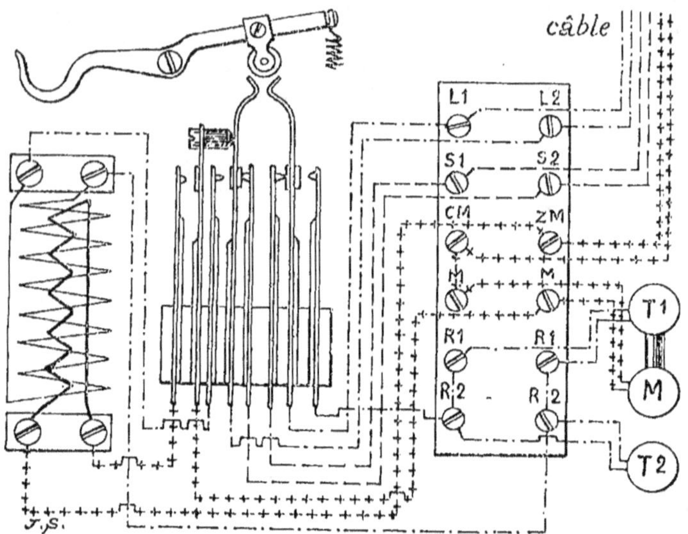

Fig. 77. — Applique murale, modèle 1910.

Quand le poste n'est pas relié à un bureau à batterie centrale, son installation comporte un appel magnétique : l'appareil n'est donc pas muni d'une clé d'appel.

124. Appareil mural 1910. — La planchette qui ferme cet appareil porte un boîtier pour capsule microphonique amovible. Quand celle-ci est mise en place, les communications sont établies par l'intermédiaire de deux ressorts portés par la réglette de connexions (*fig.* 78). L'appareil contient un appel magnétique ; mais pour bien comprendre le montage de cet organe et suivre le passage du courant dans l'appareil, il est préférable d'étudier d'abord le principe de l'installation au chapitre suivant (127).

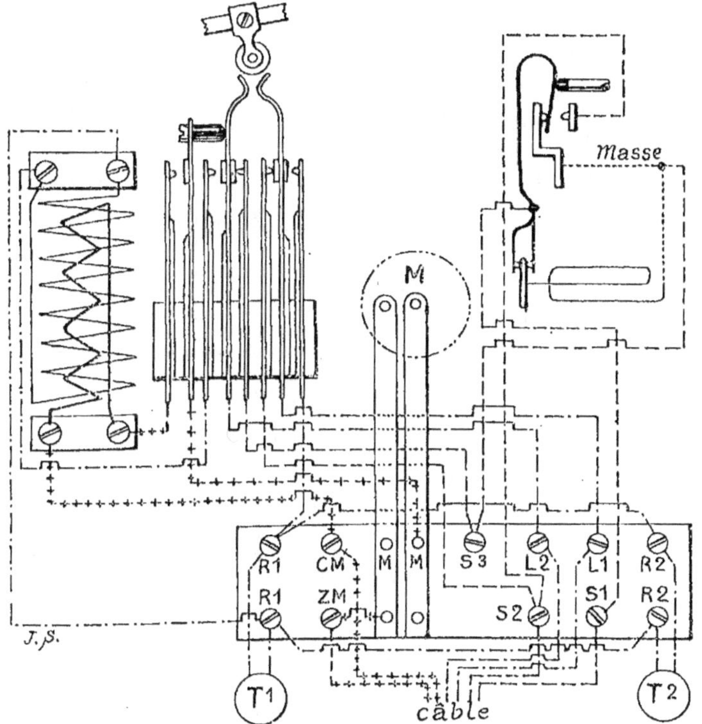

Fig. 78. — Appareil mural, modèle 1910.

125. Appareil mobile 1910. — Comme dans le type précédent, un appel magnétique est adjoint à l'appareil.

Une petite colonne, montée sur le socle, porte un crochet fixe et le levier-commutateur ; celui-ci présente deux branches terminées par des fourches sur lesquelles on pose un combiné 1910.

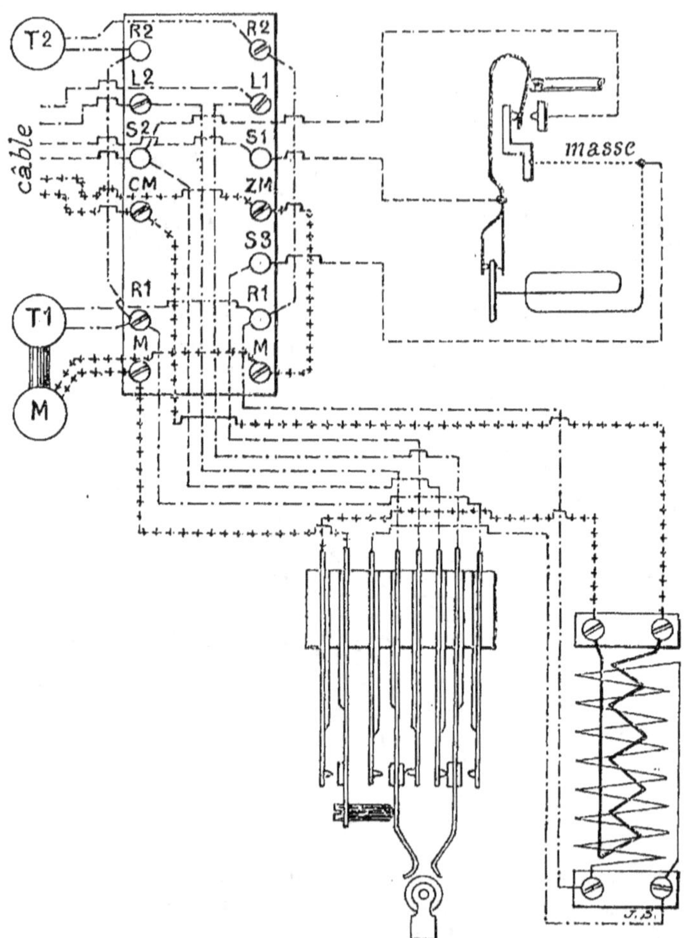

Fig. 79. — Appareil mobile, modèle 1910.

V

INSTALLATIONS PRATIQUES DES POSTES D'ABONNÉS

126. Dispositions générales. — L'installation des postes, chez les abonnés, est réglementée par un carnet publié par l'Administration et dont la dernière édition date de 1911. Ce carnet contient les divers types d'installations qui répondent à tous les besoins de la pratique. Les mécaniciens et les monteurs sont tenus de s'y conformer ; toutefois, en passant ces installations en revue, nous verrons que certaines substitutions peuvent être effectuées.

Ce que le carnet ne décrit pas, ce qu'on ne peut davantage décrire ici, c'est le détail des procédés mis en œuvre pour monter les installations chez les abonnés et dans les bureaux : percement et tamponnage des murs, ligatures et disposition des fils, changement de couleur de ces fils lorsqu'on traverse un appartement luxueux présentant des tentures de différentes nuances, emplacement des appareils, etc. C'est surtout en pratiquant le montage que les agents chargés de ce service apprennent à se servir de l'outillage qui est mis à leur disposition. Il faut également tenir compte, dans la mesure du possible, des désirs de l'abonné en ce qui concerne certaines parties du travail, entre autres l'emplacement des appareils et des piles, et le passage des fils.

Les fils sont posés de plusieurs manières, suivant les différentes parties de leur parcours. On verra, d'après les installations représentées plus loin, que les conducteurs qui réunissent des appareils situés à proximité les uns des autres passent dans des isolants en bois fixés au mur par des vis : ce sont de petites règles percées de deux à dix trous. Les fils sont tendus soigneusement entre les isolants et arrêtés en les contournant pour les faire passer une deuxième fois par le même trou (*fig.* 80). Quand un fil ou deux font un certain parcours seuls, ils sont tendus sur des isolants en os enfilés sur des clous. Enfin, quand plusieurs fils franchissent une certaine distance, ou traversent un mur, on peut les grouper ensemble sous forme de câble; toutefois, si cette disposition rend les fils moins apparents, elle rend aussi leur vérification et la recherche des dérangements moins aisées. Dans ce cas, les fils sont tendus sur des crochets en fer émaillé.

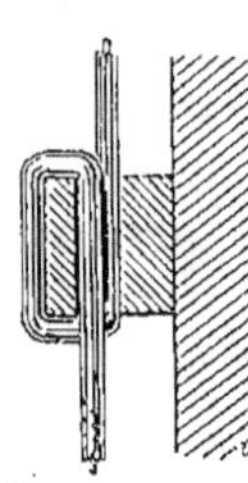

Fig. 80.

Quel que soit le mode de montage, chaque fil, avant d'être serré sous la borne d'un appareil, est enroulé plusieurs fois sur une *boudinette* de manière à former, entre le dernier arrêt et la borne, une liaison souple qu'il est plus facile de manier quand on a besoin de détacher ultérieurement une communication. En outre, cette disposition laisse du fil disponible en cas de rupture de la partie serrée sous la borne.

Les postes d'abonnés reliés à une ligne entièrement souterraine sont protégés par un coupe-circuit. Si la ligne est en partie, ou complètement aérienne, on place un coupe-circuit-paratonnerre. Dans tous les cas, l'organe de protection est monté le plus près possible de la jonction avec la ligne extérieure.

Enfin, si minime que soit la self-induction produite par quelques spires de fil, il est préférable de l'éviter *avant* le paratonnerre, puisqu'elle n'est utile qu'*après* cet organe pour assurer son efficacité (90); on ne doit donc faire des *boudins* qu'à partir de sa sortie.

MONTAGE DES POSTES AVEC APPEL MAGNÉTIQUE

127. On a vu, dans l'installation de démonstration (106, *fig.* 63) que les deux fils de ligne doivent être reliés au massif de l'appel et au contact de travail de son commutateur; que la sonnerie doit être intercalée entre ce même contact et le ressort frotteur. Pour installer un appel magnétique sur un poste, il suffit d'observer le même ordre d'idées et nous aurons les dispositions suivantes.

128. Montage des postes 1893 avec appel ancien modèle. — En suivant les communications de la figure 81, on peut voir : 1° Que les deux fils de ligne venant aux bornes L^1 et L^2 du poste sont, en réalité, reliées aux bornes 3 et 4 de l'appel. En

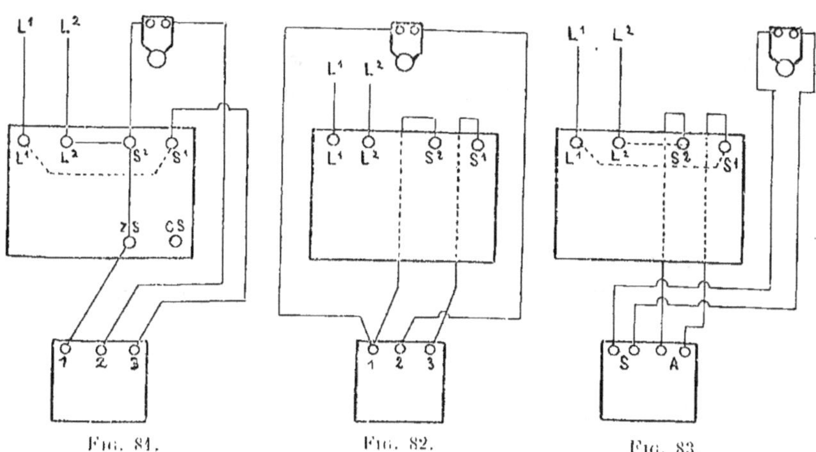

Fig. 81.   Fig. 82.   Fig. 83.

effet, si nous suivons le courant d'appel venant par le fil 4, nous savons que ce courant peut parvenir à la borne S^1 en passant par le crochet-commutateur, le contact de sonnerie et la clé d'appel. De là il passe à la borne 3 de l'appel, traverse le massif, le commutateur, la borne 2 (sans passer par la bobine qui est en court-circuit entre ces deux points), la sonnerie, les bornes S^2 et L^2 et, enfin, le fil 2, pour retourner au poste correspondant.

2° La sonnerie est intercalée entre les bornes 1 et 2 : la borne 2 est reliée directement, et la borne 1 s'y trouve reliée par l'intermédiaire des bornes ZS et S2 conjuguées dans le poste.

129. Montage des postes 1900 avec appel magnétique ancien modèle. — Dans ces postes, par suite de l'indépendance des circuits, les deux bornes de sonnerie n'ont aucun rapport avec celles de la pile d'appel. On relie donc directement les bornes 1 et 2 à la sonnerie, et les bornes S1 et S2, qui reçoivent les deux fils de ligne par le crochet-commutateur et la clé d'appel, sont reliées aux bornes 1 et 3 de l'appel (*fig.* 82).

C'est pour éviter d'attacher les deux fils sous la borne 1 que l'appel nouveau modèle a été muni de quatre bornes.

130. Montage des postes 1900 avec appel 1901. — Comme les lettres placées en regard des bornes l'indiquent suffisamment (*fig.* 83), les deux bornes S de l'appel sont reliées à la sonnerie, et les bornes L aux bornes S1 et S2 du poste.

INSTALLATIONS DU CARNET DE MONTAGE

131. Poste mural avec appel magnétique ancien modèle. — L'installation comporte : un poste mural, une sonnerie, un appel magnétique et une pile microphonique. Celle-ci est constituée par un élément à liquide immobilisé.

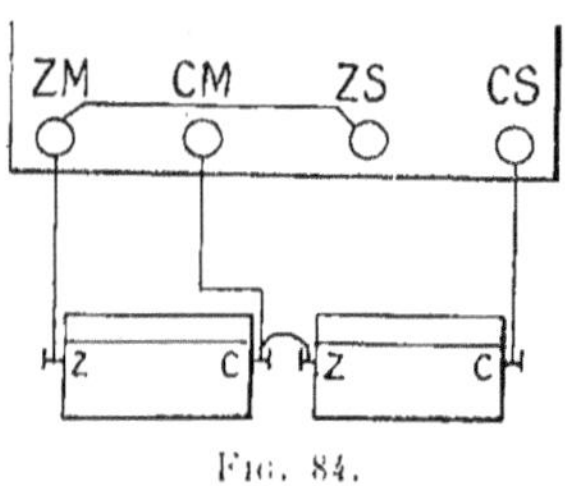

Fig. 84.

Le montage de l'appel vient d'être indiqué ; il n'y a à tenir compte, pour l'installation pratique, que de la disposition des isolants et des trous à utiliser pour le passage des fils (*fig.* 85).

On remarque que les fils de la pile de microphone contournent l'appel ; on tolère cependant le passage de ces fils sous cet appareil.

L'emploi d'un appel magnétique est toujours préférable avec un poste mural ; le montage est en effet plus simple et plus élégant, car les boîtes de piles constituent un matériel encombrant et assez laid dans un local luxueux ; il faut alors rechercher un endroit convenable pour dissimuler les piles et

allonger souvent sensiblement les conducteurs qui les relient
au poste.

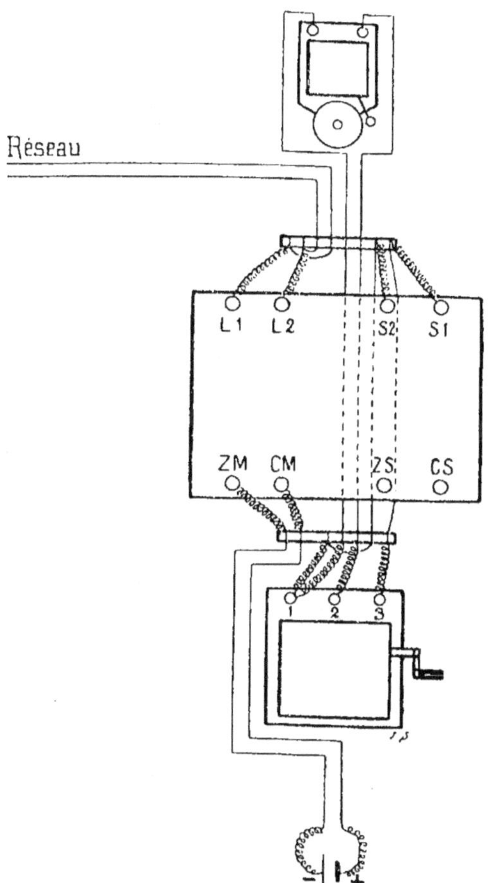

Fig. 85. — Poste mural avec appel ancien modèle.

L'entretien des piles exige, de plus, de fréquents déplacements du personnel : il est, par suite, assez onéreux.

8

Tous ces inconvénients ne sont pas occasionnés par les éléments microphoniques, car leur étanchéité permet de les loger dans un endroit quelconque.

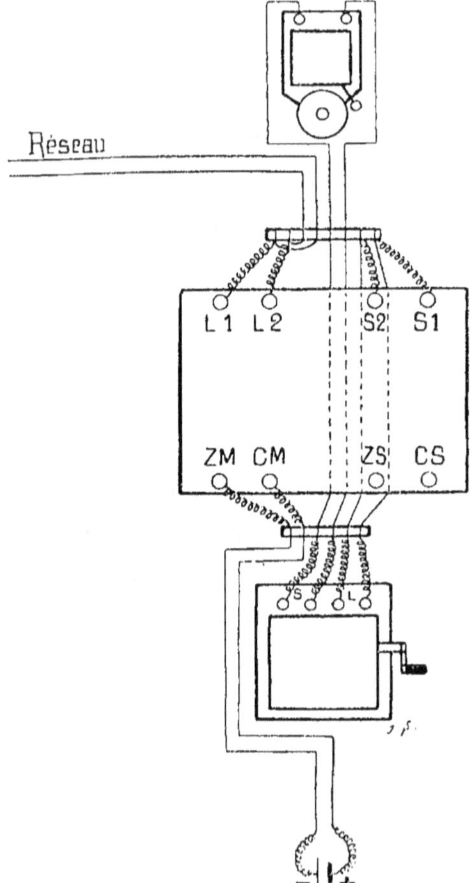

Fig. 86. — Poste mural avec appel 1901.

Cependant, si l'installation est faite avec une pile d'appel, celle-ci est formée de six éléments groupés en tension, c'est-à-dire de deux boîtes. On peut alors, mais seulement en cas de nécessité absolue, prendre, sur cette pile, trois éléments

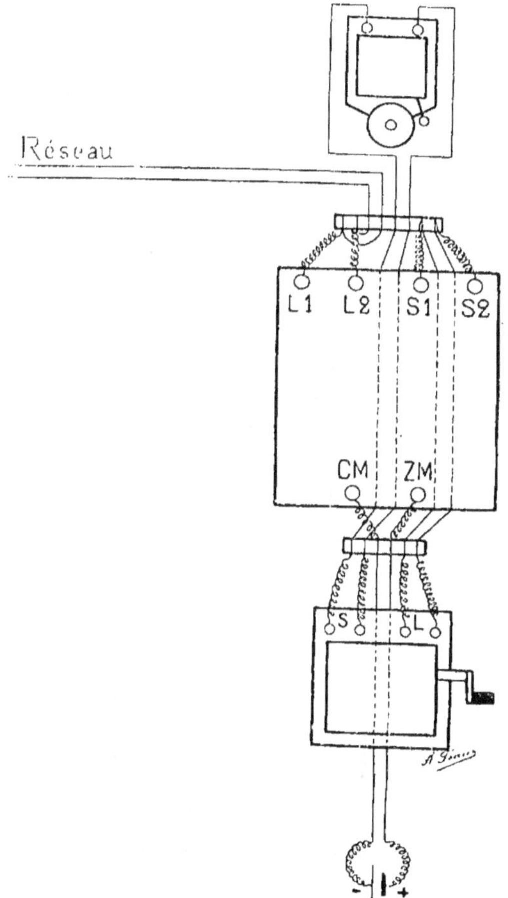

Fig. 87. — Poste mural avec appareil 1902 et appel 1901.

pour former la pile du microphone. L'installation prend alors la disposition représentée par la figure 84.

132. Poste mural avec appel magnétique modèle 1901. —
En principe, l'installation est la même que celle qui précède;

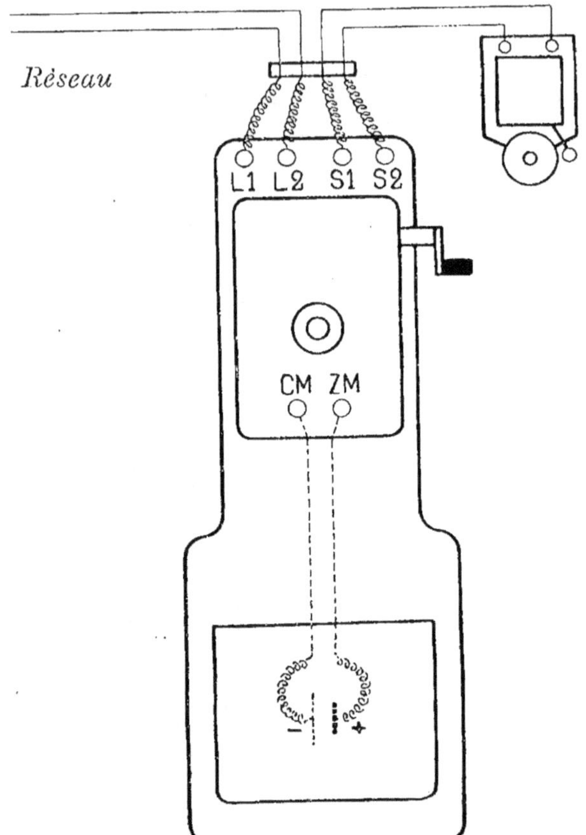

FIG. 88. — Poste mural complet, modèle 1905.

mais les quatre bornes de l'appel évitent d'attacher deux fils sous
la même borne, ainsi que le changement de direction, sur
l'isolant inférieur, du fil reliant la borne n° 1 à la borne S2
(*fig.* 86).

133. Poste mural administratif. — C'est une installation analogue à la précédente; mais la suppression des bornes de pile d'appel permet un montage plus symétrique (*fig.* 87).

134. Poste téléphonique complet modèle 1905. — Un même meuble comprend : un appareil mural, un appel magnétique et une pile de microphone. L'installation consiste simplement à attacher les fils de ligne aux bornes L et à monter la sonnerie sur les bornes S (*fig.* 88).

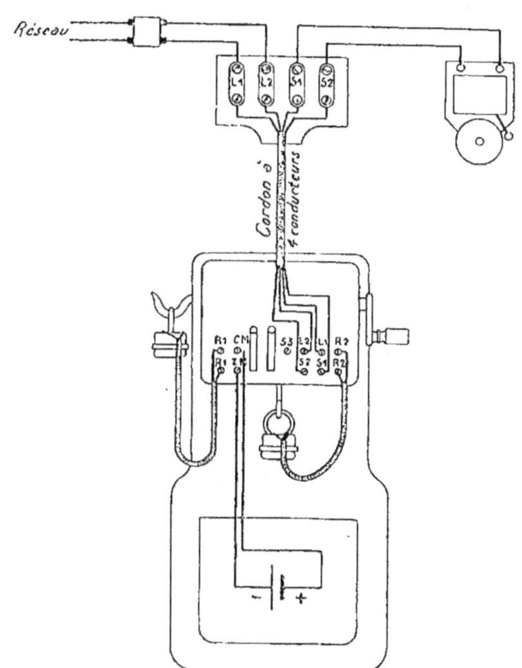

FIG. 89. — Poste mural complet, modèle 1910.

135. Poste mural complet modèle 1910. — Ce modèle, représenté par la figure 89 est destiné à remplacer le précédent.

L'appareil est le type mural 1910 (124.; il est muni d'un câble à quatre conducteurs relié à une planchette de raccordement sur laquelle on amène les fils de ligne et de sonnerie.

136. Poste avec applique murale modèle 1910 et appel magnétique. — L'applique (123) est reliée par un câble à 6 conducteurs à une planchette de raccordement à 6 plots (*fig.* 90).

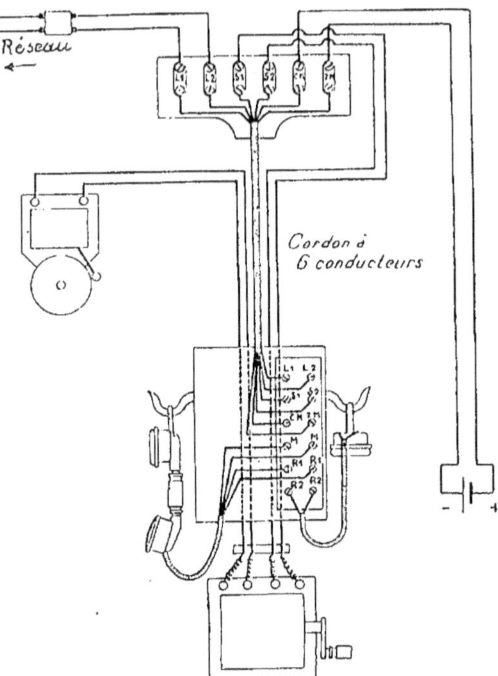

Fig. 90. — Poste avec applique murale, modèle 1910.

Les fils de ligne et de pile microphonique aboutissent directement à la planchette; la sonnerie y est reliée par l'intermédiaire de l'appel magnétique.

137. Poste mobile. — Les fils de ligne, de sonnerie et de piles sont amenés près d'une planchette portant huit plots

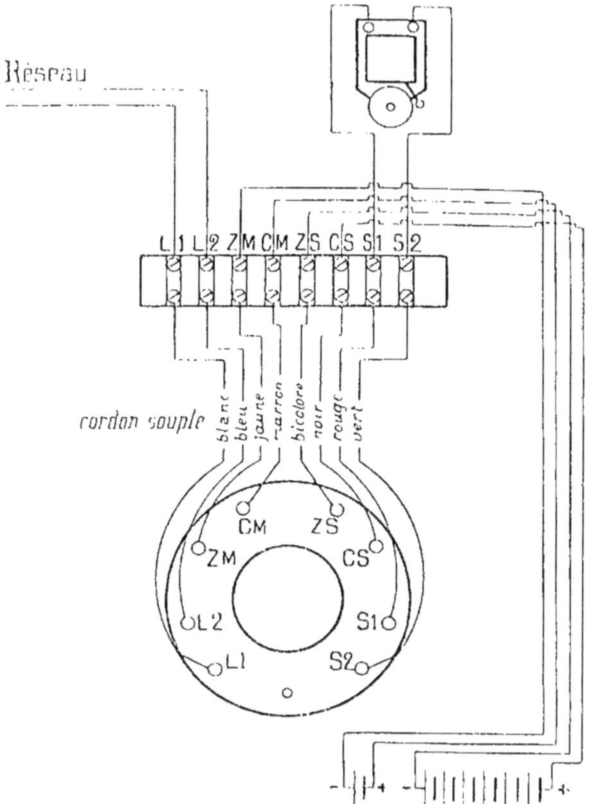

Fig. 91. — Poste avec appareil mobile.

munis chacun de deux bornes (*fig.* 91). La planchette est fixée horizontalement au mur, puis les boudins qui terminent les conducteurs sont fixés sous les vis supérieures.

L'appareil est relié à la planchette par un câble souple,

d'une longueur de 5 mètres, dont les huit fils de couleur sont utilisés dans l'ordre indiqué par la figure. Le câble est serré sous un pont fixé sur la planchette, et les fils suivent l'axe de celle-ci pour s'attacher successivement sous les bornes inférieures de leurs plots respectifs.

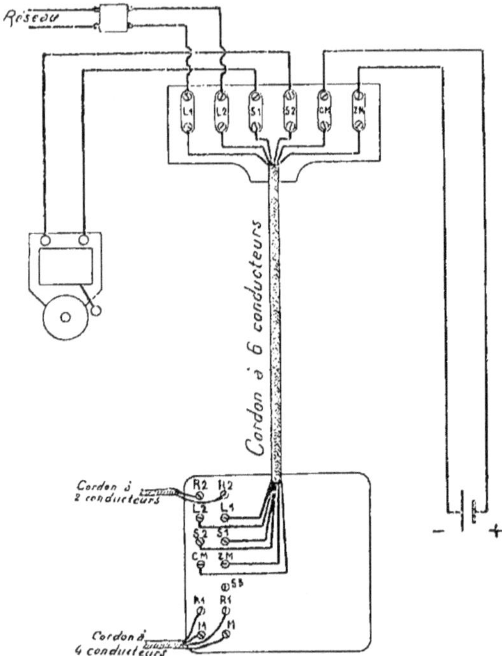

Fig. 92. — Poste avec appareil mobile, modèle 1910.

On trouve encore en service certains postes mobiles montés avec des planchettes à 14 bornes seulement. L'Administration admettait en effet, il y a quelques années, l'installation d'une pile unique pour l'appel et le microphone. Dans ces conditions, un plot Z était commun aux deux fils venant des bornes ZM et ZS de l'appareil.

138. Poste avec appareil mobile modèle 1910. — L'appareil mobile contenant un appel magnétique (125), le câble de jonction avec la planchette de raccordement contient seulement 6 conducteurs destinés à la ligne, la sonnerie et la pile microphonique (*fig.* 92).

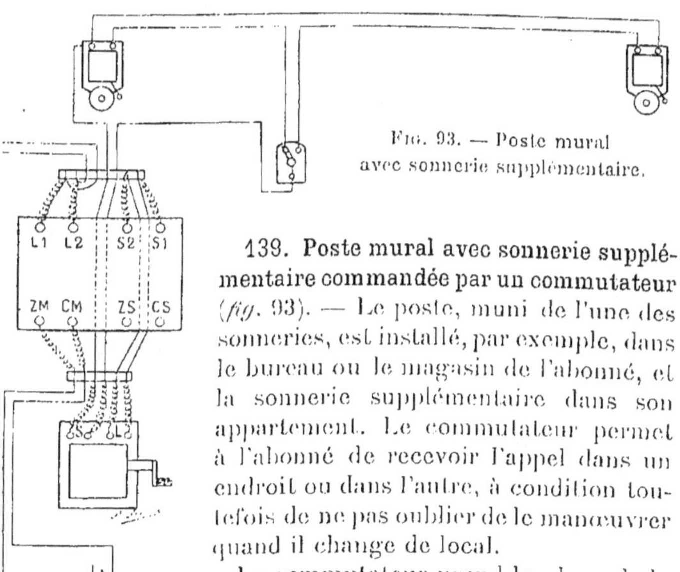

Fig. 93. — Poste mural
avec sonnerie supplémentaire.

139. Poste mural avec sonnerie supplémentaire commandée par un commutateur (*fig.* 93). — Le poste, muni de l'une des sonneries, est installé, par exemple, dans le bureau ou le magasin de l'abonné, et la sonnerie supplémentaire dans son appartement. Le commutateur permet à l'abonné de recevoir l'appel dans un endroit ou dans l'autre, à condition toutefois de ne pas oublier de le manœuvrer quand il change de local.

Le commutateur prend la place de la sonnerie sur l'un des fils partant des bornes S de l'appel magnétique, ou bien de la borne 2, si c'est un appel ancien modèle (*fig.* 85), ou, enfin, de la borne S1, si l'appareil est muni d'une pile d'appel.

Le poste mural peut être évidemment remplacé par un appareil mobile. Dans ce cas, le commutateur est placé sur le fil partant de la borne S1 de la planchette de raccordement.

140. Montage de sonneries en série et en dérivation. — L'installation suivante comportant deux sonneries à actionner

en même temps, ou même davantage si l'abonné le désire, il
est nécessaire d'examiner d'abord les conditions dans lesquelles pourront fonctionner ces sonneries.

Quand on installe différents appareils dans un même circuit, on peut placer les appareils les uns à la suite des autres,
c'est-à-dire en *série* (*fig.
94*).

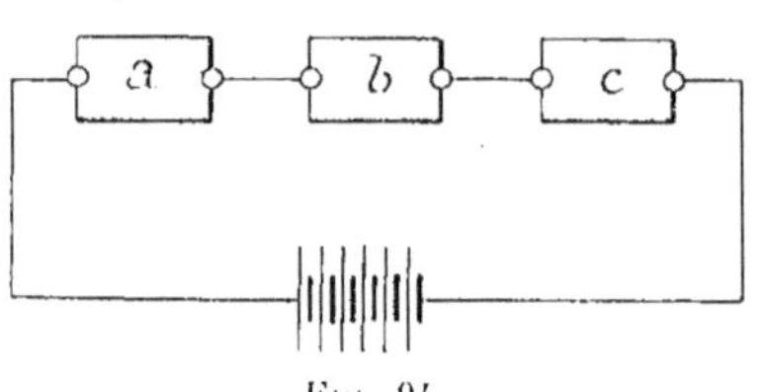

Fig. 94.

On peut aussi faire
entrer le courant dans
tous les appareils à la
fois (*fig.* 95) et l'en fait
sortir, par un fil com-
mun, pour revenir au
pôle négatif : les appa-
reils sont en *dérivation* sur le circuit. Nous avons déjà vu
l'application de ces deux systèmes dans le montage des deux
téléphones d'un poste.

Dans le premier cas, la résistance des appareils s'ajoute ;
on a donc, comme résistance du circuit, la résistance du conducteur, plus la résistance
totale des appareils.

Dans le deuxième cas, nous
avons l'application des courants dérivés (**40, 41** et **42**),
c'est-à-dire que le courant,
rencontrant plusieurs che-
mins, trouve un écoulement
plus facile ; il rencontre évidemment moins de résis-
tance que dans le premier

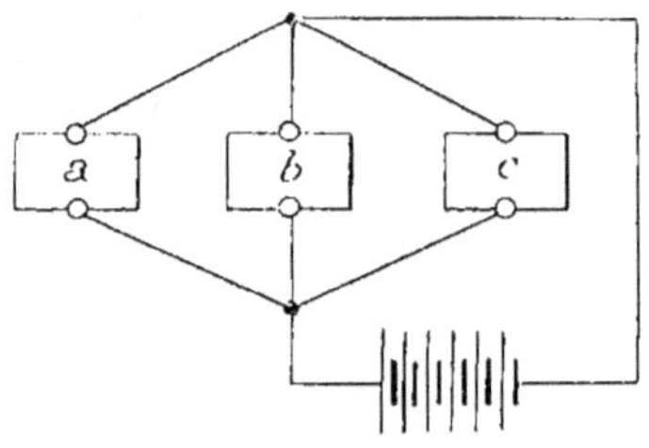

Fig. 95.

cas, il en rencontre même moins que s'il n'avait qu'un appareil à traverser, puisque, par le fait, nous augmentons la section du conducteur. L'intensité du courant est donc plus
grande, mais il faut observer que ce courant se divise et qu'il
n'en passe qu'une partie dans chaque appareil. Il résulte de
ceci qu'il faut éviter de mettre en dérivation des appareils de
résistances très différentes, car la majeure partie du courant

s'écoulerait par celui qui est le moins résistant, et l'intensité pourrait ne pas être suffisante pour faire fonctionner les autres.

C'est d'ailleurs l'expérience, à défaut du calcul, qui doit guider l'agent chargé d'une installation, si aucune indication précise ne lui a été donnée. Il y a en effet, dans le cas d'appareils en dérivation, à tenir compte non seulement de l'intensité du courant qui passe dans chacune des dérivations, mais aussi du *nombre de tours* de fil des électro-aimants et, dans certaines conditions dont l'étude nous entraînerait trop

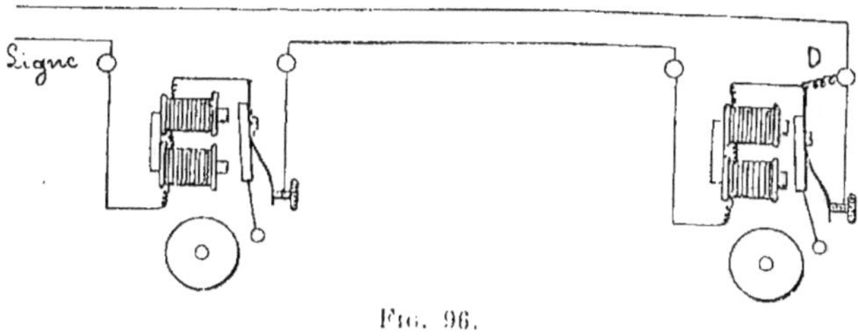

Fig. 96.

loin, ce serait précisément l'appareil le *plus résistant* qui fonctionnerait le mieux.

Quand on place plusieurs sonneries sur un circuit, on les monte suivant les prescriptions de l'Administration, c'est-à-dire en *dérivation*. Cependant, si les sonneries sont de résistances très différentes, on comprend, d'après ce que nous venons de voir, qu'il peut être plus avantageux de les monter en série.

Il se présente alors un inconvénient : c'est qu'il est rare de disposer de deux sonneries donnant exactement le même nombre d'interruptions dans le même temps; autrement dit, il n'y a pas *synchronisme* entre les marteaux. En effet, l'ensemble des pièces de l'armature constitue une sorte de tige vibrante dont le nombre de vibrations dépend : de la longueur et de la rigidité du ressort antagoniste, du poids de la palette, de la longueur et du poids du marteau. Si l'on considère deux sonneries, même d'une fabrication identique, la moindre différence dans le montage des pièces peut faire varier le nombre des vibrations.

Il en résulte que, si les deux armatures partent ensemble au moment de l'émission du courant, elles ne reviennent pas au repos au même instant : le circuit est alors refermé par l'une et encore ouvert dans l'autre; le courant ne peut donc passer. La deuxième revient presque aussitôt au repos; mais, en vertu de l'élasticité du ressort antagoniste, la première tend à quitter de nouveau la vis de réglage, et son contact est mauvais : le courant éprouve donc une certaine résistance, et le même effet se reproduit jusqu'au moment où les deux armatures reviennent franchement ensemble au repos. En somme, les deux sonneries fonctionnent irrégulièrement, et le marteau de l'une d'elles peut même ne jamais toucher le timbre.

On évite cet inconvénient en laissant une des sonneries montée normalement et en supprimant, dans l'autre, ou les autres, l'interruption automatique du circuit : il suffit d'établir une dérivation D (*fig.* 96) entre le massif et la borne de droite. De cette façon la première sonnerie ouvre seule le circuit et commande le mouvement des autres.

141. Poste mobile avec relais et deux sonneries. — Cette installation est établie quand l'abonné désire recevoir l'appel dans deux endroits, ou même plus, à la fois. Dans ce cas, si la ligne est un peu longue et surtout si les sonneries sont nombreuses, un relais est presque toujours nécessaire (*fig.* 97).

Le relais est installé à la place de la sonnerie, c'est-à-dire ses bornes LT reliées aux bornes S de la planchette. La pile d'appel servant de pile locale, des dérivations prises sur la planchette relient le plot CS à la borne P, et le plot ZS à l'une des bornes de la première sonnerie, dont l'autre borne est reliée à la borne S du relais. Enfin, la ou les sonneries supplémentaires sont mises en dérivation sur la première.

Une installation neuve est toujours montée avec des sonneries du type administratif de 200 ohms; toutefois, quand un abonné fait modifier une installation déjà ancienne et fournit, à l'agent chargé du travail, des appareils admis antérieurement,

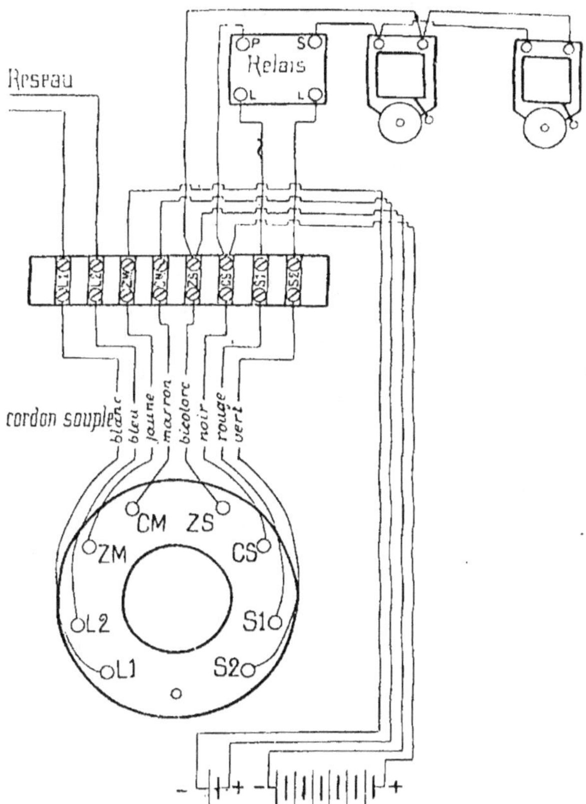

Fig. 97. — Poste mobile avec relais et deux sonneries.

celui-ci peut se trouver en présence de sonneries de modèles différents : d'anciennes sonneries n'ont, par exemple, que 50 ohms. Il peut alors y avoir intérêt à adopter le montage en série et à prendre les dispositions que nous venons d'indiquer (140).

L'appareil mobile peut être remplacé par un poste mural. Dans ce cas, si le poste est muni d'un appel magnétique, une pile locale est affectée spécialement au relais.

Si l'abonné veut avoir la possibilité d'empêcher l'une des sonneries de fonctionner, un commutateur est placé sur l'un des fils de cette sonnerie à l'endroit désigné par l'intéressé.

142. Installation comportant deux conjoncteurs à huit bornes et une seule sonnerie. — L'abonné a désiré communiquer avec le réseau de deux ou plusieurs endroits différents et n'avoir qu'un seul appareil mobile.

Dans chaque poste est installée une planchette à 16 bornes reliée à un *conjoncteur à 8 bornes* (*fig.* 98).

Cet organe est formé d'une planchette ronde ou ovale portant 8 bornes sur son pourtour. Au milieu se trouve une sorte de *mâchoire* portant 8 contacts correspondant aux 8 bornes.

Le câble de l'appareil se termine par une fiche à 8 ressorts qui, enfoncée dans la mâchoire, met l'appareil en relation avec la planchette de raccordement.

La ligne, les piles et la sonnerie sont en dérivation sur chacune des planchettes. Il faut évidemment qu'on puisse entendre la sonnerie de tous les endroits où se trouvent des conjoncteurs ; il faut aussi que la fiche soit dans l'une des mâchoires, sinon la sonnerie serait isolée ; c'est d'ailleurs à cause de cet inconvénient que le conjoncteur à 8 bornes a été abandonné et que, si ce genre d'installation existe encore, on ne doit plus en réaliser de nouvelles.

143. Installation comportant trois conjoncteurs à 10 bornes et une seule sonnerie. — L'installation est analogue à la précédente ; mais elle est effectuée à l'aide de conjoncteurs à 10 bornes et de planchettes à 20 bornes.

Grâce à la disposition de ce nouveau conjoncteur, on peut éviter l'inconvénient que nous venons de signaler. Quand la fiche n'est pas dans la mâchoire, les deux fils de ligne sont en communication avec les bornes R1 et R2 par l'intermédiaire de deux ressorts (*fig.* 99). De ces bornes, on passe aux bornes

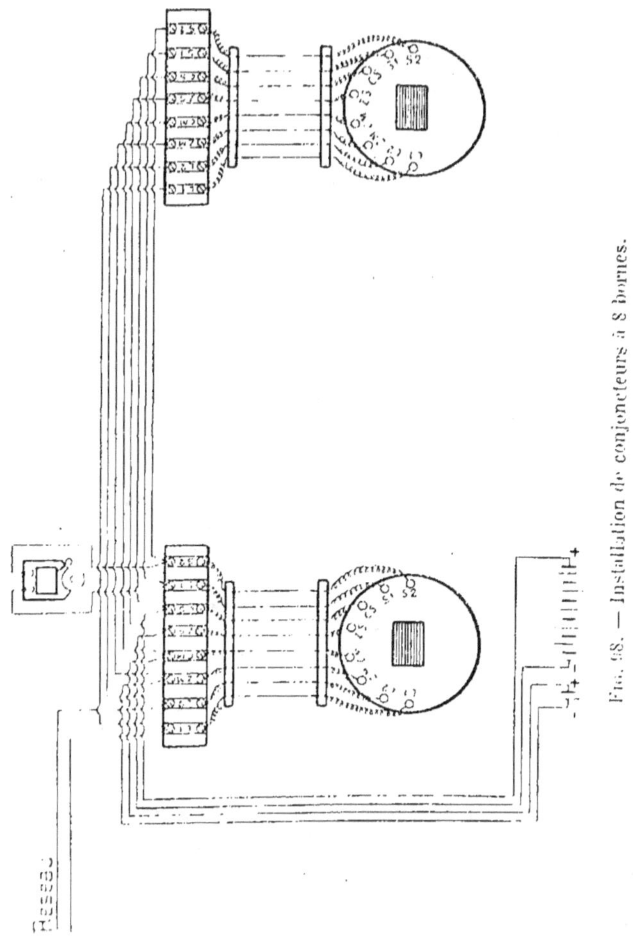

Fig. 98. — Installation de conjoncteurs à 8 bornes.

similaires de la planchette, puis aux bornes L1 et L2 du deuxième poste (*fig.* 100), sur lequel on retrouve le même dispositif de renvoi vers le troisième poste, et ainsi de suite. En mettant la fiche dans la mâchoire, on écarte les ressorts qui coupent la communication de la ligne avec les conjoncteurs suivants.

Si, comme le dessin l'indique, il n'y a qu'une sonnerie, elle est placée en dérivation sur tous les postes ; puis, pour éviter que le poste central soupçonne une rupture de la ligne si la fiche n'est pas en prise avec l'une des mâchoires, on établit la boucle A entre les deux bornes de renvoi du dernier conjoncteur.

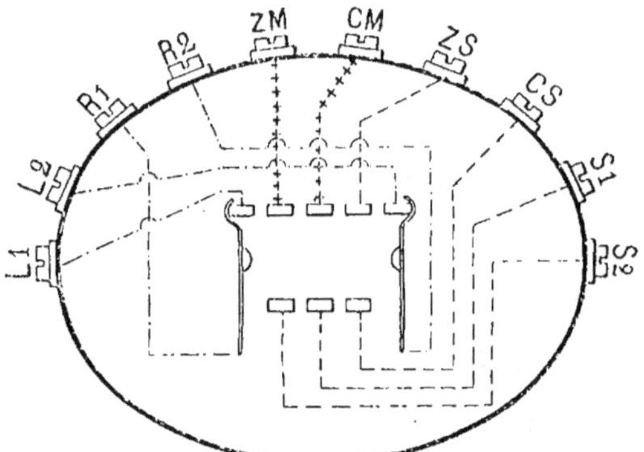

Fig. 99. — Conjonction à 10 bornes.

Cependant, si la fiche n'est pas en prise, l'abonné ne peut encore recevoir d'appel : il suffit alors, ou de mettre une sonnerie supplémentaire dans l'endroit désigné par l'intéressé et de la relier aux bornes à la place de la boucle ; ou bien de relier ces bornes à la première, ou plutôt à l'unique sonnerie, si l'abonné ne veut pas faire d'autre dépense.

144. L'emploi des conjoncteurs, dont le nombre est illimité, permet un grand nombre d'autres combinaisons parmi lesquelles nous indiquerons seulement les suivantes.

L'abonné peut demander, comme l'une des planches du car

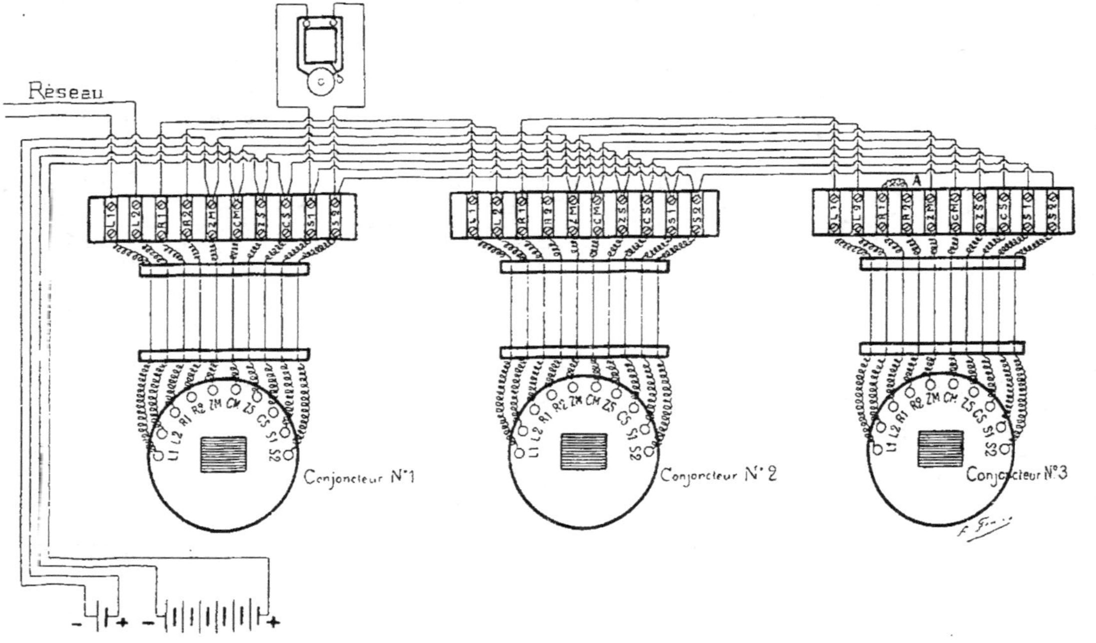

Fig. 100. — Installation de conjoncteurs à 10 bornes.

net de montage l'indique, une sonnerie dans deux des postes, ou même dans tous les postes ; il peut alors choisir entre deux systèmes d'appel : ou bien les sonneries doivent fonctionner toutes à la fois, quand, bien entendu, la fiche de l'appareil est dans l'une des mâchoires ; ou bien la sonnerie située près du conjoncteur occupé doit seule fonctionner.

Dans le premier cas, un relais est nécessaire : ses bornes de ligne sont en dérivation sur toutes les planchettes comme la sonnerie de l'installation précédente. Toutes les sonneries sont alors placées en dérivation sur le circuit local du relais.

Dans le second cas, les bornes S1 et S2 de toutes les planchettes ne sont pas conjuguées : chaque sonnerie est indépendante et reliée, sur chaque planchette, à ces deux bornes.

Si, enfin, l'un des postes peut se passer de sonnerie, les bornes S1 et S2 de sa planchette sont reliées à celles du poste le plus rapproché.

145. Installation de deux postes en dérivation sur un commutateur à deux directions. — Les deux postes, mobiles ou muraux, sont indépendants (*fig.* 101) ; le commutateur permet de relier le réseau à l'un ou à l'autre. L'abonné peut ainsi quitter le premier poste, après avoir tourné le commutateur, et se rendre dans le local où est situé le second. Pour parer à l'oubli de la manœuvre du commutateur, le poste principal, ou même les deux postes, peuvent être munis d'une sonnerie supplémentaire mise en dérivation sur celle de l'autre.

Quand une même ligne dessert plusieurs postes complets, le poste placé près de l'entrée de la ligne, et susceptible de commander les autres, est le *poste principal;* les autres sont des *postes supplémentaires.*

146. Installation d'un poste principal embroché sur un poste supplémentaire (*fig.* 102). — Les appareils sont muraux ou mobiles. Dans le premier poste, deux fils partent des bornes S1 et S2 et, au lieu de se rendre à la sonnerie, se dirigent sur les bornes L1 et L2 du second poste ; celui-ci est monté normalement. Le premier poste est donc *embroché* par la ligne

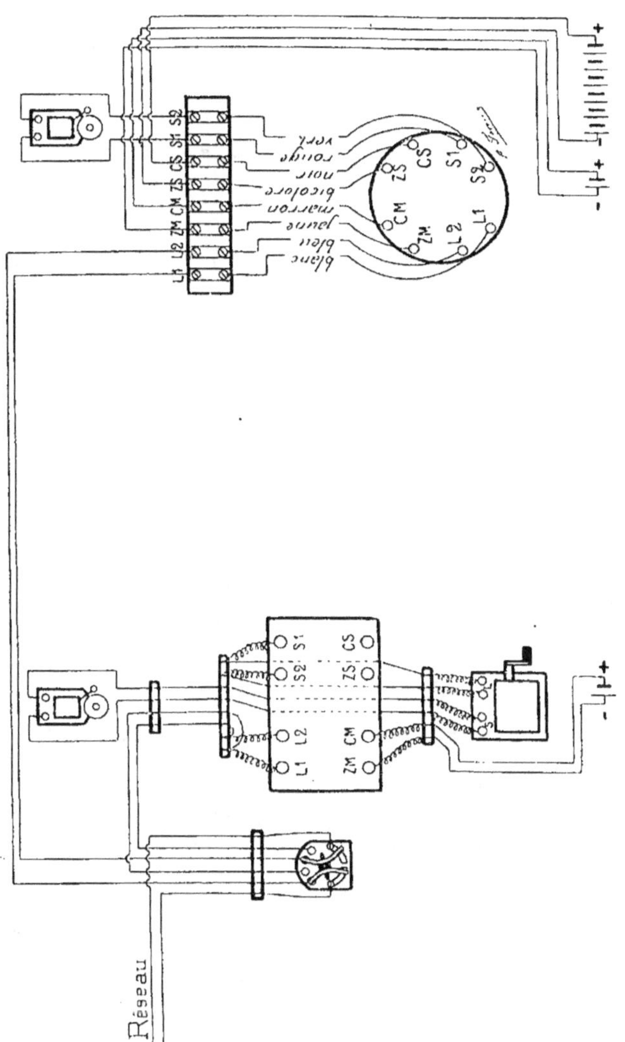

Fig. 101. — Installation de deux postes en dérivation sur un commutateur.

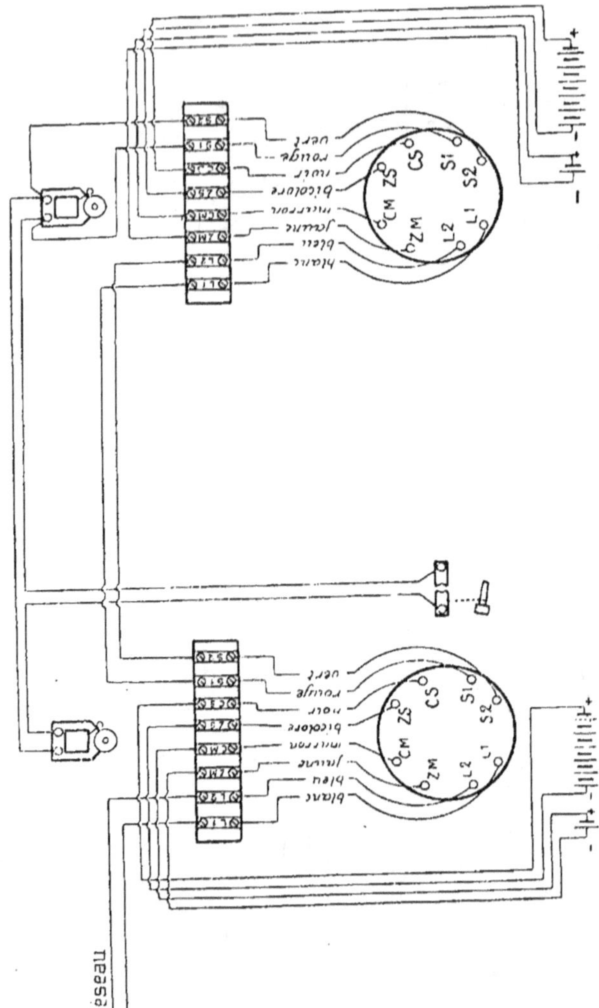

Fig. 102. — Installation d'un poste principal embroché sur un poste supplémentaire.

qui dessert le second, et sa sonnerie est mise en dérivation sur celle de ce dernier.

Quand on décroche les téléphones du poste principal, celui-ci n'a plus aucun rapport avec le second, puisque le circuit de réception d'appel est coupé par le crochet commutateur.

En plaçant un interrupteur sur l'un des fils de la sonnerie du premier poste, on donne à l'abonné la faculté de couper le circuit de cette sonnerie quand il quitte le local où se trouve ce poste.

Ce système de montage évite l'emploi du commutateur double de l'installation précédente et supprime du même coup l'inconvénient d'oublier de manœuvrer cet organe.

147. Installation des postes dans les cabines publiques. — Indépendamment des postes particuliers installés chez les abonnés, des cabines pourvues d'un poste téléphonique sont mises à la disposition du public. Ces cabines peuvent se trouver :

1° Dans la salle d'attente des différents établissements des Postes et des Télégraphes d'une même ville. Dans ce cas, les cabines sont reliées, comme des postes d'abonnés, au bureau central téléphonique de la ville.

2° Dans la salle d'attente de l'unique bureau d'une ville possédant un réseau urbain. La cabine est reliée au poste central du bureau même.

3° Dans une localité ne possédant pas de réseau urbain. La cabine est reliée à un bureau par un *circuit interurbain*. L'installation comportant alors des dispositifs spéciaux, nous l'étudierons plus loin (223).

148. Installation d'une cabine dans un établissement relié à un bureau central téléphonique. — Dans les établissements très peu importants, comme les bureaux de postes auxiliaires, par exemple, l'installation se réduit à un poste simple, c'est-à-dire à un appareil avec appel magnétique, monté dans

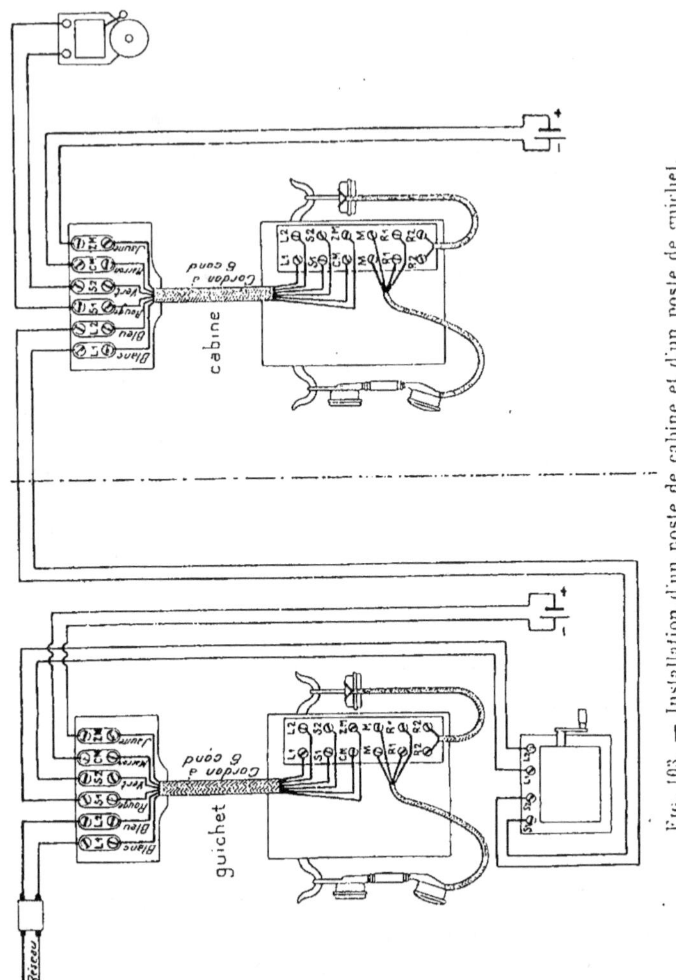

Fig. 103. — Installation d'un poste de cabine et d'un poste de guichet.

la cabine, et à une sonnerie placée dans la salle. Mais, quand le service est plus important, l'installation est complétée par un *poste de guichet* (*fig.* 103).

L'appareil de ce poste est placé, soit sur la tablette d'un guichet, soit sur une table près de laquelle se tient la personne chargée du service téléphonique.

Embroché sur la ligne qui aboutit à la cabine, le poste de guichet est pourvu d'un appel magnétique. Le préposé attaque le bureau central et transmet la demande du client ; dès que la communication est donnée, il raccroche son récepteur pour rendre la ligne à la cabine ; enfin, quand la conversation est terminée, il donne le signal de fin.

Dans les installations établies antérieurement à 1911, le poste de la cabine était pourvu d'un moyen d'appel (pile ou appel magnétique) qui n'existe plus ns le montage indiqué ici.

149. Installation d'une cabine dans un bureau poste central.

— Si la salle d'attente n'est séparée du local où se trouve le poste central que par les guichets, la cabine est munie simplement d'un appareil avec sa pile microphonique. Il n'y a, en effet, nul besoin d'organes de transmission ou de réception d'appel, puisque la communication entre la cabine et une ligne quelconque est établie sur le tableau-commutateur au moment voulu.

Si le poste central est installé dans une salle complètement séparée des guichets, une ligne locale, sur laquelle est embroché un poste de guichet, est établie entre le poste central et la cabine (*fig.* 104).

Pour constituer la pile d'appel du poste de guichet, on prend le nombre nécessaire d'éléments sur la pil d'appel du poste central.

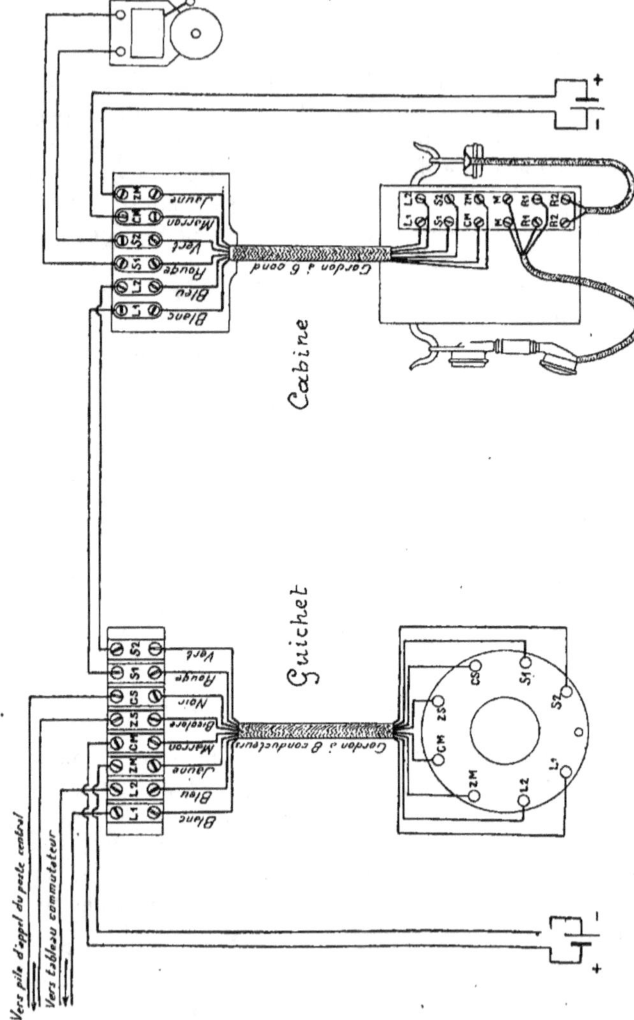

Fig. 104. — Installation d'une cabine et du poste de guichet d'un bureau poste central.

VI

POSTES D'ABONNÉS
RELIÉS AUX BUREAUX A BATTERIE CENTRALE

150. Dispositions générales. — Ainsi que nous le verrons plus loin (**281**), le système de la *batterie centrale* permet aux abonnés de donner automatiquement, au bureau qui les dessert, les signaux d'appel et de fin de conversation, en décrochant ou en raccrochant simplement le récepteur porté par le levier-commutateur.

Comme conséquence, les organes de transmission d'appel sont supprimés (pile ou appel magnétique) ou sans emploi (clé d'appel). La ligne ne devant être fermée qu'au moment où, pour appeler, l'abonné décroche son récepteur, le circuit de réception d'appel est ouvert par l'intercalation d'un condensateur de deux microfarads, et la sonnerie ordinaire est remplacée par une sonnerie magnétique (**102**) ; le bureau appelle donc l'abonné au moyen de courant alternatif.

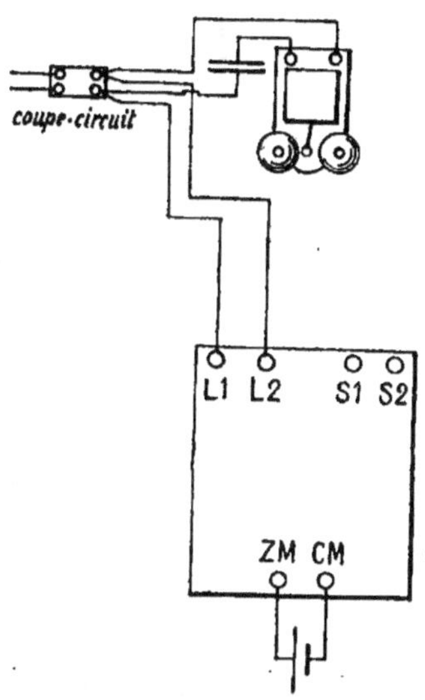

Fig. 105. — Poste simple, avec appareil mural, relié à un bureau à batterie centrale.

151. Montage des postes simples. — Au moment de l'adaptation de la batterie centrale aux anciens multiples, la sonnerie magnétique et son condensateur avaient été placés, comme la sonnerie ordinaire, entre les bornes S1 et S2 des appareils ; mais, pour permettre au bureau de rappeler un abonné qui oublie de raccrocher son récepteur, les organes en question ont ensuite été montés en *dérivation* sur les bornes de ligne ; c'est pourquoi la sonnerie magnétique a une résistance de 1.000 ohms ; c'est encore pour la même raison que, si l'installation comporte plusieurs sonneries devant fonctionner simultanément, on les monte en série.

La règle actuelle, quand l'appareil est mural, est de mettre la sonnerie et son condensateur en dérivation sur le coupe-circuit-paratonnerre (*fig.* 105). Toutefois, si celui-ci est trop éloigné du poste, la dérivation est encore prise sur les bornes de ligne ; quelquefois même, si la distance est trop grande et si la sonnerie se trouve sur le parcours, on peut, *exceptionnellement*, prendre la dérivation sur les fils au moyen de ligatures faites avec soin.

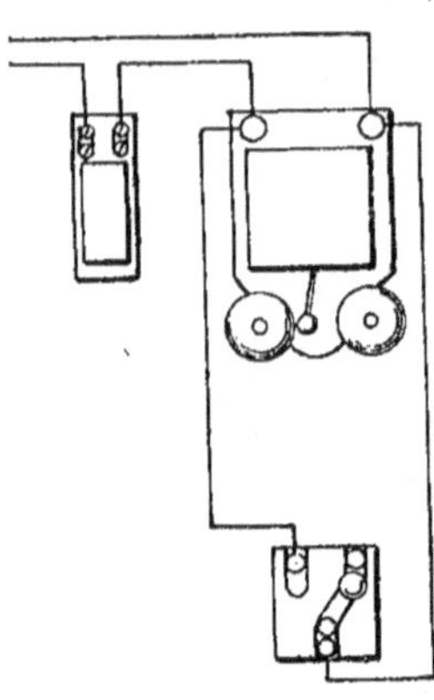

Fig. 106.

Si le poste est pourvu d'un appareil mobile, la sonnerie condensée est mise en dérivation sur les plots de ligne de la planchette de raccordement.

Quand plusieurs sonneries doivent fonctionner séparément, deux par exemple, un condensateur seulement est placé en avant du commutateur qui commande ces sonneries.

Enfin, qu'il n'y en ait qu'une, ou plusieurs montées en série, toutes les fois que l'abonné veut empêcher une sonnerie de fonctionner, cet organe doit être, non coupé, mais court-circuité (nous en verrons plus loin la raison). A cet effet, un commutateur permet de réunir métalliquement, au moment voulu, les deux bornes de la sonnerie intéressée (*fig.* 106).

152. Installations comportant des postes supplémentaires. — Lorsque l'installation comporte, comme celle représentée par la figure 101, deux postes commandés par un commutateur, le coupe-circuit est naturellement placé avant celui-ci ; l'appel devant d'ailleurs être reçu par le poste que le commutateur met en relation avec le réseau, chacun des appareils doit être pourvu d'une sonnerie avec son condensateur. Ces organes seront alors montés, suivant le cas, soit sur les bornes de ligne d'un appareil mural, soit sur les plots de ligne de la planchette de raccordement d'un appareil mobile.

Dans l'installation d'un appareil *embroché* sur une ligne aboutissant à un poste supplémentaire ou à un poste de cabine, la ou les sonneries et le condensateur sont en dérivation sur les bornes de ligne du second poste.

153. Installation des postes munis de conjoncteurs. — En raison des nombreuses combinaisons que l'on peut faire dans le montage des sonneries, l'installation en batterie centrale des postes munis de conjoncteurs demande des dispositions spéciales. Dans la plupart de ces installations, en effet, une sonnerie condensée ne peut être mise en dérivation sur les bornes du coupe-circuit; car l'abonné demande presque toujours à recevoir l'appel dans la pièce où il a transporté son appa-

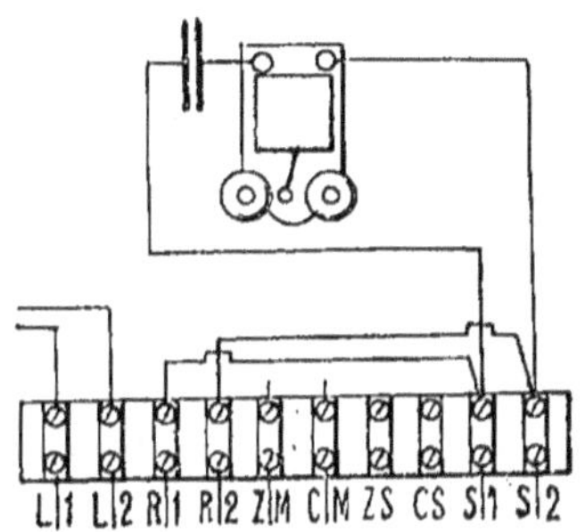

Fig. 107.

reil mobile. Par conséquent, si chaque conjoncteur, par exemple, est pourvu d'une sonnerie, celle du poste choisi doit seule fonctionner : chaque sonnerie condensée est donc placée, comme dans les installations ordinaires, entre les bornes S1 et S2 de la planchette de raccordement. Deux cas se présentent alors :

1° *L'abonné veut recevoir l'appel, même si la fiche de son appareil n'est pas engagée dans la mâchoire.* Les bornes de renvoi du dernier conjoncteur sont reliées à une sonnerie condensée (*fig.* 107) qui peut être celle de ce conjoncteur, ou une autre sonnerie indiquée par l'abonné.

2° L'abonné ne veut pas recevoir l'appel quand la fiche n'est pas en prise. On a vu précédemment (143) que, pour éviter de laisser une ligne ouverte, on boucle les bornes de renvoi du dernier conjoncteur dans le cas où l'abonné ne veut pas de sonnerie d'oubli. Or, en batterie centrale, la ligne étant normalement ouverte, il paraît ne pas y avoir d'inconvénient à laisser ces deux bornes sans emploi ; toutefois, la capacité de

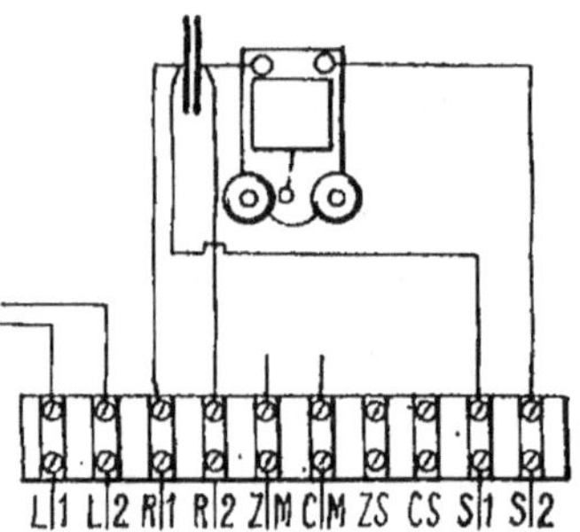

Fig. 108.

2 microfarads d'un condensateur pouvant être constatée par les appareils de mesure du bureau central, et indiquer ainsi que la non-réponse d'un abonné n'est pas due à une interruption de la ligne, on a jugé préférable, quand l'abonné ne veut pas recevoir l'appel, de mettre un condensateur entre ces bornes (*fig.* 108). Ce condensateur peut être celui de la sonnerie la plus rapprochée ; mais si l'utilisation de celui-ci nécessite une trop grande longueur de fil, on pose un condensateur supplémentaire près de la planchette de raccordement.

TROISIÈME PARTIE

POSTES CENTRAUX

1

TABLEAUX-COMMUTATEURS

154. Principes généraux. — Les postes centraux sont destinés à établir les communications entre différents postes téléphoniques distribués dans un même établissement, dans une même ville ou dans des villes différentes.

L'ensemble des lignes d'un même établissement constitue un réseau *privé*. Les lignes de ce réseau peuvent d'ailleurs être reliées à une ligne de l'État aboutissant également au poste central.

L'ensemble des lignes d'une même ville constitue un réseau *urbain*.

Les lignes reliant plusieurs villes entre elles forment un réseau *interurbain*.

A leur tour, les stations centrales peuvent être divisées en deux catégories : les stations desservant moins de 500 lignes, et celles qui en desservent davantage. Les premières sont pourvues de *tableaux-commutateurs* de divers systèmes; les secondes comportent l'installation de commutateurs *multiples* qui feront l'objet d'une autre partie.

Toutefois, la limite n'est pas absolument nette entre ces deux catégories, car l'extension de certaines stations a fait dépasser le chiffre de 500 lignes sans que, pour cela, le système ait été changé. Par contre, des réinstallations de bureaux, dont le nombre de lignes n'avait pas encore atteint le chiffre de 500, ont été effectuées avec des commutateurs multiples.

Dans la première catégorie sont compris les postes centraux desservant un réseau privé relié avec le réseau de l'État ; nous les appellerons postes centraux d'abonnés.

155. Un poste central doit recevoir les ordres des abonnés et les relier entre eux : chaque ligne doit donc être pourvue d'un organe de réception d'appel et d'un organe de jonction. La station est pourvue, de plus, d'un poste micro-téléphonique qui permet à l'opérateur d'entrer en relation avec les lignes.

L'organe de réception d'appel est un *annonciateur*. Les organes de jonction sont des commutateurs appelés *conjoncteurs*, *jacks-knives*, ou plus simplement *jacks*. La liaison entre deux conjoncteurs s'effectue, quand cela est nécessaire, à l'aide de fiches reliées par des conducteurs souples.

Le jack est un commutateur à deux directions : il met la ligne en relation, au repos, avec l'annonciateur et, quand une fiche y est insérée, avec le poste de l'opérateur, ou avec le jack d'une autre ligne.

Tous les organes ou, du moins, les annonciateurs et les jacks, sont groupés sur un même meuble qui prend le nom de *tableau-commutateur*.

156. Deux systèmes sont appliqués aux postes centraux pour leur permettre de relier deux lignes : le système *monocorde* et le système *dicorde*.

Dans le premier (*fig.* 109), chaque ligne est pourvue d'un jack, d'un annonciateur et d'un cordon souple terminé par une fiche. Pour relier un abonné *demandeur* à un abonné *demandé*, il suffit de prendre la fiche du premier et de l'introduire dans le jack du second, par exemple F¹ dans J³, (pour simplifier les schémas, les lignes sont supposées être à simple fil).

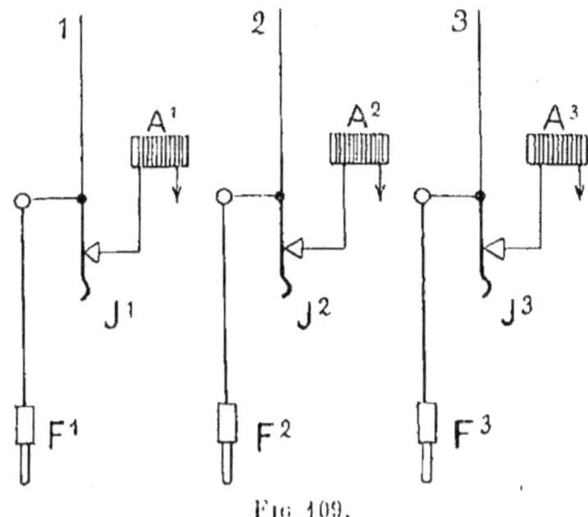

Fig 109.

Avec le système dicorde (*fig.* 110), chaque ligne comporte seulement un jack et un annonciateur. Un nombre suffisant

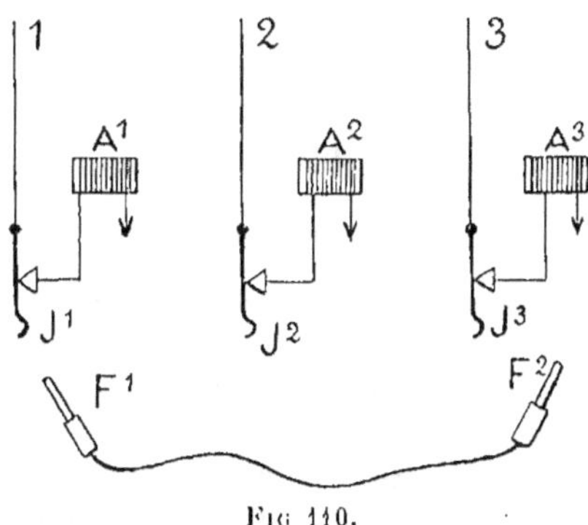

Fig 110.

de cordons à deux fiches est mis à la disposition de l'opérateur. Pour relier deux lignes, il suffit d'introduire les deux fiches d'un cordon dans les jacks des lignes en question. Ce qui a fait donner le nom de *dicorde* à ce système, c'est que chacune des fiches peut, en réalité, être pourvue d'un cordon et les cordons réunis par paires.

Chacun de ces deux systèmes a ses avantages et ses inconvénients. Avec le premier, la jonction entre deux lignes s'opère à l'aide d'une seule fiche, mais il nécessite autant de fiches qu'il y a de lignes. Cette condition a fait restreindre l'application du monocorde aux tableaux-commutateurs peu importants.

Le dicorde est plus simple au point de vue de l'équipement de chaque ligne; mais la liaison de deux postes nécessite la manœuvre de deux fiches. Cependant, en raison de l'indépendance de ces organes, indépendance qui permet d'utiliser une paire de fiches quelconque, d'abandonner au besoin un cordon défectueux, ce système a prévalu pour l'installation des stations centrales d'une certaine importance. Il faut également tenir compte que 10 paires de fiches suffisent pour desservir 100 lignes.

II

TABLEAU-COMMUTATEUR
DE LA SOCIÉTÉ INDUSTRIELLE DES TÉLÉPHONES

157. Connu plus particulièrement sous le nom de *tableau jack-knives*, c'est l'un des premiers tableaux-commutateurs imaginés en France à l'époque où l'exploitation du réseau téléphonique fut concédé à la Société générale des Téléphones, c'est-à-dire vers 1881.

Ce système a d'abord été utilisé pour les grands bureaux centraux, et il l'était encore, en 1889, quand l'État a racheté le matériel de la Société générale.

A cette époque, il avait déjà subi certaines transformations, malgré lesquelles il disparut petit à petit pour faire place aux systèmes multiples actuels. La Société générale, transformée en Société industrielle, a continué à construire ce modèle pour les postes d'abonnés et les petits postes centraux de l'État. Les commutateurs de ce système sont alors disposés pour desservir de deux à dix lignes.

158. Annonciateur. — L'annonciateur est constitué par un électro-aimant formé de deux bobines et monté, par l'intermédiaire de sa culasse, sur une équerre en cuivre (*fig.* 111) L'armature est portée par un levier *ac* qui pivote sur deux vis *v* ; la partie du levier opposée à l'armature se termine par un crochet qui, sous l'action d'un ressort antagoniste, s'appuie sur un volet V et l'empêche de tomber en avant. Le jeu de l'armature est limité par une vis *b* qui surmonte une petite colonne fixée sur l'équerre, mais isolée par une rondelle d'ivoire. Certains modèles n'ont pas cette colonne et le jeu de l'armature est simplement limité par des butées en cuivre fixées sur les noyaux.

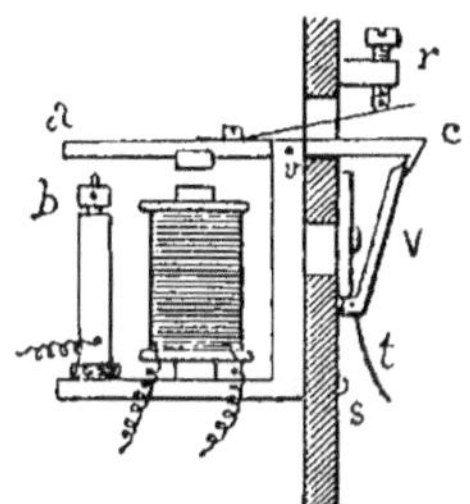

Fig. 111.

L'ensemble est fixé derrière le tableau ; des ouvertures, ménagées dans celui-ci, laissent passer le crochet, avec son ressort, et la partie qui supporte le volet. C'est d'ailleurs en mettant celui-ci en place qu'on maintient le tout. La tension du ressort est réglée au moyen d'une vis *r* portée par une petite tige fixée devant le panneau. Enfin, un ressort *t*, fixé derrière le volet, présente son extrémité libre au-devant d'un contact *s*.

Lorsqu'un courant traverse les bobines, l'armature est attirée, le crochet se soulève et abandonne le volet qui tombe en avant, en découvrant le numéro de l'abonné. Dans ce mouvement, le volet presse le ressort *t* sur le contact *s* ; nous verrons plus loin la fonction électrique de ces pièces ainsi que celle de la colonne.

159. Jack simple fil. — Pour faire mieux comprendre le mécanisme du jack actuel, nous verrons d'abord le jack à simple fil qui n'est plus en usage, mais qui représente une partie du jack à double fil (*fig.* 112).

C'est un bloc de cuivre, percé de deux trous, fixé au tableau au moyen de deux boulons dont l'un est isolé. Un ressort fixé sous la tranche du bloc a son extrémité libre garnie d'une pointe qui s'appuie sur une goupille ; celle-ci traverse le bloc dans un canon isolant et se visse dans le boulon isolé. Un goujon, rivé sur le ressort, pénètre librement dans le bloc et émerge légèrement dans le trou de droite.

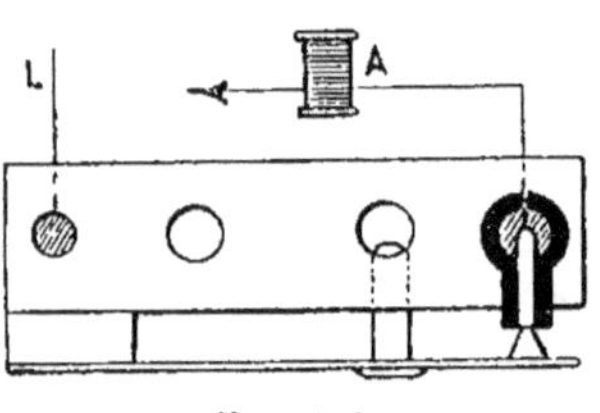

Fig. 112.

Le fil de ligne est attaché au boulon de gauche et, par conséquent, au massif du bloc ; le boulon de droite est relié à l'annonciateur dont la sortie est à la terre. Le courant d'appel de l'abonné peut donc traverser le bloc et, par le ressort, la goupille et le boulon, se rendre à l'annonciateur, puis à la terre.

Pour prendre communication avec la ligne, on enfonce une fiche, reliée au poste de l'opérateur, dans l'un des trous du jack : si c'est dans le trou de gauche, l'annonciateur reste en dérivation ; si c'est dans le trou de droite, la fiche repousse le goujon, et le ressort, quittant la goupille, coupe la communication avec l'annonciateur,

Disons, en passant, que le jack à simple fil, dérive d'un conjoncteur utilisé précédemment en Amérique et auquel le nom de *jack-knife* (couteau de Jack) avait été donné par suite de la similitude de sa forme avec celle d'un couteau très populaire dans le pays. Les jacks que nous verrons plus loin n'ont plus aucun rapport avec l'outil en question ; mais la brièveté de la partie du nom qui a été conservée a fait que le mot *jack* a remplacé presque exclusivement le mot conjoncteur.

160. Jack à double fil. -- Deux blocs de cuivre sont séparés par une plaquette en ébonite (*fig.* 113). L'ensemble est percé de deux trous qui sont d'un diamètre plus grand dans le bloc antérieur que dans le bloc postérieur. Le tout est fixé au tableau au moyen de deux boulons ; celui de gauche est isolé du bloc antérieur, mais en contact métallique avec le bloc postérieur ; celui de droite est isolé des deux blocs. Le bloc antérieur est construit d'une manière analogue à celle du jack à simple fil : il porte un ressort qui est muni d'un goujon émer-

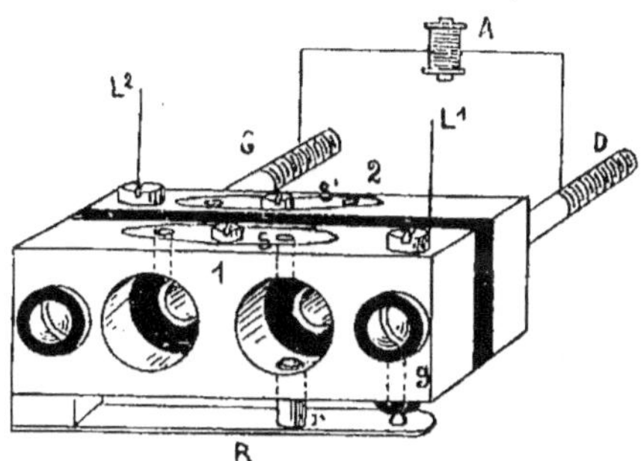

Fig. 113.

geant dans le trou de droite et dont l'extrémité s'appuie sur une goupille isolée implantée dans le boulon de droite. A leur partie supérieure, les deux blocs sont munis d'un petit ressort portant deux goujons qui émergent dans les trous ; ces ressorts, dits de *sûreté*, sont destinés à assurer le parfait contact entre les parties métalliques de la fiche et les blocs.

Les fils de ligne sont reliés aux blocs par des vis fixées dans les tranches supérieures, et les fils de l'annonciateur sont serrés sous les écrous des boulons de fixation. Au repos, le fil n° 1 est donc relié à l'annonciateur par l'intermédiaire du ressort, de la goupille et du boulon de droite ; et la sortie de l'annonciateur est en relation permanente avec le fil 2 par le boulon de gauche et le bloc postérieur.

161. Fiche. — La fiche (*fig.* 114) est formée de deux parties en laiton isolées l'une de l'autre : un tube et une tige centrale qui émerge de celui-ci. Le tube a le même diamètre que les trous du bloc antérieur et prend communication avec lui quand on enfonce la fiche ; la tige centrale pénètre alors dans un trou du bloc postérieur. Le tube et la tige sont légèrement coniques et des fentes leur donnent une certaine élasticité qui, avec les ressorts de sûreté, contribue à assurer une bonne communication entre les deux parties de la fiche et les deux parties du jack.

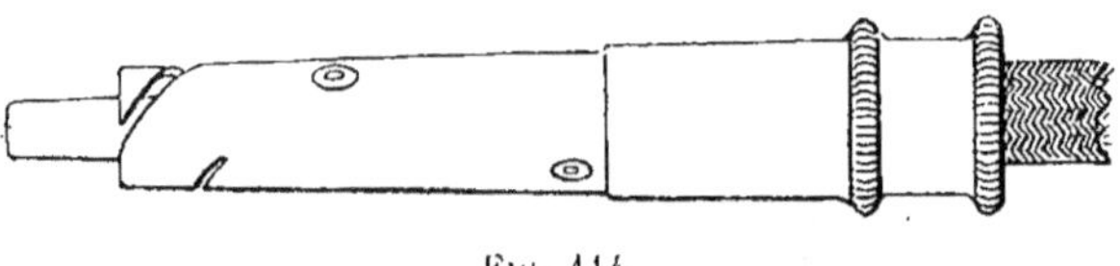

Fig. 114.

Enfin, au tube et à la tige sont soudés des conducteurs souples qui sont réunis tous les deux dans un même cordon en soie tressée.

162. Constitution du tableau, poste de l'opérateur. — Le tableau est formé par une planche qui supporte une boîte montée sur charnières. C'est derrière la face antérieure de celle-ci que sont fixés les annonciateurs dont les volets sont placés en avant. Les annonciateurs sont disposés, suivant leur nombre, en une ou deux rangées. Les jacks sont placés en-dessous, dans une position symétrique de celle de leurs annonciateurs respectifs. La planche du fond porte les bornes qui sont reliées aux organes de la boîte par des conducteurs rassemblés en un faisceau qui permet, au besoin, d'ouvrir celle-ci.

Le poste de l'opérateur est constitué, soit par un poste mural fixé au tableau même, soit par un appareil quelconque situé à proximité. Quel qu'il soit, ce poste a ses bornes L1 et L2 reliées à deux bornes similaires du tableau. A leur tour ces bornes sont reliées, soit à une fiche qui termine un cordon

souple, soit, comme dans le modèle représenté ici, à un ou
deux jacks à un trou (*fig.* 115).

163. Fonctionnement du tableau. — L'abonné n° 1, par
exemple, appelle : le volet tombe; l'opérateur, au moyen
d'un cordon à deux fiches, relie son poste à l'abonné en enfonçant une fiche F' dans un conjoncteur à un trou, où elle peut
d'ailleurs rester en permanence, et l'autre, F, dans le trou de

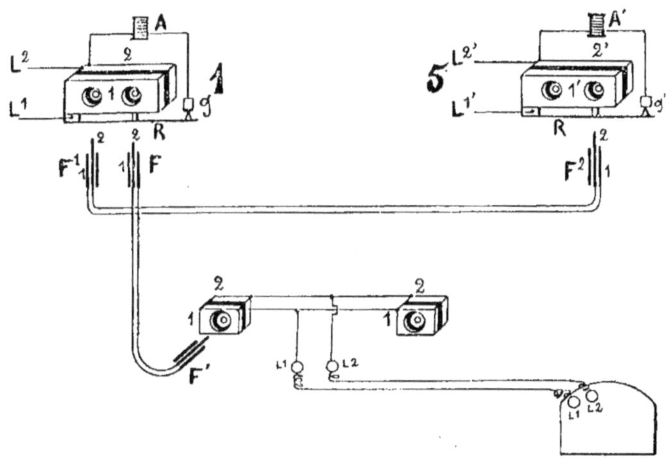

Fig. 115.

droite du jack de l'abonné. Celui-ci demande le numéro 5 :
l'opérateur prend un deuxième cordon, enfonce une fiche F¹
dans le trou de gauche du jack n° 1, porte sa fiche F dans le
trou de droite du jack 5 et attaque l'abonné demandé. Dès
que celui-ci répond, l'opérateur enlève sa fiche F et la remplace par la deuxième fiche F² du deuxième cordon. Les deux
lignes sont alors en relation directe et l'annonciateur de l'a-
bonné appelant reste en dérivation. L'opérateur termine la
manœuvre en relevant le volet tombé.

Le fonctionnement de l'annonciateur resté sur le circuit

indique la fin de la conversation : l'opérateur retire les deux fiches et relève le volet tombé. Dans la pratique, pour s'assurer que la conversation est bien terminée, la personne chargée du service du tableau rentre généralement un instant sur le circuit avant d'enlever les fiches. Il lui suffit de placer sa fiche F dans l'un des jacks reliés par le cordon de jonction.

164. Sonnerie locale. — Lorsque l'opérateur, absorbé par d'autres occupations, ne peut rester en permanence devant

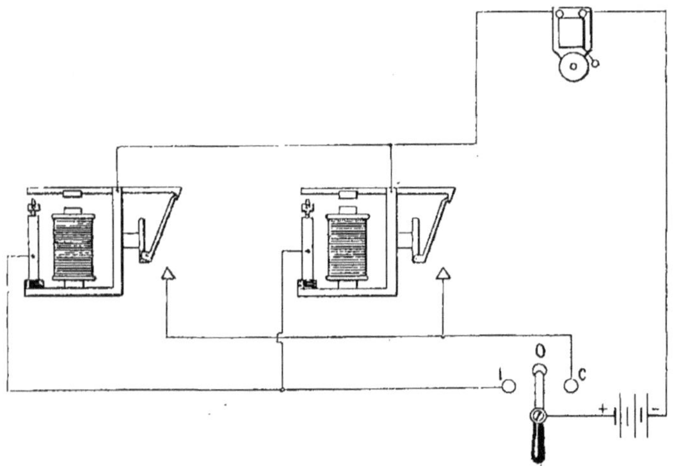

Fig. 116.

le tableau, la chute d'un volet ne produit pas un bruit suffisant pour attirer son attention. On utilise alors une sonnerie et une pile dont le circuit peut être fermé soit par le volet, soit par l'armature de l'annonciateur.

Dans le premier cas, la sonnerie fonctionnera d'une façon continue tant que le volet n'aura pas été relevé; dans le deuxième, elle ne fonctionnera qu'à chaque contact du levier de l'armature avec son butoir, c'est-à-dire par intermittence.

Le premier système est seul utilisé dans les tableaux dont

les annonciateurs ne sont pas pourvus de la colonne de contact. Dans les autres, un commutateur spécial à trois plots, I, O, C (*fig.* 116) permet d'utiliser l'un ou l'autre des systèmes d'appel. A cet effet, le pôle positif de la pile locale est relié à l'axe de la lame mobile du commutateur, et le pôle négatif est relié à la sonnerie dont l'autre borne communique avec le massif de tous les annonciateurs. Le plot I est relié à toutes les colonnes, et le plot C à tous les contacts des volets. Quant au plot O, qui est isolé, il indique simplement l'ouverture du circuit, et le commutateur est mis en prise avec lui quand on peut se contenter de la chute du volet comme signal.

Par conséquent, le commutateur commande l'envoi du courant de la pile, soit, par I, sur les colonnes, pour le signal intermittent ; soit, par C, sur les contacts des volets, pour le signal continu.

C'est ce dernier système de signal qui a généralement été adopté par la suite, et le commutateur est devenu inutile, ou plutôt il est réduit au rôle d'interrupteur du circuit de sonnerie.

III

TABLEAU BAILLEUX

165. Le tableau Bailleux est dérivé du tableau jack-knives ; les fiches sont les mêmes ; mais, les jacks n'ayant qu'un trou, l'opérateur est obligé de retirer sa fiche pour établir la jonction entre deux lignes ; les conversations sont donc secrètes pour lui.

Le jack est formé (*fig.* 117) par deux canons de diamètres différents ; le canon postérieur, relié au fil 1, est muni d'un ressort qui, au repos, s'appuie sur un contact relié à l'annonciateur ; la sortie de celui-ci est reliée au canon antérieur sur lequel est attaché le fil 2.

Les cordons de jonction sont terminés par deux fiches dont l'une a sa tige centrale plus longue que celle de l'autre ;

quand on établit une communication, la fiche à tige longue repousse le ressort et coupe le circuit de l'annonciateur. La tige de la fiche ordinaire n'atteint pas le ressort de rupture, et l'annonciateur de son jack reste en dérivation pour recevoir le signal de fin de conversation.

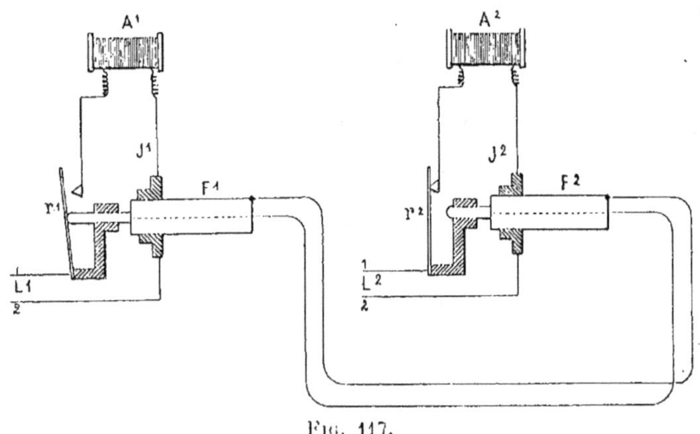

Fig. 117.

IV

TABLEAUX A LEVIERS

166. — Le principe des tableaux à leviers est celui-ci : deux lignes bifilaires arrivent chacune à une paire de ressorts qui constitue une sorte de double clé dont les contacts de repos sont reliés à un annonciateur (*fig.* 118). Au moyen d'un levier qui agit sur une tige, on peut abaisser les deux ressorts qui prennent alors contact avec des butées reliées aux bornes L1 et L2 d'un poste micro-téléphonique quelconque. Dans ces conditions, quand les leviers sont au repos, chacune des lignes est en relation avec son annonciateur respectif ; en abaissant l'un des leviers seulement, on met la ligne correspondante en

communication avec le poste. Pour mettre les deux lignes en relation, il suffit d'abaisser les deux leviers : en effet, les deux paires de ressorts sont reliées ensemble, puisque leurs butoirs de travail sont conjugués deux à deux sur les bornes du poste. Celui-ci est alors en dérivation sur la jonction et sa sonnerie, ou un annonciateur AF, placé dans le tableau et relié aux bornes S1 et S2, peut recevoir le signal de fin.

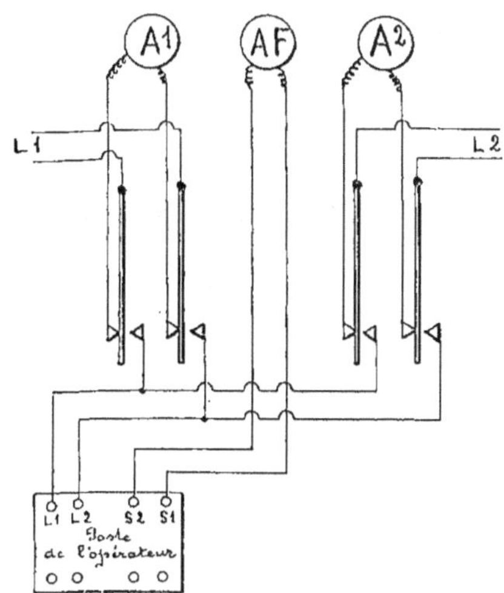

Fig. 118.

On construit des tableaux à leviers desservant plus de deux lignes; mais, lorsque la communication est établie entre deux d'entre elles, on ne peut que recevoir les appels des autres sans pouvoir y répondre : l'abaissement d'un troisième levier mettrait, en effet, une troisième ligne en communication avec les deux premières, puisque tous les contacts de travail des leviers sont conjugués entre eux. Toutefois, dans certains modèles, des dispositions diverses, dont l'une consiste à mettre deux jeux de leviers sur chaque ligne, permettent de relier quatre lignes, ou plus, deux à deux; mais la construction et la manœuvre deviennent alors plus compliquées et le système perd son principal avantage, c'est-à-dire sa simplicité à ce double point de vue. L'emploi des tableaux à leviers est donc réservé à des postes centraux ne desservant qu'un très petit nombre de lignes; à moins, toutefois, que le poste central soit utilisé par une personne qui veut avoir la possibilité de correspondre avec différents postes, sans leur donner de communications entre eux.

V

INSTALLATION D'UN POSTE CENTRAL D'ABONNÉ
AVEC UN TABLEAU-COMMUTATEUR

167. La planche 32 du carnet de montage (*fig.* 119) donne l'installation d'un poste principal et deux postes supplémentaires. Le premier est pourvu d'un tableau-commutateur qui lui permet de relier les postes entre eux ou avec le réseau.

Les fils de ligne du réseau, ainsi que ceux des autres postes sont attachés à trois groupes de bornes L. Le tableau figuré étant à quatre directions, un des groupes reste disponible ; il est d'ailleurs toujours prudent, ne serait-ce que pour remplacer sans délai un organe défectueux, de prendre, pour une installation nouvelle, un tableau comportant un nombre d'annonciateurs supérieur à celui des lignes à desservir immédiatement.

La sonnerie locale est placée entre les bornes S, et sa pile est reliée aux bornes ZS, CS. Si le poste, qui peut être mural ou mobile, n'a pas d'appel magnétique, sa pile d'appel est utilisée comme pile locale. L'appareil est enfin relié, par ses bornes L^1 et L^2 aux bornes semblables situées à la base du tableau.

Malgré son rôle de poste d'opérateur, l'appareil du poste principal est pourvu d'une sonnerie. Cette sonnerie est destinée à recevoir l'appel ou le signal de fin dans le cas où la

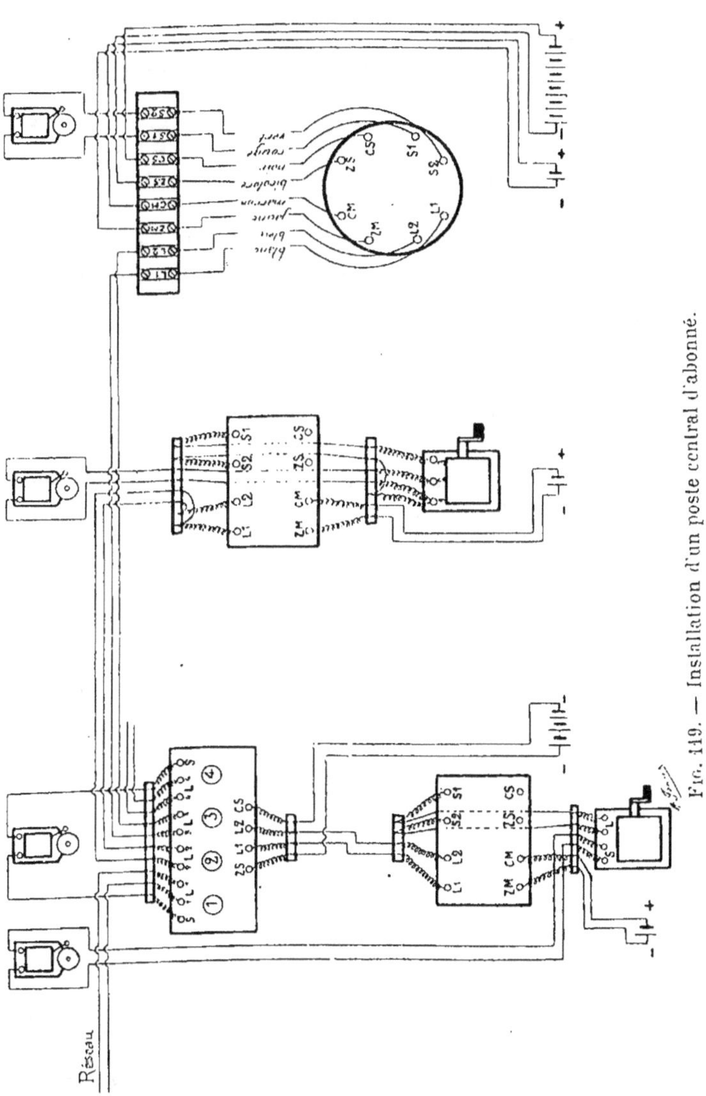

Fig. 119. — Installation d'un poste central d'abonné.

personne chargée de desservir ce poste oublie de rompre la communication entre celui-ci et le jack du réseau. On a constaté, en effet, que cet oubli est fréquent, et l'on avait déjà songé à y remédier en mettant, comme l'indique le dessin de la première édition du carnet, les bornes de sonnerie de l'appareil en dérivation sur la sonnerie locale.

Quoique encore admise quand l'abonné veut faire l'économie d'une sonnerie, cette installation a un grand inconvénient, car la sonnerie se trouve à la fois sur le circuit local des annonciateurs et sur celui de la ligne avec laquelle le poste reste par oubli en communication, c'est-à-dire généralement celle du réseau. Or, grâce à la sonnerie, cet oubli n'empêche pas l'opérateur de recevoir un appel, même si l'annonciateur est coupé ; mais, si l'un des postes supplémentaires vient à appeler, le volet ferme le circuit de la sonnerie et, au moment de chacune des interruptions de celle-ci, le courant est entièrement dérivé vers le bureau central qui reçoit indûment un appel.

Il est donc plus simple, puisque l'oubli en question est admis, de mettre la deuxième sonnerie prévue par le dernier carnet. Toutefois, comme l'installation peut se faire avec un modèle tout autre que le tableau jack-knives, si le tableau commutateur est pourvu d'annonciateurs spéciaux pour la fin de conversation, la deuxième sonnerie devient inutile.

Si le tableau n'est pas muni d'un commutateur IOC, on place un interrupteur sur le circuit de la sonnerie pour éliminer cet organe quand il n'est pas nécessaire.

VI

TABLEAUX STANDARDS

168. Dispositions générales. — D'origine américaine, les premiers tableaux commutateurs qui ont servi de modèle à ceux que nous désignons maintenant sous le nom de *standards*, étaient formés d'un meuble qui, indépendamment des jacks et des annonciateurs, contenait un poste d'opérateur et présentait une tablette supportant des groupes de fiches et de clés destinés à établir les communications.

Le mot *standard* (*modèle*, *étalon*), employé par le constructeur d'un tableau, indiquait que, du moins pour le moment, ce tableau constituait le meilleur type. Pris pour un nom, ce mot a été appliqué à tous les tableaux du même genre et, comme beaucoup d'expressions anglaises consacrées par l'usage, nous sommes contraints de le conserver.

Les standards ont d'abord été établis librement par les constructeurs; mais, pour les types destinés à ses bureaux centraux, l'Administration a bientôt établi un programme pour déterminer la forme des meubles, leurs dimensions, la disposition des circuits et le modèle de la fiche. Ce programme a naturellement été modifié chaque fois que des perfectionnements ont été jugés utiles et les cahiers des charges des adjudications imposent maintenant aux industriels des conditions que nous ne pouvons détailler ici; nous nous contenterons d'ailleurs de donner le principe des organes et les connexions des tableaux actuels, en y ajoutant les perfectionnements adoptés tout récemment, et en rappelant quelquefois des dispositions abandonnées, mais qu'on trouve sur d'anciens modèles encore en service.

Les standards sont à 10, 25, 50 et 100 directions. Celui à 10 numéros s'accroche le long d'un mur[1]; les autres se posent sur le sol. Les quatre types sont pourvus d'organes spéciaux pour les installations d'*embrochage*.

Le meuble est, pour ainsi dire, composé de deux parties :

1° La partie supérieure divisée en deux cadres : en haut, les annonciateurs; en-dessous, les jacks; et sur les côtés, divers accessoires qui entrent dans la composition du poste de l'opérateur.

2° Une tablette supportant des fiches et des clés. Ces organes forment un certain nombre de groupes dont chacun

---

1. Le standard à 10 numéros sera remplacé, dans les bureaux de l'État, par le *tableau extensible*.

comprend, d'arrière en avant, une *paire de fiches*, une *clé d'écoute* et une *paire de clés* d'appel.

169. Annonciateur d'appel. — L'électro-aimant est formé

d'un noyau pourvu de pièces polaires entre lesquelles est

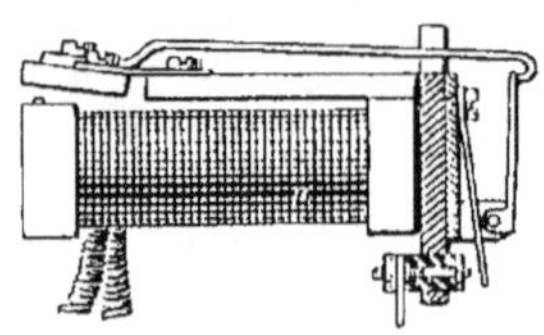

enroulé le fil (*fig.* 120). L'une de ces pièces est prolongée en arrière et, par l'intermédiaire d'un ressort-lame, porte l'armature qui vient surplomber l'autre; le circuit magnétique est ainsi presque fermé. L'armature est munie d'une tige terminée à l'avant par le crochet qui soutient le volet. Un ressort placé sous celui-ci permet de fermer, sur un contact, le circuit local d'une sonnerie. La résistance de la bobine est de 200 ohms.

Fig. 120.

Les annonciateurs sont montés, par rangées horizontales, sur des règles métalliques fixées par leurs extrémités dans le cadre supérieur du meuble.

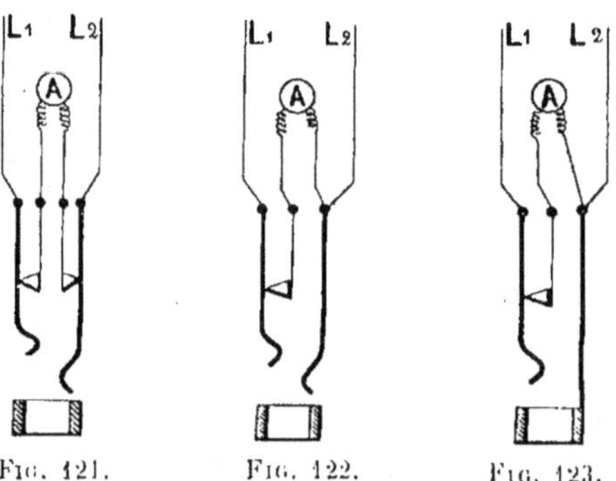

Fig. 121.   Fig. 122.   Fig. 123.

170. Jack. — Le jack est à double rupture. Il est formé de

deux ressorts de longueur inégale, recevant les fils de ligne (*fig.* 121) et s'appuyant sur deux contacts reliés à l'annonciateur. Les ressorts et leurs contacts sont supportés par une douille fixée derrière le panneau du cadre inférieur et prolongée, à travers ce panneau, par un canon qui sert au passage de la fiche.

Au repos, les deux fils de ligne sont donc en communication avec l'annonciateur ; quand on enfonce la fiche dans le jack, les deux ressorts s'écartent, quittent leurs contacts, et l'annonciateur est isolé des deux côtés, tandis que les fils de ligne sont mis en relation avec les deux parties de la fiche.

Dans certains standards d'un modèle plus ancien, le jack n'a qu'une rupture du côté du fil 1 (*fig.* 122) ; l'annonciateur reste relié en permanence au fil 2 comme dans les tableaux que nous avons vus jusqu'ici. Enfin, dans les standards primitifs, le contact avec le fil 2 était pris par le canon du jack (*fig.* 123).

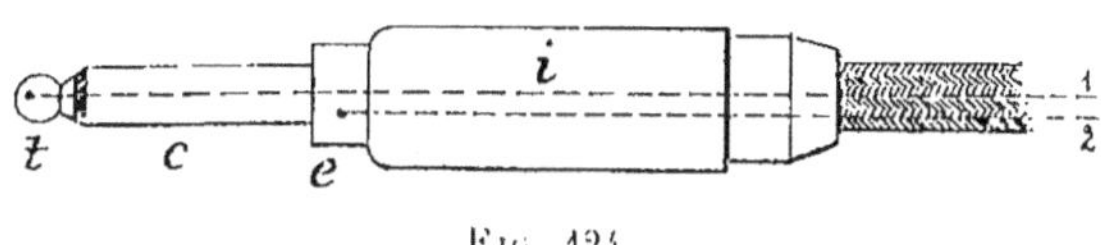

Fig. 124.

171. Fiche. — La fiche est formée de deux parties isolées l'une de l'autre : la tête *t* et le corps *c* (*fig.* 124). La base de la fiche, dans laquelle se trouvent les points d'attache des fils du cordon, est protégée par une enveloppe en matière isolante *i*. L'épaulement *e* limite l'enfoncement de la fiche dans le canon de jack.

Quand la fiche est introduite dans le jack, la tête se met en prise avec le ressort le plus court et le corps avec le grand ressort où, le cas échéant, avec le canon du jack.

Le cordon traverse la tablette (*fig.* 125), passe sous la poulie d'un contrepoids et vient s'attacher à des plots dont les modèles sont très variés. Par suite de cette disposition, la fiche se tient verticalement dans une petite alvéole pratiquée dans une plaque de cuir qui recouvre la tablette. Quand la fiche est retirée d'un jack, le contrepoids ramène le cordon à sa place, et la plaque de cuir amortit le choc si l'opérateur abandonne la fiche trop tôt.

172. Annonciateur de fin de conversation. — Les jacks n'ayant qu'un trou, l'annonciateur d'appel est toujours séparé du circuit quand on introduit une fiche dans un jack. Pour recevoir le signal de fin, on met alors un autre annonciateur sur la jonction qui réunit deux abonnés : il y a donc autant d'annonciateurs de fin qu'il y a de groupes de fiches.

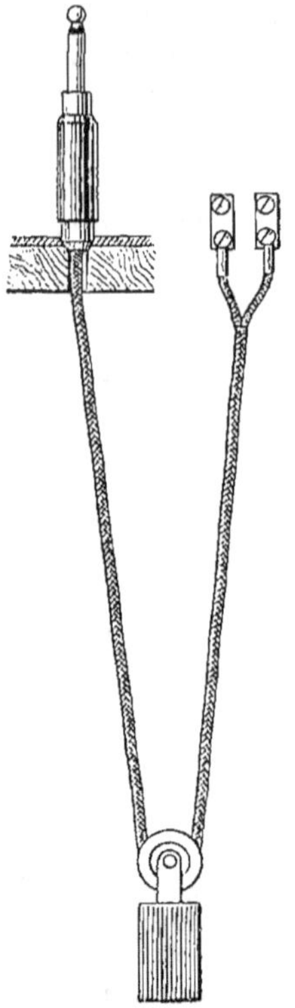

Cet organe est construit de la même façon que l'annonciateur d'appel ; mais sa résistance est de 600 ohms. De plus, sa bobine est recouverte d'une chemise métallique formant écran magnétique. En effet, par suite du petit espace qui sépare les annonciateurs les uns des autres, l'induction mutuelle entre deux annonciateurs de fin pourrait troubler l'audition chaque fois que deux groupes de fiches voisins sont en service simultanément.

173. Clé d'appel. — En principe, la clé d'appel est un double commutateur à deux directions, comme, d'ailleurs, les clés d'appel des appareils 1900. Si nous considérons l'un des groupes de la tablette (*fig.* 126), nous avons deux fiches dont les fils sont reliés aux deux ressorts de chacune des clés. Les contacts de repos de celles-ci étant conjugués, les

Fig. 125.

deux fiches se trouvent, par le fait, reliées entre elles. Les contacts de travail sont naturellement reliés à la pile d'appel. En pressant sur un bouton qui provoque l'écartement des ressorts, les pôles de la pile sont mis en relation avec la tête et le corps de la fiche correspondante, et la jonction avec l'autre fiche est coupée.

174. Clé d'écoute. — C'est, comme la clé d'appel, un double commutateur à deux directions; mais les communications

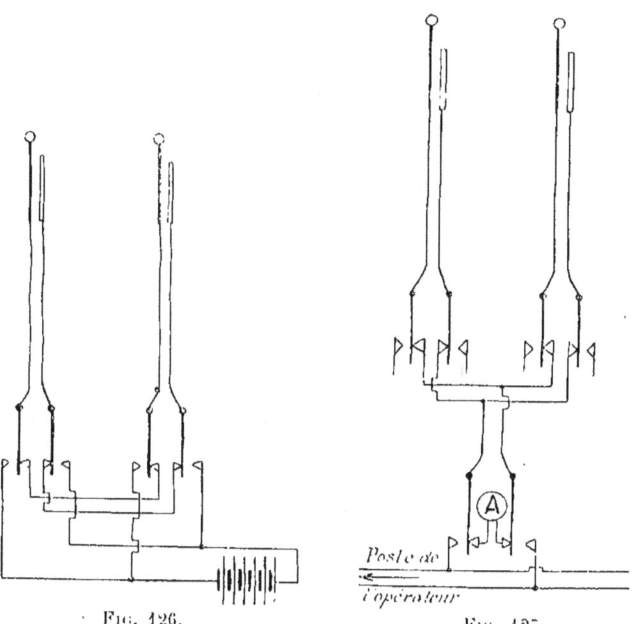

Fig. 126.

Fig. 127.

qu'elle établit devant avoir une certaine durée, la tige qui actionne les ressorts est maintenue dans la position qui lui est donnée, soit au moyen d'un excentrique porté par le levier de manœuvre, soit par un système d'accrochage.

Les ressorts sont mis en dérivation sur la jonction des contacts de repos des deux clés d'appel du groupe. Au repos, ces ressorts s'appuient sur des contacts reliés à un annonciateur de fin A (*fig.* 127). Quand on abaisse la clé d'écoute, les ressorts viennent s'appuyer sur des contacts reliés au poste de l'opérateur.

La clé d'écoute permet donc de placer ce poste en dérivation sur les cordons des deux fiches d'un groupe, c'est-à-dire sur la jonction entre deux abonnés quand les fiches sont dans des jacks ; en ramenant la clé au repos, on substitue au poste un annonciateur qui signale la fin de la conversation.

Nous verrons plus loin que les clés d'écoute sont pourvues de deux autres ressorts qui, placés sur le circuit microphonique du poste d'opérateur, permettent de fermer ce circuit quand la clé est sur position de travail.

175. Groupe de clés d'appel et d'écoute modèle 1911. — Les différents types de clés portés jusqu'ici par les standards ont tous donné lieu à des critiques : entre autres, au sujet de la sûreté des contacts, de la facilité d'entretien et de la fatigue imposée aux opératrices pour la manœuvre de certains modèles. Le groupe de clés que l'Administration a fait établir en 1911 paraît supérieur à tous les points de vue ; on remarquera d'ailleurs que ses jeux de ressorts sont, à peu de chose près, disposés et actionnés comme ceux du commutateur des appareils administratifs 1910.

Une platine P (*fig.* 128) supporte, par l'intermédiaire de piliers p, p', une plaque de laiton T, sur laquelle sont fixés quatre groupes de ressorts isolés les uns des autres par des plaquettes d'ébonite.

Comme l'indique le schéma placé sous le dessin, trois de ces groupes constituent des commutateurs doubles à deux directions et le quatrième un interrupteur. Les groupes Ca et Cp sont les clés d'appel (avant et arrière) ; le groupe E, la clé d'écoute ; les deux ressorts M forment l'interrupteur du circuit microphonique.

Les deux clés d'appel sont actionnées au moyen d'un levier A. En effet, ce levier commande une sorte de fléau portant deux galets en ébonite qui peuvent attaquer les grands ressorts des clés : suivant que l'opérateur tire le levier en avant ou le pousse en arrière, il actionne la clé avant Ca

ou la clé arrière *Cp*. Les goupilles, g^1 et g^2, limitent ces mouvements de telle sorte, que les galets écartent suffisam-

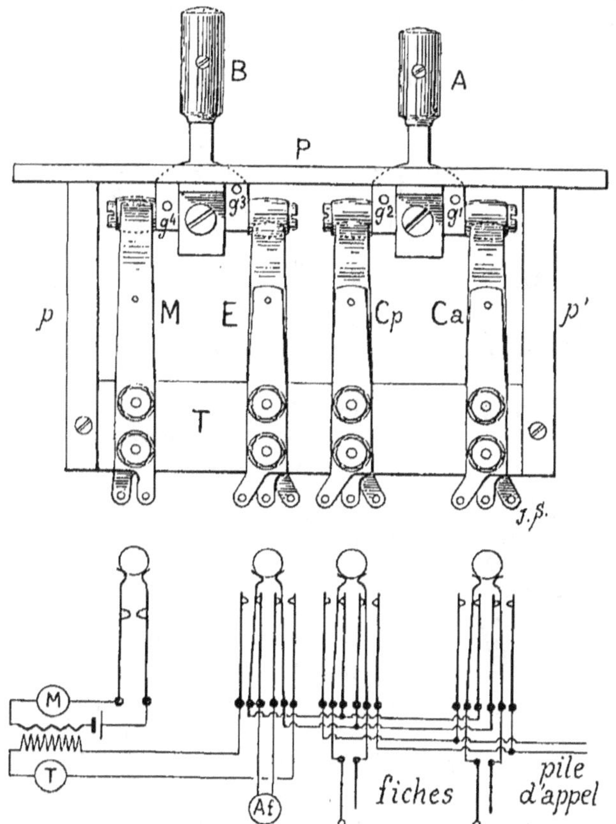

Fig. 128. — Groupe de clés d'appel et d'écoute, modèle 1911.

ment ces ressorts sans venir s'engager au-dessous de leur courbure ; la pression des ressorts suffit alors pour ramener le levier dans la position verticale.

Le fonctionnement de la clé d'écoute est opéré d'une manière analogue ; mais la goupille g^3 s'oppose à la poussée du levier en arrière. Quand on le tire en avant, la goupille g^4 lui permet de s'incliner suffisamment pour que le galet dépasse légèrement la courbure des grands ressorts et reste en prise avec eux. En prenant cette position, qu'il garde jusqu'au moment où une poussée dégagera le galet antérieur, le levier a permis au galet postérieur d'abandonner les ressorts M qui se sont rejoints pour fermer le circuit microphonique.

176. Poste de l'opérateur. — Quelques-uns des organes constituant le poste de l'opérateur sont installés à demeure dans le meuble ; les autres sont indépendants.

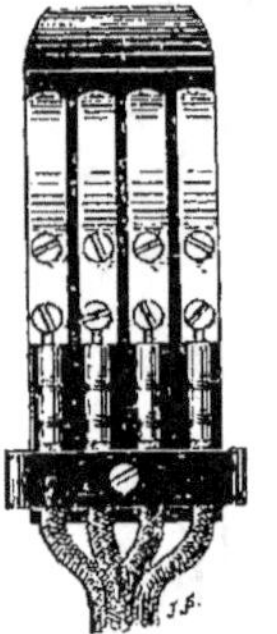

En laissant de côté quelques accessoires que nous retrouverons en examinant séparément chacun des types, la bobine d'induction et une *mâchoire* sont les organes fixes essentiels ; les organes amovibles sont les piles, le microphone et le téléphone. Ces deux derniers instruments sont, ou séparés, ou réunis en un *combiné* ; en principe, par raison d'hygiène, il en est confié à chacune des téléphonistes des bureaux centraux ; des dispositifs permettent donc aux opérateurs de relier leurs appareils aux tableaux au moment de la prise de service.

Quand le téléphone et le microphone sont séparés, celui-ci est accroché à une fourche suspendue, par les cordons de

Fig. 129.

jonction, à une potence montée sur le meuble ; le téléphone est fixé sur un *serre-tête*, c'est-à-dire sur des ressorts que l'opérateur se place sur la tête de manière à appliquer le récepteur sur l'une des oreilles : il conserve ainsi les deux mains libres. Le téléphone seul, ainsi d'ailleurs que le combiné, est pourvue d'un câble souple terminé par une *fiche* à quatre lames que l'opérateur introduit dans la *mâchoire*.

Deux modèles de chacun de ces organes figurent sur les standards : ceux de la Société Industrielle des Téléphones (*fig.* 129) et ceux de la maison Postel Vinay (*fig.* 130). Ces derniers sont maintenant les modèles administratifs.

Le service devait d'abord s'effectuer au moyen d'un combiné, sur les standards à 10 numéros, et au moyen d'appareils séparés, sur les autres ; mais la pratique a fait reconnaître que l'emploi du combiné était préférable sur les trois premiers types ; car le service de ces tableaux exige rarement la

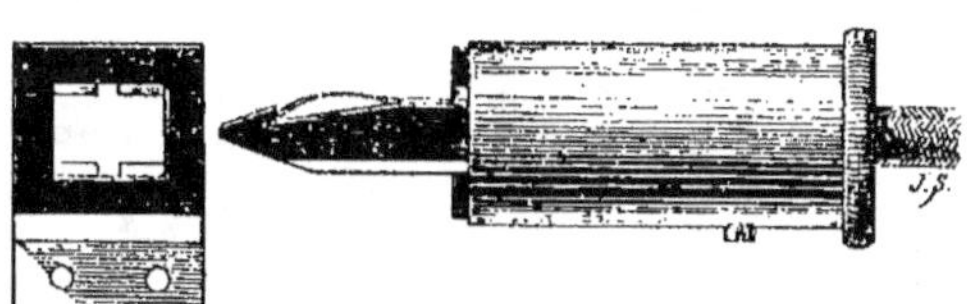

Fig. 130.

présence continue d'un opérateur. L'Administration a sanctionné cet usage et, désormais, les standards à 100 numéros seront seuls pourvus du dispositif de suspension du microphone. Les standards à 25 et 50 numéros pourront toutefois, en cas de besoin, recevoir ce dispositif.

Nous supposerons, pour le moment, que l'appareil d'opérateur est un combiné pourvu d'une fiche de la Société Industrielle des Téléphones. On voit, sur la figure 131, que l'introduction de la fiche dans la mâchoire relie le téléphone aux contacts de travail de toutes les clés d'écoute, le fil secondaire de la bobine d'induction étant intercalé sur l'une des communications. En même temps, le microphone est relié au fil primaire et à la pile.

177. Manœuvre du tableau. — Quand un abonné appelle, le volet de son annonciateur tombe. L'opérateur prend la fiche *arrière* d'un groupe libre et l'enfonce dans le jack correspondant. Par le fait, les fils de ligne, reliés précédemment à l'annonciateur, sont maintenant reliés à la clé d'appel *arrière*.

L'opérateur abaisse la clé d'écoute : les fils sont alors renvoyés

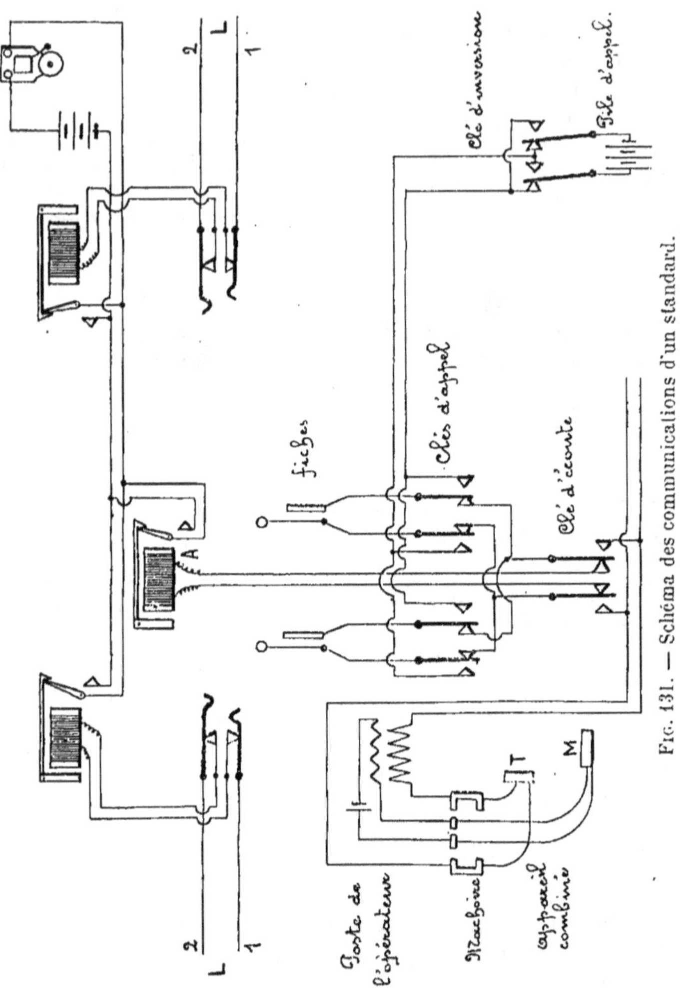

Fig. 131. — Schéma des communications d'un standard.

de la clé d'appel à la clé d'écoute et, par celle-ci, au circuit
secondaire du poste.

L'opérateur relève le volet, reçoit les ordres de l'abonné, prend la deuxième fiche et, si l'abonné demandé est libre, introduit cette fiche dans son jack et l'appelle en appuyant sur la clé *avant*. Dès que l'abonné répond, l'opérateur relève sa clé d'écoute, et l'annonciateur de fin prend la place du poste sur la jonction des deux clés d'appel.

La résistance donnée à l'annonciateur de fin (600 ω) ainsi que la self-induction qui résulte du grand nombre de spires de fil, s'opposent au passage des courants de conversation dans la dérivation.

Quand l'annonciateur de fin fonctionne, l'opérateur rentre un instant, avec sa clé d'écoute, pour écouter si la conversation est bien terminée, puis il relève le volet et retire les deux fiches.

Il est à remarquer que nous n'avons pas vu l'utilisation de la clé d'appel *arrière*. Nous avons supposé, en effet, que l'opérateur, comme il doit toujours le faire, est entré immédiatement en relation avec l'abonné appelant, en lui répondant par l'expression habituelle : « J'écoute ». De son côté, l'abonné, après avoir appelé, avait décroché son téléphone pour le porter à l'oreille : il était donc inutile de lui envoyer un courant de pile. Mais, si l'opérateur ne répond pas immédiatement, comme cela peut se présenter dans un petit bureau où une seule personne est chargée de plusieurs fonctions, l'abonné, ne recevant pas de réponse immédiate, raccroche quelquefois son téléphone ; l'opérateur est donc obligé, dans ce cas, de l'appeler avec la clé arrière pour se mettre à sa disposition.

178. Clé d'inversion. — Cette clé n'est utilisée que dans les installations d'embrochage, mais, comme elle est intercalée en permanence entre la pile et les clés d'appel, il est utile de s'en occuper dès maintenant. Comme l'indique la figure 131, c'est un commutateur inverseur qui permet de changer le sens du courant d'appel ; autrement dit, on peut, dans l'une des positions, mettre le pôle positif au fil 1, par la tête de la fiche, et le négatif au fil 2, par le corps, quand, bien entendu, on presse sur la clé d'appel. En manœuvrant la clé d'inversion, le positif passe au fil 2 et le négatif au fil 1.

Nous allons examiner maintenant chacun des types de tableaux à 10, 25, 50 et 100 numéros, toujours sans entrer dans les petits détails de construction des organes, mais pour voir les agencements particuliers à chacun de ces types et leur montage pour la mise en service.

VII

STANDARD A DIX DIRECTIONS

179. Dispositions générales. — Le tableau est monté sur une planche de fond en haut de laquelle se trouvent : 1° les plots de raccordement des lignes ordinaires ; 2° les plots de ligne d'embrochage ; 3° les plots de piles et de sonnerie (*fig.* 134).

Sur le devant de la partie supérieure de la boîte, qui peut s'ouvrir quand cela est nécessaire, se trouvent :

1 annonciateur polarisé ;

10 annonciateurs d'appel ;

3 annonciateurs de fin ;

1 groupe de trois jacks ;

10 jacks.

Sur les côtés du panneau :

1 commutateur de piles microphoniques (A) ;

1 crochet de repos (C) ;

1 mâchoire (M) ;

1 clé d'inversion (I) ;

1 interrupteur de sonnerie (S).

La tablette supporte trois groupes d'organes comprenant chacun : 1 paire de fiches, une clé d'écoute et 1 paire de clés d'appel.

L'annonciateur polarisé et le groupe de trois jacks sont destinés à desservir une ligne d'embrochage. Ces organes étant absolument indépendants des autres, nous y reviendrons en étudiant l'installation de ces lignes.

Sur le dessin d'ensemble et le schéma des communications (*fig.* 132) figurent la mâchoire et la fiche Postel Vinay. On

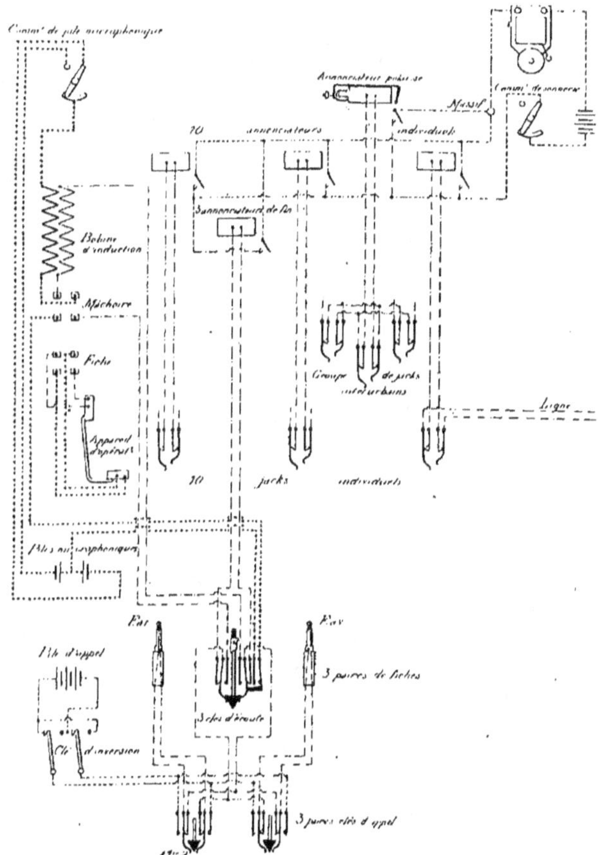

Fig. 132. — Schéma des communications d'un standard à 10 numéros.

remarquera que la disposition en diagonale des connexions de ces organes permet d'intervertir la position de la fiche

d'un demi-tour sans changer les communications. La même
opération appliquée à la fiche de la Société Industrielle des
Téléphones établirait les communications du circuit secondaire, mais le microphone serait isolé.

180. Commutateur de piles microphoniques. — Pour éviter
toute interruption dans le service, du fait d'un élément microphonique défectueux, les standards sont pourvus de deux
piles. Le commutateur permet d'introduire l'une ou l'autre
dans le circuit primaire du poste. Les mots « matin » et
« soir », portés sur des étiquettes situées de part et d'autre
du commutateur, indiquent que les deux piles doivent être
utilisées alternativement. Si, à un certain moment, la pile en
service vient à manquer, un simple coup de commutateur
permet de lui substituer l'autre.

181. Crochet de repos. — Le crochet de repos sert à suspendre l'appareil combiné quand l'opérateur n'est pas occupé.

Dans les tableaux qui ont précédé le type que nous avons
pris comme exemple, cet organe porte le nom de *crochet interrupteur* ; sa fonction est, en effet, analogue à celle qui est
remplie, dans les appareils d'abonnés, par la partie du crochet-commutateur qui réunit ou sépare les deux contacts de
microphone ; c'est-à-dire qu'il permet à l'opérateur qui
s'absente momentanément, ou qui attend les appels, de couper le circuit microphonique sans être obligé de retirer la
fiche à quatre lames de la mâchoire. Cette fonction est remplie maintenant par deux ressorts ajoutés à chacune des clés
d'écoute. De cette façon, la pile du microphone est fermée
pendant un laps de temps aussi court que possible, c'est-à-
dire pendant les quelques secondes que met l'opérateur à
établir une communication.

182. Commutateur de sonnerie. — Ce commutateur est placé
sur le circuit de la sonnerie locale, circuit sur lequel se
trouvent également les ressorts des volets et leurs contacts :

le commutateur permet donc, comme d'ailleurs nous l'avons déjà vu, de laisser ou non la chute des volets actionner la sonnerie.

MONTAGE D'UN STANDARD A 10 DIRECTIONS

183. Installation extérieure. — Sauf dans quelques grandes villes qui possèdent des réseaux souterrains, les lignes téléphoniques sont aériennes ; elles s'arrêtent alors à un dernier appui sur lequel s'opère leur jonction avec les conducteurs qui pénètrent dans le bureau. Suivant l'importance de celui-ci, cet appui est constitué soit par un simple *potelet*, soit par une *herse*, soit par une *tourelle*.

C'est le service des lignes qui est chargé du travail ; mais, comme il existe une relation assez étroite entre ce service et celui du montage, surtout lorsqu'il s'agit d'installations nouvelles, nous donnerons une idée de la façon dont est préparée l'entrée des lignes dans un bureau dans lequel sera monté un tableau à 10 directions.

Le montage d'un tableau de ce type indique que le nombre d'abonnés à desservir immédiatement est inférieur à dix ; cependant, de même que sur le tableau, l'installation extérieure est préparée à l'avance pour 10 lignes. De plus, le tableau peut être *embroché* sur une ligne qui dessert trois bureaux : il y a donc deux sections de cette ligne qui entrent dans notre local. Enfin, celui-ci peut être traversé par une ligne qui ne touche pas le tableau, mais qui est disposée pour permettre d'effectuer des essais sur les deux sections. Nous avons donc les deux côtés de ces lignes à ajouter aux dix lignes ordinaires à prévoir : soit en tout 14 lignes.

Le potelet d'entrée est donc armé de 28 isolateurs reliés à l'avance au tableau par deux câbles sous plomb à sept paires de conducteurs (*fig.* 133). Le potelet est formé de deux fers en U assemblés dos à dos par des boulons ; il est soutenu par des tiges scellées dans le mur. Un dispositif spécial est pré-

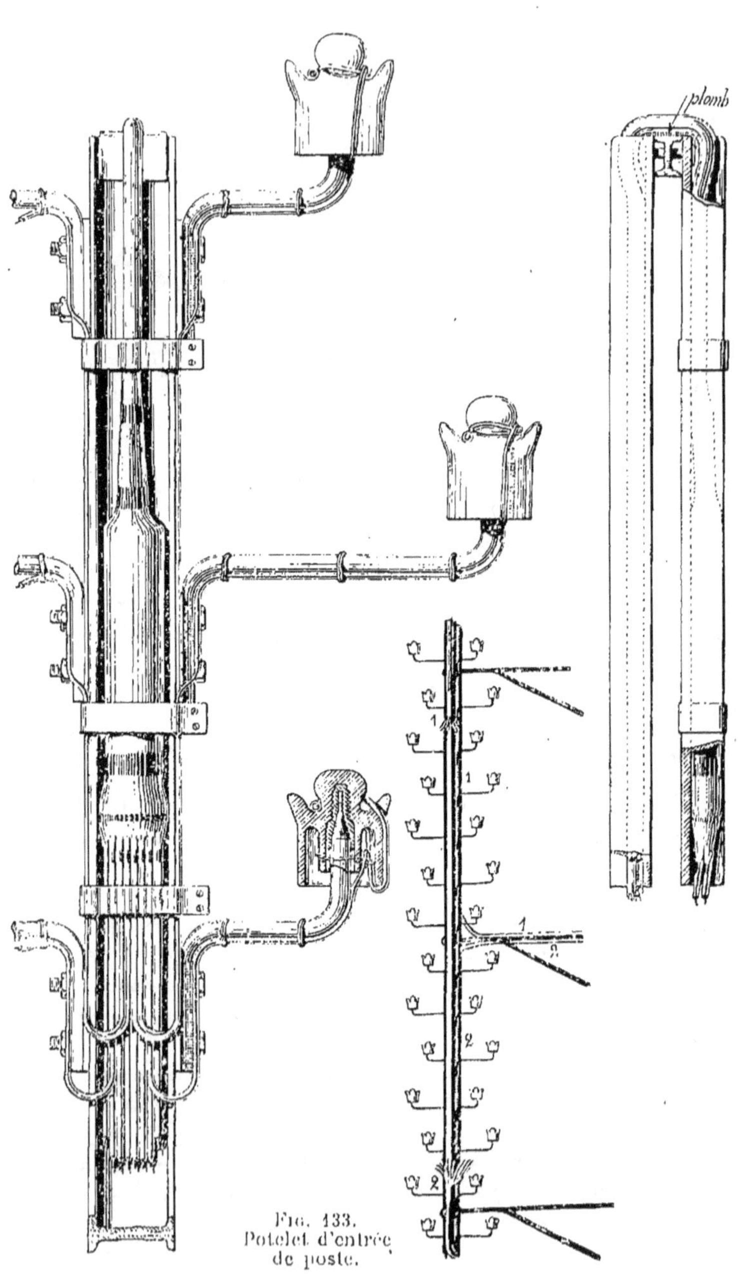

Fig. 133.
Potelet d'entrée
de poste.

paré à l'extrémité de chacun des câbles pour permettre de relier les fils aux isolateurs et assurer la protection du câble contre l'humidité.

Ce dispositif est le suivant : un manchon en plomb, d'un diamètre plus fort que celui de l'enveloppe du câble, est enfilé sur celui-ci ; puis les fils, dégagés sur une certaine longueur, sont dénudés et reliés séparément à d'autres conducteurs sous plomb, de longueur voulue. Au moment de faire ce travail, on a soin de prendre les fils par paire de même couleur ; on a ainsi, par câble, sept paires présentant les couleurs suivantes : blanc, bleu, jaune, marron, noir, rouge et vert. Une fois les quatorze ligatures opérées, le manchon est ramené de manière à les recouvrir, puis il est soudé à l'enveloppe du câble ; il est alors rempli de cire jaune et enfin soudé sur l'enveloppe des quatorze nouveaux conducteurs.

Ainsi préparées, les têtes de câble sont logées dans la gorge du potelet, à environ 40 centimètres des extrémités ; puis, comme le montre la figure 133, l'un des câbles passe par-dessus le sommet du poteau, descend dans l'autre gorge et s'arrête près de l'une des tiges à scellement. Le deuxième câble suit un parcours analogue, mais en descendant pour se relever après avoir contourné la base du potelet. Les deux câbles suivent alors la tige et pénètrent dans l'immeuble.

Les deux câbles sont maintenus sur le potelet par des brides en zinc et, à chacun des coudes, l'enveloppe est protégée contre les arêtes du fer au moyen de plaques en plomb.

Les quatorze conducteurs sortant du manchon de chacun des câbles sont allongés à plat dans la gorge, maintenus également par des brides, et, à la hauteur voulue, on sépare du faisceau chacune des paires en suivant, de haut en bas, l'ordre alphabétique des couleurs indiquées ci-dessus ; les deux fils sont recourbés de chaque côté pour rejoindre les deux isolateurs situés au même niveau. Chacun de ces fils, agrafé sur la console au moyen de fil à ligature, a son extrémité enroulée autour de la cloche interne.

Au fur et à mesure de la pose des lignes aériennes, les deux fils d'une même ligne sont arrêtés sur deux isolateurs accou-

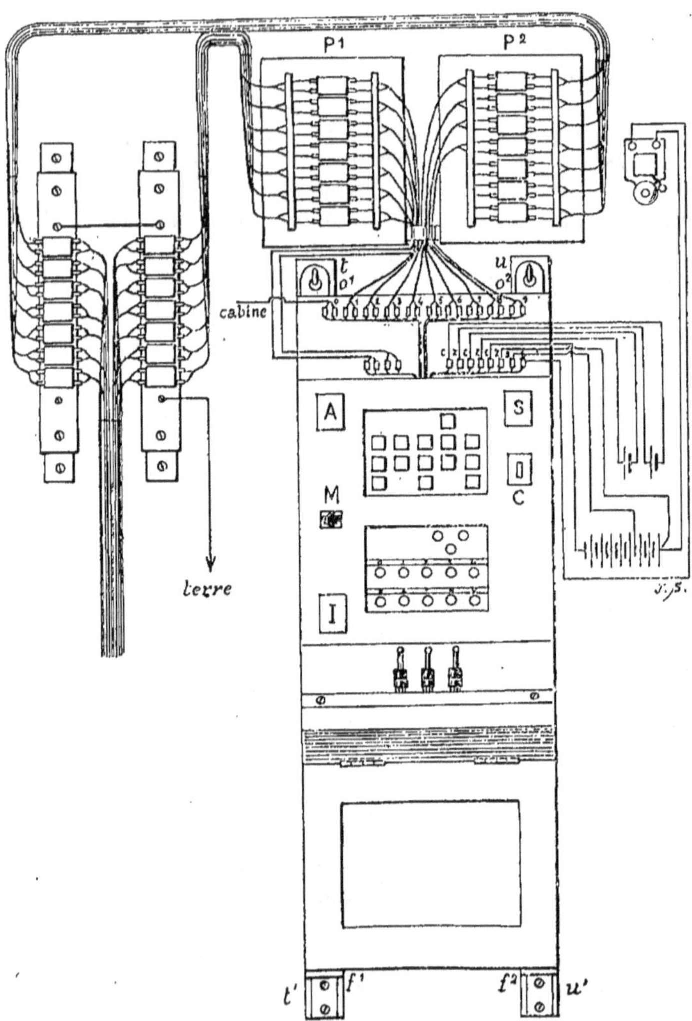

Fig. 134. — Montage d'un standard à 10 numéros.

plés; puis les bouts dénudés des conducteurs en attente sont
sortis des isolateurs et soudés aux fils aériens.

Le service des lignes utilise maintenant le matériel Lorain
dont les potelets sont formés d'un tube en fer de section
carrée; mais l'emploi de ce matériel ne change pas sensiblement le montage de l'entrée de poste; montage que nous
n'avons d'ailleurs donné qu'à titre accessoire.

184. Installation intérieure. — Le standard est accroché par
des agrafes o^1, o^2 (*fig.* 134) sur des tasseaux t, u, fixés préalablement au mur. Des équerres f^1, f^2, le soutiennent à la partie
inférieure.

Les piles et la sonnerie sont mis en communication avec
leurs plots respectifs et la première paire des plots de lignes
est reliée à la cabine du bureau. Celle-ci sera donc desservie
par le jack numéro O.

Au-dessus du tableau sont placés deux panneaux P^1, P^2,
portant chacun 7 coupe-circuit de 1 ampère. D'autre part, le
plus près possible de l'entrée des câbles dans l'immeuble,
c'est-à-dire généralement dans les combles, on dispose deux
règles en fer plat R^1, R^2, supportant chacune 7 coupe-circuit-
paratonnerres de 3 ampères. Ces *châssis* sont reliés entre eux
et mis en communication avec la terre. C'est sur ces coupe-
circuit que sont attachés, dans le même ordre que sur les
isolateurs, les conducteurs des câbles venant du potelet. Deux
autres câbles à 7 paires relient les châssis aux panneaux placés
près du standard.

L'espace compris entre ces panneaux et le tableau constitue, en quelque sorte le *répartiteur* de l'installation. En effet,
au fur et à mesure de la construction des lignes, leur jonction
avec les jacks est opérée en reliant les coupe-circuit aux plots
de raccordement au moyen de conducteurs doubles isolés par
du coton ignifugé. Dans l'installation représentée, on a supposé que le standard est un poste intermédiaire sur une ligne
d'embrochage : les deux sections de la ligne interurbaine
aboutissant aux deux premiers coupe-circuit ont donc été
reliés aux plots du groupe de trois jacks. Si nous avions

affaire à un poste extrême, il n'y aurait évidemment qu'un coupe-circuit et une paire de plots d'occupés. Enfin, si le circuit interurbain était direct, il aboutirait à l'une des paires de plots des jacks ordinaires.

Le numéro du jack desservant un abonné devient le numéro sous lequel il est inscrit au répertoire et qui servira à le désigner pour demander à communiquer avec lui. Il y a donc intérêt, pour éviter des confusions, à conserver désormais le même numéro d'appel à un abonné qui vient à changer de domicile ; sans quitter, bien entendu, la circonscription du bureau qui le dessert. Si le nouveau domicile est sur le parcours de la ligne, ou plus loin dans la même direction, la ligne est coupée à l'endroit voulu, ou prolongée pour la raccorder au nouveau poste. Dans ce cas, rien n'est changé dans l'installation du bureau. Mais si la nouvelle demeure nécessite la pose d'une nouvelle ligne, une permutation est nécessaire au répartiteur : le double conducteur de jonction est détaché du coupe-circuit de l'ancienne ligne et raccordé à celui de la nouvelle. L'abonné garde ainsi son jack primitif et, par conséquent, son même numéro d'appel.

Les paires de fils non utilisées, ainsi que les coupe-circuit qui les terminent, restent disponibles pour des besoins ultérieurs.

VIII

STANDARD A 25 DIRECTIONS

185. Composition du tableau. — Le standard à 25 directions est pourvu des organes suivants (*fig. 135*).

Sur le panneau vertical :

1 annonciateur polarisé ;
25 annonciateurs d'appel ;
5 annonciateurs de fin ;
1 groupe de 3 jacks ;
25 jacks d'abonnés ;

5 jacks d'intercommunications.
Sur les côtés du panneau :

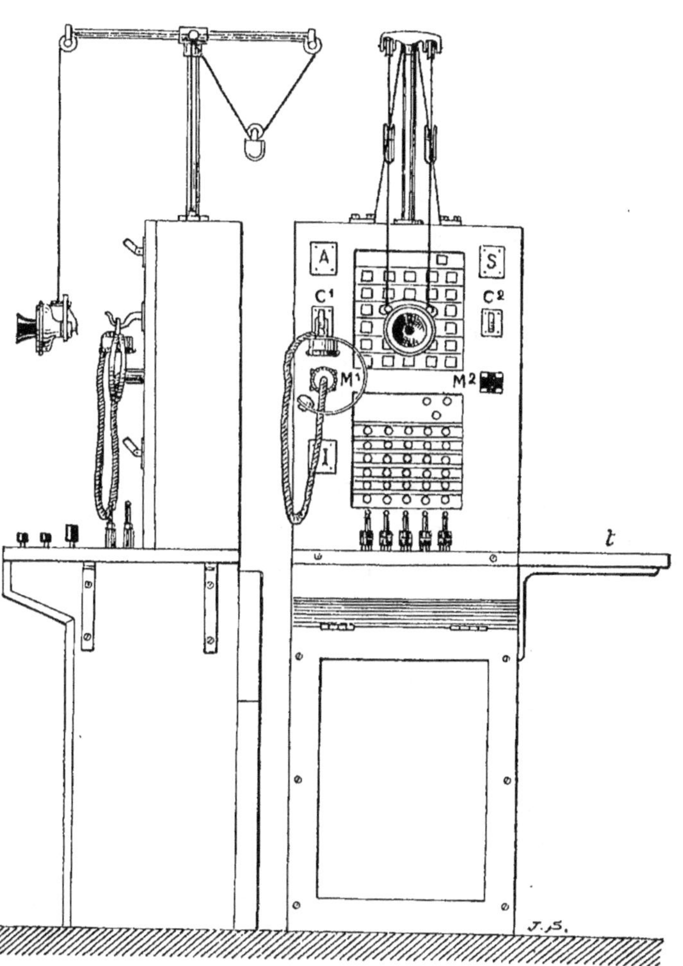

Fig. 135. — Standard à 25 numéros.

1 commutateur de piles microphoniques (A) ;
2 crochets de repos (C¹, C²) ;
2 mâchoires (M¹, M²) ;
1 clé d'inversion (I) :
1 commutateur de sonnerie (S).
Sur la tablette :
5 groupes de fiches et clés.

Les dispositions que nous allons indiquer sont communes aux standards à 25, 50 et 100 numéros antérieurs à 1911 ; nous donnerons, à propos du type à 50 numéros, les dispositions adoptées dans la construction des nouveaux modèles.

186. Mâchoires et crochets. — Le doublement de ces organes a tout simplement pour but de donner à l'opérateur la faculté de connecter son appareil à droite ou à gauche. Les connexions sont donc dérivées d'une mâchoire à l'autre (*fig.* 136).

187. Poste de l'opérateur. — Le microphone, un Solid-back, est suspendu à la potence par ses cordons conducteurs. Ceux-ci passent sur des poulies et supportent des contre-poids qui permettent de le placer à la hauteur convenable. L'abaissement du levier de la clé d'écoute représentée ici a pour effet de laisser les grand ressorts revenir l'un vers l'autre. Nous supposerons alors que cette clé est mise sur travail et que la fiche du téléphone est en prise avec la mâchoire. On voit maintenant, en suivant les communications du circuit primaire, que la connexion établie en diagonale entre deux des lames de la fiche ferme le circuit.

Si, comme les nouvelles instructions le prescrivent, on voulait faire le service avec un combiné, il suffirait, ainsi que l'indique la figure 140, de boucler les plots de raccordement du microphone puisque, dans ce cas, cet instrument se trouve intercalé entre les lames de la fiche.

188. Plots de raccordement. — Les plots de raccordement sont situés derrière le tableau, en tête de conduits c¹,c², qui

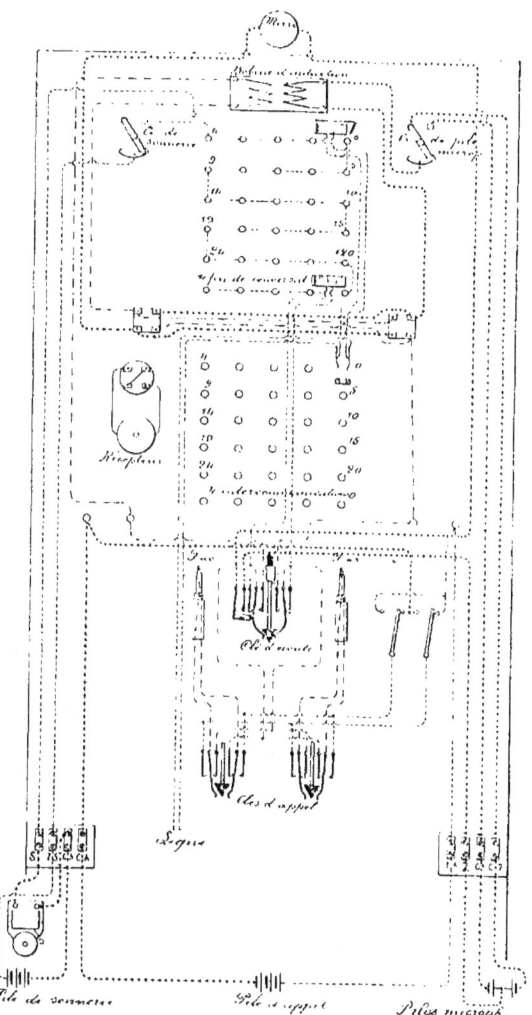

Fig. 136. — Communications d'un standard à 25 numéros
(face postérieure).

servent de passage aux fils et aux câbles (*fig.* 137). Dans certains modèles, les plots de lignes sont remplacés par des petites plaques en cuivre étamé enfilées sur des tiges de fer et séparées les unes des autres et de la tige par des rondelles en ébonite. Ces plaques, appelées *étoiles de raccordement*, présentent deux branches ; sur l'une de ces branches est *soudé* le fil qui vient du jack et, sur l'autre, on *soude* le fil de ligne au moment du montage.

Des panneaux verouillés ou vissés, *a*, *b*, *d*, protègent les organes intérieurs et les prises de communications extérieures.

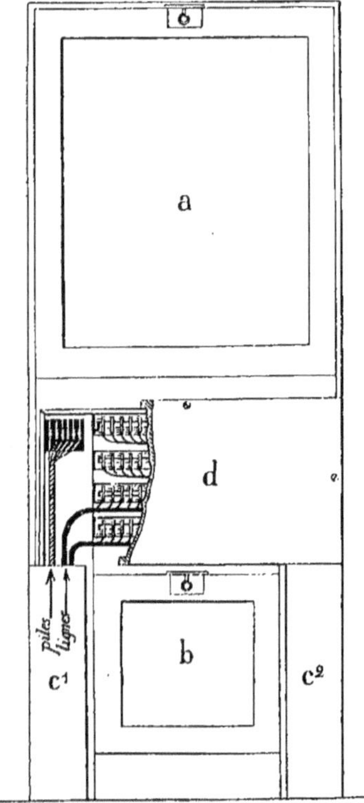

Fig. 137.

189. Tablette. — Une tablette en bois commandée sur place peut être montée, à l'aide d'équerres en fer, à droite ou à gauche du tableau, au même niveau que la tablette des clés. La situation de cette accessoire est réglée par la disposition des locaux ou la convenance du personnel appelé à l'utiliser pour des écritures.

Les équerres, ainsi que les boulons et vis de fixation, sont expédiés avec le tableau sur les côtés duquel les trous pour le passage des boulons sont percés à l'avance.

190. Chariot. — Quand, par suite du manque de place, le

tableau ne peut être installé assez loin du mur pour ne pas gêner le montage des connexions et, plus tard, la visite de l'intérieur, on le fixe sur un chariot spécial qui permet son déplacement en avant, en cas de besoin.

Le chariot est placé dans un cadre en chêne, ouvert d'un côté, et fixé au sol, contre le mur, par l'intermédiaire de deux équerres en fer dont la partie horizontale se prolonge en avant. La partie mobile est une plate-forme montée sur des galets qui s'appuient sur le plat des équerres.

Le tableau est fixé sur la plate-forme et, après l'avoir tiré en avant, on procède au montage des connexions qui ont été préalablement amenées, contre le mur, à proximité du chariot. Quand le travail est terminé, on repousse le tableau dans la position qu'il occupera pour le service, et les connexions auront ainsi une longueur suffisante pour permettre les déplacements ultérieurs.

191. Intercommunications. — Les jacks d'intercommunications sont destinés à relier des abonnés qui ne sont pas desservis par le même tableau. Si, en effet, un tableau installé depuis un certain temps devient insuffisant, on lui adjoint un deuxième tableau semblable, et les jacks d'intercommunication portant le même numéro sont reliés entre eux, c'est-à-dire 0 avec 0, 1 avec 1, etc. Quand le jack de l'abonné demandé ne se trouve pas sur le tableau de l'abonné demandeur, on relie ce dernier avec un jack d'intercommunication (*fig.* 138); puis, sur l'autre tableau, on relie le jack de même numéro avec le jack de l'abonné demandé.

Toutefois, à moins que la distance qui sépare les tableaux ne soit trop grande, la longueur des cordons est suffisante pour mettre la deuxième fiche dans le jack de l'abonné demandé : la manœuvre est plus simple, et l'on évite de placer deux annonciateurs de fin sur la jonction.

D'ailleurs, quand un tableau à 25 numéros devient insuffisant, on le remplace presque toujours, du moins dans les bureaux de l'État, par un commutateur d'un type supérieur, par un tableau à 100 numéros même, si l'on prévoit une extension rapide du réseau. Les intercommunications ne deviennent donc réellement utiles qu'à partir du moment où le nombre des abonnés exige l'emploi de plus de deux tableaux à 100 numéros; on prend alors des dispositions que nous verrons plus loin.

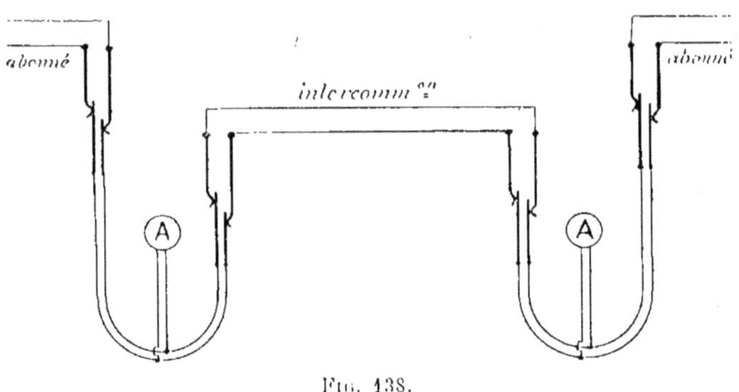

Fig. 138.

IX

STANDARDS A 50 ET 100 NUMÉROS MODÈLES 1911.

192. Composition des tableaux. — La description du standard à 25 numéros s'appliquant aux anciens modèles, dont de nombreux exemplaires resteront d'ailleurs en service, nous étudierons maintenant les modèles 1911 des tableaux à 50 et à 100 numéros.

Comme les anciens modèles de même capacité, les nouveaux standards à 50 et à 100 numéros sont munis d'un poste d'opérateur de secours qui permet, en cas de besoin, d'adjoindre une aide à la personne chargée du service.

La composition du standard à 50 numéros est la suivante (*fig.* 139).

Dans les cadres du panneau :

1 annonciateur conjugué avec une bobine différentielle ;

50 annonciateurs d'abonnés ;

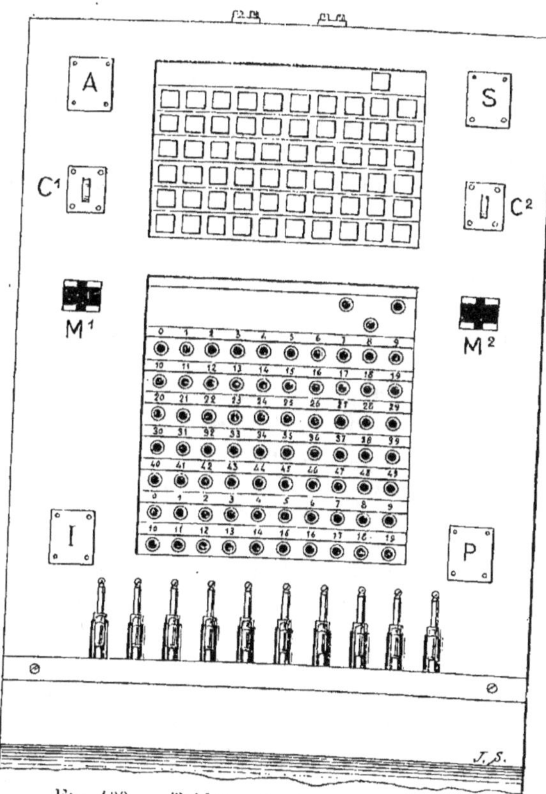

Fig. 139. — Tableau standard à 50 numéros.

10 annonciateurs de fin ;

1 groupe de trois jacks ;

50 jacks d'abonnés ;

20 jacks d'intercommunications (10 dans l'ancien modèle).

A gauche des cadres, se trouvent des organes nécessaires à l'opérateur du poste principal, c'est-à-dire : un commutateur de piles microphoniques A, un crochet de repos C¹ et une mâchoire M¹.

A droite, se trouve un commutateur de sonnerie de jour et de nuit; puis le crochet C², la mâchoire M² et la clé P qui sont utilisés, le cas échéant, par l'opérateur supplémentaire.

La tablette porte 10 groupes de fiches et clés. La *clé d'appel de poste intermédiaire* 1 remplace la clé d'inversion et l'annonciateur conjugué avec une bobine différentielle remplace l'annonciateur polarisé. Nous laisserons ces organes de côté pour le moment.

Toutes les clés et commutateurs des nouveaux modèles sont constitués avec des pièces semblables à celles du groupe de clés modèle 1911.

Les connexions entre les lignes et les jacks sont établies, au moyen de soudures, sur de petites languettes en cuivre étamé qui traversent le panneau postérieur du meuble.

La composition du standard à 100 numéros ne diffère que par le nombre des annonciateurs et des jacks : 100 annonciateurs et 100 jacks d'abonnés, et 40 jacks d'intercommunications (au lieu de 20 dans l'ancien modèle).

193. Poste de secours. — Nous avons vu jusqu'ici que les contacts de travail de toutes les clés d'écoute sont conjugués sur le poste d'opérateur. Or, sur les tableaux à 50 et à 100 numéros, les dix clés d'écoute sont séparées en deux groupes : les cinq clés de droite et les cinq clés de gauche. Les contacts de travail des cinq clés de gauche (à droite sur la figure 140 qui représente la face postérieure du tableau) sont alors reliés au secondaire du poste principal et ceux des cinq clés de droite aux grands ressorts de la *clé du poste de secours* P. Quand celle-ci est au repos, les clés de droite sont reliées, comme les autres, au poste principal; l'opérateur peut donc utiliser indifféremment l'une des dix clés. Mais, quand un deuxième opérateur est nécessaire, celui-ci enfonce la fiche de son combiné dans la mâchoire de droite (M²) et abaisse la clé P : les cinq

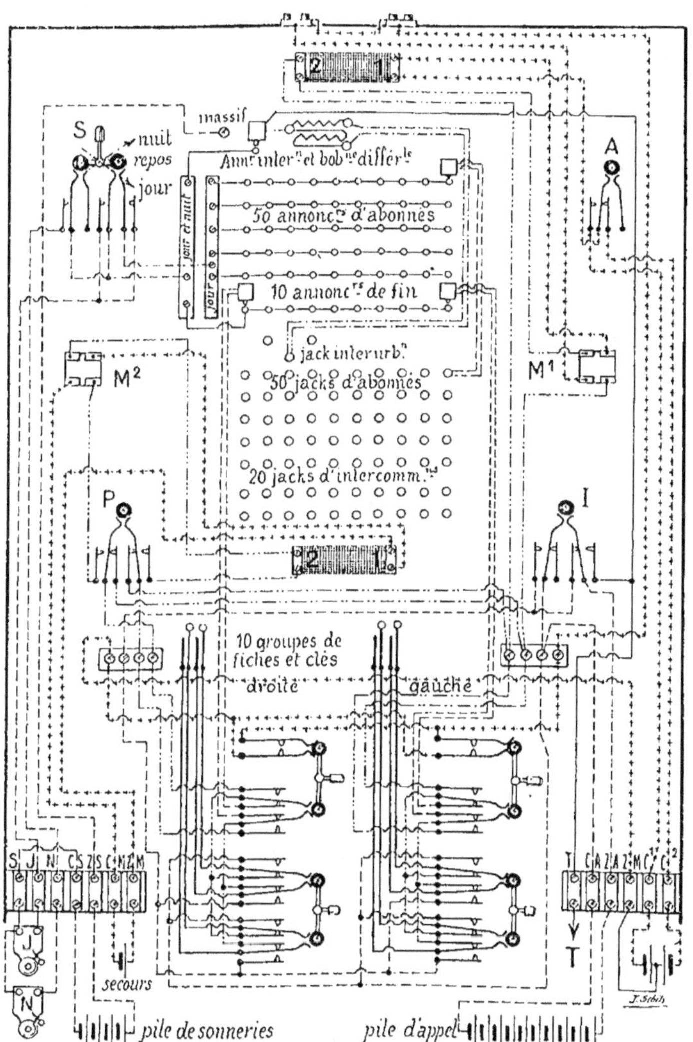

Fig. 140. — Communications d'un standard à 50 numéros
(face postérieure).

clés de droite sont alors en communication avec son poste et le premier opérateur n'a plus que les cinq groupes de gauche à sa disposition.

194. Mâchoire triple des anciens modèles. — Ainsi que l'indique la figure 141, cette mâchoire remplit le même but que la clé du poste secours actuelle. Elle est formée de trois jacks

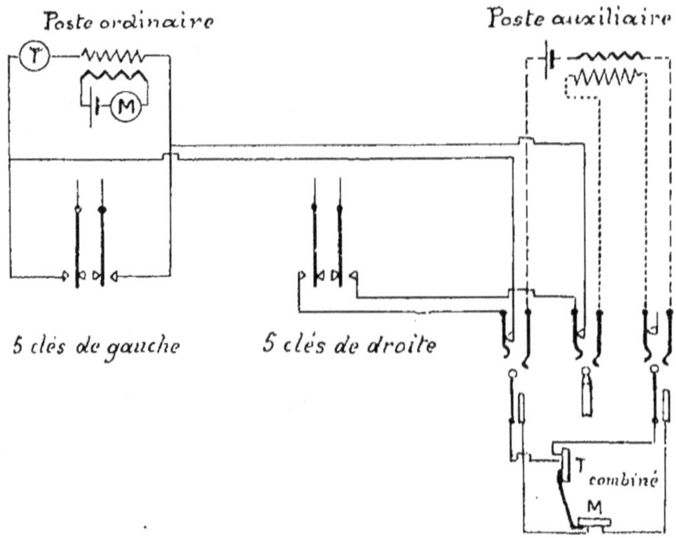

Fig. 141.

qui peuvent recevoir une triple fiche reliée à un appareil combiné. La fiche centrale est entièrement métallique ; les deux autres sont formées de deux parties : les têtes, qui sont reliées au téléphone ; les corps, qui sont reliés au microphone.

Les cinq clés d'écoute de gauche ont seules leurs contacts d'écoute reliés directement au circuit secondaire du poste d'opérateur ordinaire. Les contacts d'écoute des cinq clés de droite ne sont reliés à ce circuit que par l'intermédiaire de deux des jacks de la mâchoire, c'est-à-dire par les petits ressorts et leurs contacts de rupture.

Quand un deuxième opérateur devient nécessaire, la triple fiche du combiné est enfoncée dans la mâchoire ; par cette manœuvre, les cinq clés d'écoute de droite sont séparées du circuit secondaire du premier opérateur, et ces clés sont introduites dans le circuit du poste auxiliaire, dont le circuit primaire est, en même temps, fermé sur le microphone par le corps des fiches extrêmes.

En effet, d'une part, les grands ressorts des jacks extrêmes sont reliés à la pile microphonique et au fil inducteur de la bobine ; d'autre part, les têtes des fiches, reliées au téléphone, prennent contact avec les petits ressorts de ces jacks qui représentent les extrémités du circuit secondaire : celui de gauche, qui est relié directement à l'une des séries de contacts d'écoute ; celui de droite, qui est relié à l'autre série par l'intermédiaire du fil secondaire de la bobine et des deux ressorts du jack central reliés entre eux par la fiche métallique.

195. Numérotage des organes. — Les jacks des tableaux-commutateurs des modèles actuels sont numérotés en commençant par le chiffre 0. Ce système, emprunté aux commutateurs multiples, présente d'abord l'avantage de n'avoir que deux chiffres pour numéroter le 100ᵉ jack, soit 99. La chose semble avoir peu d'importance quand il s'agit de tableaux d'un petit nombre de numéros ; mais on a tenu à généraliser un système qui simplifie le numérotage des lignes quand plusieurs tableaux sont installés dans un même bureau.

En effet, supposons une station centrale desservie par un certain nombre de tableaux à 100 numéros, c'est-à-dire dont les jacks porteront les numéros 0 à 99. Le premier tableau dessert donc les lignes 0 à 99 et prend lui-même le numéro 0. On désigne le deuxième tableau sous le numéro 1, et l'on suppose ce chiffre placé devant les numéros des jacks qui représentent alors les lignes 100 à 199. Et ainsi de suite pour les autres tableaux.

En résumé, par cette simple modification dans la manière

de numéroter, le numéro du tableau est indiqué, s'il y a lieu, par le chiffre des centaines du numéro d'un abonné; par exemple, l'abonné 387 est relié au jack 87 du tableau n° 3. C'est pourquoi les demandes de communications sont faites en sectionnant le numéro, c'est-à-dire en énonçant : trois, quatre-vingt-sept.

X

TABLEAU EXTENSIBLE

196. Objet et composition du tableau. — Quand on aura étudié le montage des circuits d'embrochage, on remarquera, qu'indépendamment de jacks et d'annonciateurs qui peuvent rester sans emploi, les standards sont pourvus de dispositifs, spéciaux aux circuits interurbains, qui ne sont pas toujours utilisés. La dépense résultant de ces organes est peu importante, si l'on considère la valeur des tableaux à 100, 50 et même 25 numéros; elle est d'ailleurs compensée par l'avantage d'avoir des modèles uniformes se prêtant à divers genres d'installation; mais on comprendra qu'il n'en est pas de même quand il s'agit d'un tableau ne comportant que 10 numéros. En créant le *tableau extensible*, on a donc voulu disposer d'un système permettant de n'installer que les organes nécessaires à chaque genre de circuit, et au fur et à mesure de l'établissement de ces circuits.

Le tableau est composé d'une boîte en bois, dont le pourtour est garni d'un cadre en fer pouvant recevoir, au plus, neuf plaques de zinc appelées *réglettes* (*fig.* 142). Ce sont ces réglettes qui sont munies des organes nécessaires à chaque ligne, ou des organes servant à l'établissement des jonctions entre les lignes.

Indépendamment des *réglettes d'attente*, simples plaques destinées à boucher les places encore disponibles, il y a quatre types de réglettes :

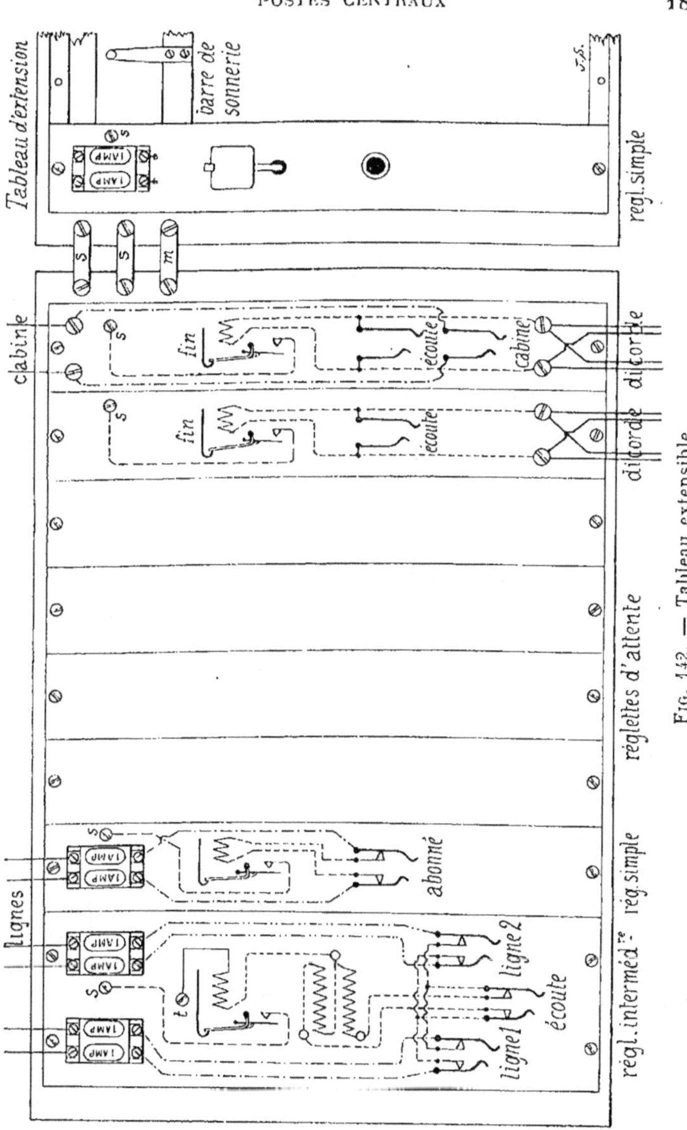

Fig. 142. — Tableau extensible.

1° *Réglette intermédiaire*. Elle est munie de deux coupe-circuit et d'un groupe composé de trois jacks et d'un annonciateur conjugué avec une bobine différentielle. Ce groupe d'organes, que nous avons déjà vu sur le standard à 50 numéros, est destiné à une installation de poste intermédiaire d'embrochage.

2° *Réglette simple*. Cette réglette supporte un coupe-circuit, un jack et un annonciateur. Elle est destinée à recevoir une ligne d'abonné ; elle peut également desservir un circuit interurbain, si ce circuit est direct, ou si le tableau est poste extrême.

3° *Réglette dicorde ordinaire*. Elle est munie d'une paire de fiches, d'un annonciateur de fin et d'un jack d'écoute. Les deux fiches sont conjuguées sur les deux bornes de serrage des conducteurs et les deux autres organes sont en dérivation sur ces bornes. Cette réglette remplit le rôle d'un groupe de fiches et clés de standard.

4° *Réglette dicorde de cabine*. Cette réglette est équipée comme la précédente ; mais elle porte, de plus, un *jack de cabine* relié à deux bornes destinées à recevoir la ligne de la cabine publique du bureau. Le dicorde sert à établir les communications entre cette cabine et l'une des lignes desservies par le tableau ; il peut, en outre, si la cabine n'est pas utilisée, tenir lieu de dicorde ordinaire.

Un panneau fixé au mur supporte le tableau, ainsi qu'un appareil mural 1910 avec appel magnétique, qui constitue le poste d'opérateur.

Dans la boîte et sur les côtés du tableau sont disposés des organes qui seront communs aux diverses réglettes. Sur le côté gauche, se trouvent les plots de raccordement pour le fil de terre, les sonneries et les piles (*fig.* 143). Au-dessous, sont des bornes qui servent d'attache aux conducteurs d'un câble relié, d'autre part, à l'appareil d'opérateur. Deux *lames de connexions*, reliées aux bornes L1 [1] et L2 et, par suite, au poste

---

1. Quand le tableau ne comporte pas de clé d'appel de poste intermédiaire (C) la lame de connexion 1 est reliée directement à la borne L1.

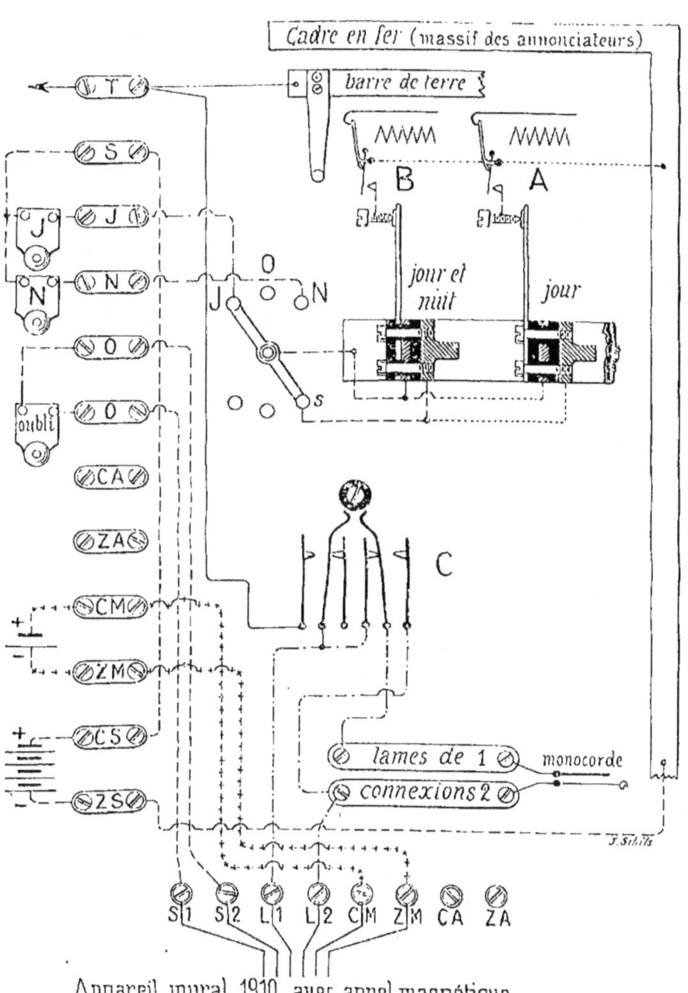

Appareil mural 1910 avec appel magnétique

Fig. 143. — Schéma des connexions d'un tableau extensible

d'opérateur, sont munies d'un cordon terminé par une fiche (monocorde)

Sur le côté gauche se trouve encore un commutateur de sonneries de jour et de nuit et une ouverture qui est garnie, suivant l'affectation du tableau, soit d'une plaque de fermeture, soit d'une *clé d'appel de poste intermédiaire*.

A l'intérieur du tableau se trouvent deux barres transversales. La première est la *barre de terre*. Reliée au plot de raccordement T, cette barre est munie de ressorts par lesquels, le cas échéant, l'annonciateur porté par une réglette intermédiaire pourra prendre communication avec la terre. La deuxième est la *barre de sonnerie* dont il sera question plus loin.

197. Installation du tableau. — De même que les standards isolés, le tableau extensible dessert généralement une ligne d'embrochage; il est donc *poste intermédiaire* ou *poste extrême*. Dans le premier cas, le tableau sera muni d'une réglette intermédiaire destinée à recevoir les deux sections du circuit, et il restera sept places disponibles pour des réglettes des autres types; par exemple, comme l'indique la figure 142, une réglette simple, une réglette dicorde ordinaire, une réglette de cabine et quatre réglettes d'attente.

Quand le tableau est poste extrême, le circuit interurbain aboutit à une réglette simple; on peut donc, dans ce cas, monter six autres réglettes simples; soit, en tout, neuf réglettes.

Si la ligne interurbaine embroche un poste intermédiaire, le tableau est muni de la clé d'appel de poste intermédiaire dont nous nous occuperons plus tard.

Comme pour les standards, l'installation de l'entrée des lignes dans le bureau est effectuée sur des châssis de coupe-circuit-paratonnerres de trois ampères. Ces derniers sont ensuite reliés au tableau par un câble à sept paires, dont les conducteurs seront attachés aux coupe-circuit de un ampère, portés par les réglettes, au fur et à mesure de la pose de celles-ci.

La capacité du bureau peut être augmentée par l'installation du *tableau d'extension* amorcé à la droite du dessin. Le cadre de ce tableau peut recevoir, au maximum, sept règlettes dont les types seront naturellement déterminés par les exigences du service. Des bornes de jonction permettent de relier les connexions communes à toutes les règlettes.

198. Sonneries de jour et de nuit. — La chute du volet de *tous* les annonciateurs du tableau doit provoquer le fonctionnement de la sonnerie de jour; mais le personnel ne devant pas être dérangé par les abonnés en dehors des vacations réglementaires, les annonciateurs des circuits interurbains et de fin de conversation doivent seuls actionner la sonnerie de nuit. Toutefois, par convention spéciale, un abonné peut être admis à effectuer des appels à toute heure de nuit. Les connexions permettant d'obtenir ce résultat sont établies de la manière suivante.

Le pôle positif de la pile locale, est relié aux deux sonneries qui sont, d'autre part, en communication, celle de jour avec le plot J, et celle de nuit avec le plot N du commutateur de sonneries.

La *barre de sonnerie* est, en réalité, composée de deux règles métalliques séparées l'une de l'autre par une bande d'ébonite. La règle supérieure est reliée à l'axe du levier du commutateur et la règle inférieure au plot s. La barre porte des ressorts qui, suivant la position occupée par une petite plaque d'ébonite, communiquent à une règle ou à l'autre : quand la plaque est placée sur le ressort (annonciateur B, *fig.* 143), celui-ci est serré directement sur la règle supérieure; les vis de fixation pénètrent dans la règle inférieure, mais elles sont isolées du ressort par la plaque et des canons. Si la plaque est sous le ressort, celui-ci est isolé de la règle supérieure, mais il communique avec la règle inférieure par ses vis de fixation (annonciateur A).

Quand on met une règlette en place, son massif métallique et, par conséquent, le massif de l'annonciateur est mis en communication avec le cadre de la boîte qui est relié lui-même avec le pôle négatif de la pile locale. En même temps, le contact de sonnerie du volet se met en relation avec l'un des ressorts portés par la barre de sonnerie; il en résulte que, suivant le mode de montage de ce ressort, le contact est relié à l'axe du commutateur ou au plot *s*.

Si, comme l'indique le dessin, le commutateur est en prise avec le plot J, les deux règles sont reliées ensemble par le levier et le plot *s*, et le pôle positif de la pile est en communication avec tous les contacts de volets, en passant par la sonnerie de jour, le commutateur et les deux règles. La sonnerie de jour pourra donc être actionnée par l'un quelconque des annonciateurs, quand la chute du volet fermera le circuit par le contact, le ressort, le massif et le pôle négatif.

Si le commutateur est en prise avec le plot N, le pôle positif de la pile communique seulement, à travers la sonnerie de nuit, avec les contacts de volets en relation avec la règle supérieure; la sonnerie de nuit ne sera donc actionnée que par les annonciateurs correspondants.

199. Manœuvre du tableau. — Quand le volet d'un annonciateur tombe, l'opérateur met son poste en relation avec l'appelant en enfonçant la fiche du monocorde dans le jack de celui-ci et reçoit la demande de communication. Il retire sa fiche du jack, l'enfonce dans celui de la ligne demandée et, tout en effectuant l'appel, remplace sa fiche dans le premier jack par l'une des fiches d'un dicorde. Dès que l'abonné répond, il retire sa fiche et la remplace par la deuxième fiche du dicorde. Quand l'annonciateur de fin de celui-ci fonctionne, l'opérateur s'assure que la communication est bien terminée en portant sa fiche dans le jack d'écoute et, s'il y a lieu, retire toutes les fiches. Il est bien entendu que les volets tombés sont relevés au cours de la manœuvre.

On voit que, si le tableau extensible dérive des standards par la nature de ses organes et l'emploi d'annonciateurs de fin, sa manœuvre s'effectue plutôt comme celle d'un tableau jack-knives.

XI

DISPOSITIONS COMMUNES
AUX DIVERS TABLEAUX COMMUTATEURS

200. Communications directes. · Dans les bureaux dont le service n'est pas permanent, certains abonnés peuvent obtenir, moyennant une redevance, la faculté d'être reliés, pendant les heures de fermeture, à un autre bureau à service, sinon permanent, du moins plus complet.

On établit à cet effet, au bureau à service *limité*, la communication directe entre la ligne de l'abonné et le circuit relié à l'autre bureau. Cette communication est effectuée, soit au au moyen d'un cordon à deux fiches, soit en utilisant l'un des groupes du tableau si celui-ci est un standard. Il suffit, dans ce cas, de mettre les deux fiches dans les jacks voulus, et la clé d'écoute sur conversation afin d'éliminer l'annonciateur de fin; puis l'appareil d'opérateur est retiré du service. Bien entendu, cette dernière solution n'est applicable que pour une seule communication directe par tableau, puisque toutes les clés d'écoute ont leurs contacts de travail reliés entre eux. Bien entendu aussi, il ne peut être donné satisfaction qu'à une seule demande pour un même circuit interurbain.

201. Appels de nuit. — Tous les bureaux télégraphiques sont tenus de répondre, à toute heure de nuit, pour la réception de dépêches officielles. Des sonneries spéciales sont disposées à cet effet dans les endroits convenables. Pour permettre d'utiliser de même le réseau téléphonique interurbain, on a dû prendre des dispositions pour que, seuls, les appels provenant des lignes interurbaines puissent déranger l'agent chargé d'assurer le service de nuit. C'est dans ce but que les dispositions que nous venons de voir sur le tableau extensible ont été prises pour combiner le commutateur avec la barre de sonneries.

Une disposition analogue existe dans les standards modèle 1911. On peut voir, sur la figure 140, que, d'une part, les contacts des annonciateurs interurbains et de fin sont reliés à une *réglette de jour et de nuit* et que, d'autre part, ceux des annonciateurs d'abonnés le sont à une *réglette de jour*. Le pôle positif de la pile est en relation avec les deux parties du commutateur à travers les deux sonneries. Dans la position *jour*, la sonnerie de jour serait reliée avec les deux

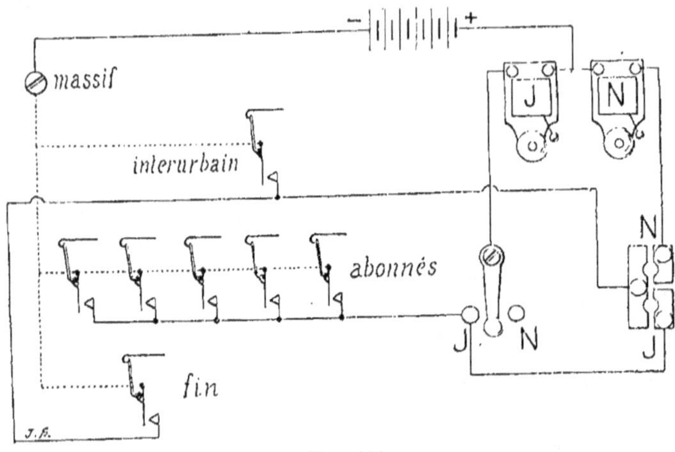

Fig. 144.

réglettes; par conséquent, tous les annonciateurs actionneraient cette sonnerie. En portant la manette à gauche, la sonnerie de nuit sera reliée à la réglette de jour et de nuit : seuls, les annonciateurs reliés à cette réglette actionneront la sonnerie.

Quand un abonné est autorisé à appeler la nuit, le contact de son annonciateur est séparé des autres et relié, par un fil volant, à la réglette de jour et de nuit.

Les standards des modèles précédents sont pourvus, toujours dans le même but, d'une installation représentée par la figure 144. Les annonciateurs d'abonnés sont seuls reliés au plot de travail du commutateur de sonnerie du tableau, ainsi qu'à l'un des plots d'un commutateur bavarois ; les autres annonciateurs sont reliés au grand plot de celui-ci. Quand les deux commutateurs sont sur J, le fonctionnement d'un annonciateur quelconque envoie le courant par la sonnerie de jour, l'un ou l'autre des commutateurs, le contact de volet, le massif et le pôle négatif. Quand les commutateurs sont sur N, le fonctionnement des annonciateurs interurbain et de fin permet au courant de passer par la sonnerie de nuit.

Un tableau d'un modèle quelconque peut être pourvu du même dispositif, en employant, s'il ne possède pas de commutateur de sonnerie, un commutateur double à deux directions.

202. Sonneries de suppléants. — La personne chargée d'un bureau peut être autorisée à se faire suppléer pour répondre aux appels effectués en dehors des vacations normales. Dans ce cas, une sonnerie est installée chez le suppléant et un commutateur permet de diriger le courant provoqué par la chute d'un volet, soit sur la sonnerie de nuit du bureau, soit sur celle du suppléant ; le retour étant effectué, suivant la distance, par un second fil ou par la terre.

XII

TABLEAUX-COMMUTATEURS INSTALLÉS DANS LES POSTES CENTRAUX D'ABONNÉS RELIÉS AVEC DES BUREAUX A BATTERIE CENTRALE.

203. Généralités. — Les postes centraux d'abonnés qui existaient au moment de l'adaptation de la batterie centrale aux anciens multiples ont d'abord été transformés en tenant compte des modèles de tableaux et des facilités plus ou moins grandes qu'offraient les installations pour une transformation rapide. Les différents dispositifs, d'abord admis, ont ensuite été combinés pour arriver à deux types pouvant s'adapter à toutes les installations et qui ont amené à diviser les tableaux en deux catégories : les tableaux commutateurs divers, à jacks ou à leviers, et les tableaux dits standards.

La différence entre les deux systèmes de montage réside en ce que, dans les postes centraux desservis par des tableaux-commutateurs, la jonction du réseau avec un poste supplémentaire est effectuée directement; il en résulte que, pour permettre à ces postes d'appeler le tableau, leur montage exige, non seulement une transformation de l'appareil, mais la pose de quatre fils de ligne pour chacun d'eux (nous verrons qu'on peut quelquefois réduire ce nombre à trois). Si le tableau est un standard, celui-ci est seul modifié; les postes supplémentaires sont alors reliés au réseau par l'intermédiaire d'un *transformateur*.

L'installation des tableaux-commutateurs est évidemment plus compliquée que celle des standards; mais il faut remarquer que les premiers sont généralement moins *bien desservis* que les seconds; c'est-à-dire qu'en raison du petit nombre de lignes qui y aboutissent, un opérateur n'est pas exclusivement chargé du service téléphonique. Il était donc préférable, pour éviter de garder la ligne du réseau inutilement, d'adapter à ces tableaux un système permettant aux postes supplémentaires de donner automatiquement le signal de fin au bureau central. Le système adopté pour les standards peut d'ailleurs être appliqué à tout tableau, à condition qu'il soit bien desservi.

Les nouveaux abonnés des réseaux à batterie centrale trouvent actuellement, dans l'industrie, les tableaux nécessaires à leurs installations; mais il faut remarquer que la construction de nouveaux multiples dans les grands bureaux de province nécessitera encore la transformation de postes déjà existants. Toutefois, ces transformations pourront s'effectuer maintenant plus aisément, en appliquant le principe des dispositions que nous allons étudier.

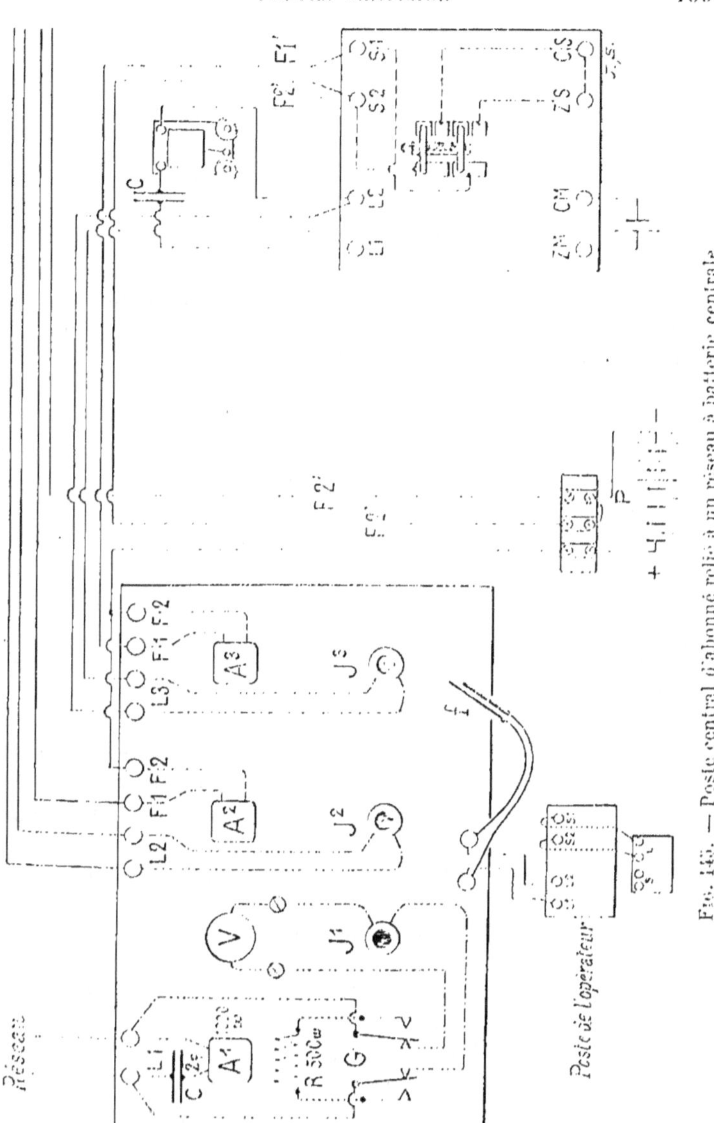

Fig. 145. — Poste central d'abonné relié à un réseau à batterie centrale.

204, Tableaux commutateurs à jacks pour réseaux à batterie centrale. — 1° *Organes du réseau*. L'annonciateur du jack de réseau a une résistance de 1000 ω. Il est monté avec un condensateur de 2 microfarads entre les bornes de ligne (*fig.* 145). Une *clé de garde* et un *voyant* sont installés entre les bornes de ligne et le jack.

La clé de garde a pour but de substituer momentanément une résistance R (500 ω) au circuit secondaire du poste de l'opérateur dans le cas où, pour une raison quelconque, celui-ci est obligé de retirer sa fiche avant la fin de la communication qu'il est en train d'établir. En effet, nous verrons plus loin que lorsqu'une communication est déjà établie entre le bureau et le poste d'un abonné, la coupure du circuit, chez celui-ci, provoque le fonctionnement d'un signal de fin au bureau; on évite cette coupure en abaissant la clé de garde avant de retirer la fiche.

Le voyant est constitué par un électro-aimant dont l'armature porte un écran qui apparaît derrière une ouverture pratiquée dans le tableau quand elle est attirée. Une fois la communication établie entre le réseau et un poste supplémentaire, le circuit de la batterie centrale est fermé par le circuit secondaire de ce poste : le voyant est donc visible pendant toute la durée de la conversation. En raccrochant le récepteur, le signal de fin est donné automatiquement, non seulement au bureau, mais aussi au poste principal par l'effacement du voyant. Toutefois, cet organe n'est destiné qu'à remédier à l'oubli du signal manuel qui devrait actionner l'annonciateur du poste supplémentaire. Deux bornes extérieures permettent de court-circuiter l'électro-aimant du voyant dans le cas où sa bobine serait détériorée.

2° *Organes des postes supplémentaires*. — Chacun des postes supplémentaires a deux lignes : la ligne de conversation, reliée au jack par les bornes L, et la ligne de réception d'appel, reliée à l'annonciateur par les bornes F1 et F2. Si, comme sur le dessin, le poste principal est pourvu d'une pile d'appel commune à plusieurs postes supplémentaires, l'un des fils de la ligne d'appel, F2, passe par cette pile. Enfin le poste d'opérateur est muni d'un appel magnétique.

En examinant maintenant l'appareil du poste supplémentaire, on peut voir : 1° que la ligne de conversation aboutit aux bornes de ligne entre lesquelles se trouve une sonnerie magnétique condensée; 2° que les connexions du circuit d'appel sont séparées du crochet-commutateur et établies de telle sorte, qu'en pressant sur le bouton, on réunit métalliquement les deux bornes de sonnerie, sur lesquelles aboutissent les deux fils de la ligne d'appel.

Par conséquent, si le réseau demande le poste supplémentaire, l'opérateur se met en relation avec celui-ci par le jack et l'attaque avec l'appel magnétique. Quand, du poste supplémentaire, on veut appeler ou donner le signal de fin, on presse sur le bouton d'appel : le courant de la pile commune passe par F2, annonciateur, F1, bouton d'appel, et rejoint le pôle négatif par F2'.

Si l'installation est assez importante et qu'un certain nombre de lignes de postes supplémentaires partent du tableau dans la même direction, on peut employer un câble sous plomb. Dans ce cas, trois fils seulement sont nécessaires pour chacun des postes; en effet, les fils F2' de tous les postes devant rejoindre le pôle négatif de la pile, il suffit de les relier à l'enveloppe du câble et, au poste principal, de mettre cette enveloppe en communication avec le pôle négatif.

Le principe des dispositions indiquées par le dessin, dans un appareil mural 1900, peut évidemment s'appliquer à un appareil quelconque. Ces dispositions permettent d'ailleurs, si le tableau n'a pas de pile commune, de déconnecter les bornes CS et ZS pour y relier une pile d'appel; toutefois, dans ce cas, le plus simple est de ne rien changer aux connexions de l'appareil et de mettre un appel magnétique directement sur les fils F1' et F2'.

205. Transformation des anciens tableaux. — Pour transformer d'anciens tableaux, il suffit de leur appliquer le principe des dispositifs que nous venons d'examiner dans un tableau construit pour les réseaux à batterie centrale.

Les annonciateurs n'ayant généralement que 200 ω au plus, il faut substituer à celui qui est destiné au réseau un organe d'au moins 600 ω, ou mettre en série avec lui une sonnerie magnétique de 1000 ω.

L'abonné peut demander une clé de garde et un voyant; mais si ces organes ne peuvent trouver place dans le tableau, on peut installer, près de celui-ci, un *tableau-annexe* comportant tous les dispositifs nécessaires à la ligne du réseau. Le jack sera naturellement du même modèle que ceux du tableau.

Enfin, pour établir les connexions spéciales des annonciateurs et, s'il y a lieu, de la pile commune, on ajoute au tableau, soit sur l'ébénisterie même, soit sur des réglettes séparées, les plots de raccordement nécessaires.

206. Tableaux à leviers pour réseaux à batterie centrale. Ces tableaux sont équipés de la même manière que ceux à jacks.

La transformation des anciens s'effectue également suivant le même principe. Si la ligne du réseau est desservie par un tableau-annexe à jack, le tableau principal a ses bornes de connexions avec le poste d'opérateur munies d'une fiche qui permettra d'établir les communications entre les lignes des postes supplémentaires et le réseau. La manœuvre consistera à abaisser le levier de la ligne voulue et à mettre la fiche dans le jack.

207. Standard pour réseau à batterie centrale. Sur les standards ou, si l'on veut, sur les tableaux *bien desservis*, la ligne du réseau seule est installée d'une façon particulière : un *transformateur* est intercalé entre la ligne et le jack de manière à supprimer toute relation métallique entre le réseau et les postes supplémentaires. C'est grâce à cette disposition que ces derniers sont installés comme ceux d'un réseau ordinaire.

Comme nous l'avons déjà dit, un transformateur téléphonique est une bobine d'induction à deux enroulements égaux
(généralement de 80 ω chacun) : intercalé sur un circuit, la
transmission s'effectue d'une section sur l'autre par induction.

Comme sur les autres tableaux, un annonciateur de 1.000 ω,
avec condensateur, est en dérivation sur les bornes de ligne.
Les deux ressorts du jack sont reliés à l'un des enroulements
du transformateur et la ligne du réseau
est reliée à l'autre (*fig.* 146); mais le circuit de la batterie centrale devant être
ouvert au repos, l'une des connexions
passe par deux lames que le grand ressort du jack met en contact, par l'intermédiaire d'une pièce isolante *i*, lorsqu'on enfonce une fiche. Quand une
communication est établie entre le réseau et un poste supplémentaire, on voit
que le transformateur est intercalé entre
les deux lignes; le poste supplémentaire
ne peut donc pas donner automatiquement le signal de fin au bureau, mais il
doit le donner manuellement au poste
principal; apercevant ce signal, l'opérateur le transmet alors au bureau par le
simple enlèvement de la fiche.

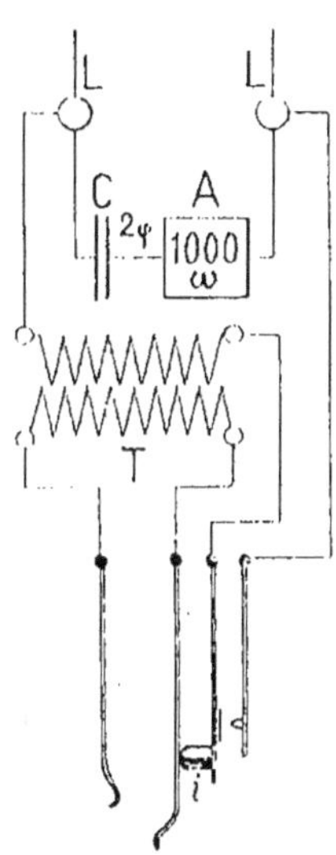

Fig. 146.

Une autre solution, admise par l'Administration comme la précédente, pour
la transformation d'anciens tableaux, consiste à transformer
un groupe de fiches au lieu du jack du réseau. Le groupe
ainsi équipé sera dès lors réservé pour les jonctions à opérer
entre le réseau et les postes supplémentaires, tandis que les
autres groupes ne serviront qu'à relier ces derniers entre eux.
Le transformateur est intercalé entre les plots d'attache du
cordon de l'une des fiches et la clé d'appel correspondante
(*fig.* 147).

Ce système a l'inconvénient de nécessiter un changement
de groupe de fiches, si le poste auquel l'opérateur répond en

employant un groupe non transformé demande à communiquer avec le réseau.

Si, dans les deux solutions, on examine une communication établie par le transformateur on remarque que la ligne supplémentaire est terminée par deux dérivations de résistances très inégales : l'annonciation de fin et l'enroulement du trans-

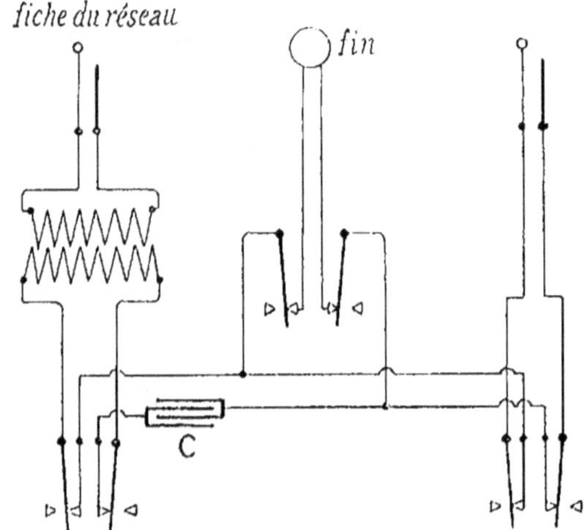

Fig. 147.

formateur; c'est-à-dire 600 ω et 80 ω. C'est donc ce dernier qui absorbe la majeure partie du courant envoyé pour le signal de fin. Un réglage approprié de l'annonciateur lui permet de fonctionner convenablement ; mais on est quelquefois obligé de couper encore une fois le circuit au moyen d'un condensateur. Celui-ci est alors monté, dans la première solution (*fig.* 146) entre le jack et le transformateur, et dans la seconde (*fig.* 147, C) sur la jonction des clés d'appel.

XIII

RÉPARTITEUR

208. Principe. — La répartition des lignes sur les jacks des tableaux à 25, 50 et 100 numéros, les permutations à opérer ultérieurement entre ces lignes et, enfin, les coupures à effectuer pour la recherche des dérangements, nécessitent des dispositions plus importantes que celles que nous avons vu pour le tableau à 10 numéros (184). Les câbles de lignes sont donc amenés à une sorte de meuble en fer qui constitue le *répartiteur* et les fils sont distribués sur des coupe-circuit. D'autre part, des câbles venant du ou des tableaux, sont également amenés au répartiteur et leurs fils distribués sur des plots de raccordement. La liaison entre les coupe-circuit et les plots est faite ensuite au moyen de câbles à deux conducteurs sous coton ignifugé qu'il sera facile de déplacer ou changer, en cas de besoin.

En principe, suivant que le réseau est aérien ou souterrain, le répartiteur est installé dans les combles ou au rez-de-chaussée ; mais la disposition des lieux nécessite parfois son installation dans une autre pièce et même dans la salle où se trouve le tableau-commutateur.

209. Construction du répartiteur. — Destiné à des bureaux de capacités très diverses, le répartiteur est extensible ; à cet effet, il est formé d'un ou plusieurs *blocs*. On appelle ainsi un châssis constitué par des bandes de fer plat assemblées par des rivets. Comme le montre la figure 148, les blocs peuvent se superposer par quatre au maximum ou se juxtaposer.

Chaque bloc est destiné à un groupe de 25 abonnés ; un répartiteur est donc formé d'autant de blocs qu'il y a de fois 25 abonnés ; ou, si l'on veut, d'autant de piles de quatre blocs que le bureau comporte de tableaux à 100 numéros.

La liaison entre les blocs est faite au moyen de boulons qui passent dans des trous percés à l'avance aux endroits voulus. Les blocs inférieurs sont fixés sur le sol par l'intermédiaire de règles en fer plat *ab*, *cd*, vissées sur des semelles en bois.

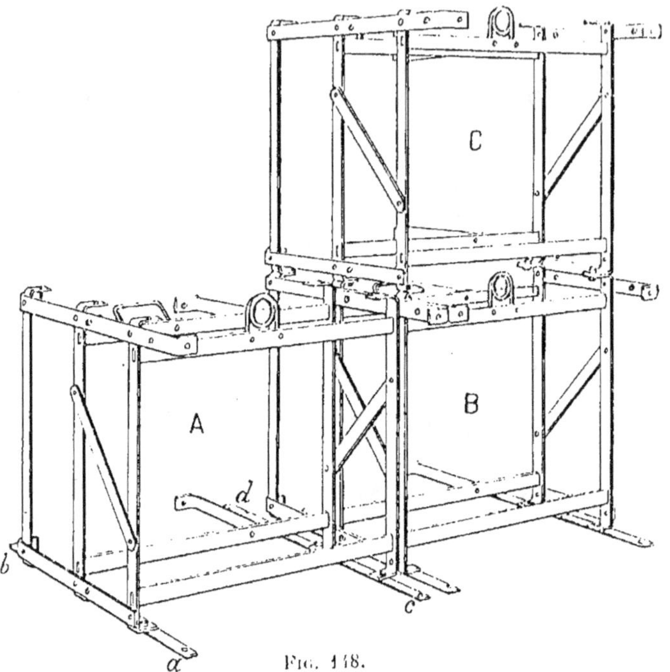

Fig. 148.

Une semelle, placée transversalement à 60 centimètres environ des autres, permet de poser un faux plancher sous lequel on fait passer les câbles *(fig. 149)*.

On doit se procurer toutes ces pièces de bois sur place et, dans ce but, les dimensions choisies sont courantes dans le commerce. Ces dimensions sont les suivantes :

Semelles: longueur, 48 centimètres ; hauteur, 11 ; largeur, 8. Ces deux dernières dimensions, sont, en somme, celles des *chevrons*.

Plancher : il est formé de planches de 30 millimètres d'épaisseur ; sa longueur est de 77 centimètres environ, et sa largeur

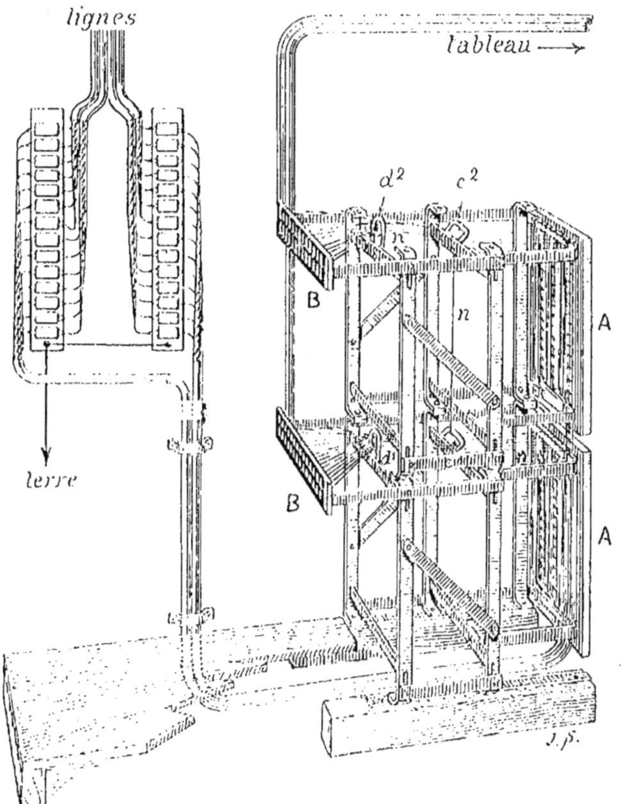

Fig. 149.

dépend du nombre de piles de blocs, comme d'ailleurs la longueur de la semelle transversale.

Les deux faces de chaque bloc sont pourvues, l'une d'un panneau supportant 28 coupe-circuit de 4 ampère (A), l'autre d'une planchette portant 25 paires de plots de raccordement pour lignes d'abonnés et 6 paires pour lignes interurbaines (B).

210. Montage des communications. — Afin de diminuer les risques d'incendie, des châssis supportant chacun 14 coupe-circuit-paratonnerres de 3 ampères sont placés aussi près que possible de la pénétration des lignes dans l'immeuble. La liaison entre les conducteurs extérieurs et ces châssis est effectuée au moyen de câbles à sept paires sous caoutchouc et plomb. Le massif métallique des châssis est relié à la terre. D'autres câbles, à quatorze paires sous soie, coton et plomb, partent des châssis pour rejoindre le répartiteur. Ces câbles passent sous le faux plancher et se terminent à leurs blocs respectifs où les paires de conducteurs sont distribués sur les coupe-circuit de 1 ampère.

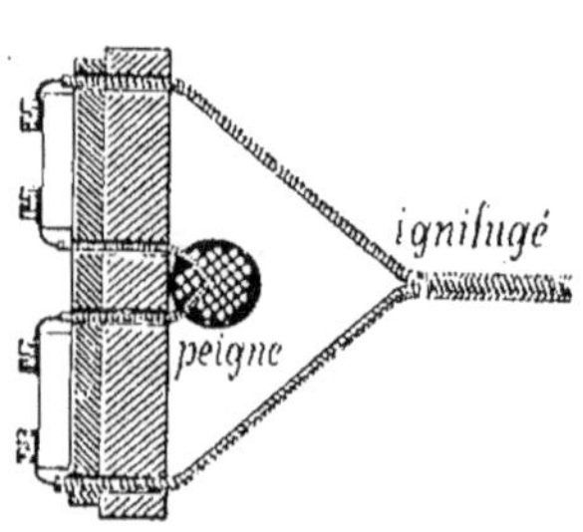

Fig. 150.

Les tableaux sont reliés au répartiteur au moyen de câbles à vingt-sept paires sous coton et plomb. Chacun de ces câbles aboutit derrière la planchette B de son bloc et les fils passent par des trous (les plus rapprochés de l'axe) pour venir s'attacher aux plots de raccordement.

Les deux extrémités de tous les câbles dont il vient d'être question sont préparées à l'avance de manière à former des *peignes* de conducteurs dans lesquels les paires de fils se présentent toujours dans le même ordre.

Les conducteurs doubles sous coton ignifugé destinés à relier les coupe-circuit aux plots montent derrière le panneau (*fig.* 149), passent dans les trous d'une réglette, puis par les anneaux c^1 et d^1. En sortant de ce dernier, le faisceau s'épanouit et chacun des ignifugés rejoint la planchette en ligne droite : les deux fils sont alors séparés, passés par les trous les plus rapprochés des bords et attachés à la paire de plots qui leur est affectée (*fig.* 150).

Quand on monte une installation, les coupe-circuit sont reliés aux paires de plots au fur et à mesure des demandes : les deux organes, coupe-circuit et jack, sont donc de même rang, comme on l'a vu dans l'installation primitive du tableau à 10 numéros; mais, quand un abonné change de ligne, les plots qui représentent le jack de cet abonné sont reliés au coupe-circuit de la nouvelle ligne. Cette jonction peut être effectuée, soit à l'aide de l'ignifugé détaché de l'ancien coupe-circuit, soit au moyen d'un nouveau câble si le premier est trop court.

Si la permutation nécessite le passage dans un autre bloc, l'ignifugé *n*, partant de la planchette, passe par les anneaux d^2 et c^2, rejoint l'anneau c^1 du bloc visé et s'attache au nouveau coupe-circuit.

<h1 style="text-align:center">XIV</h1>

<h2 style="text-align:center">INSTALLATION D'EMBROCHAGE</h2>

211. Principe. — L'installation d'embrochage a pour but d'utiliser une ligne partant d'un bureau central, pour desservir deux postes. Le premier poste est traversé par la ligne qui aboutit au second : d'où le nom d'*embrochage*; mais ce terme ne s'applique qu'à l'ensemble du poste intermédiaire qui est embroché, en effet, puisque la ligne pénètre dans le bureau jusqu'à l'appareil et en sort pour rejoindre le poste extrême; toutefois, en réalité, les organes de réception sont en *dérivation* sur la ligne et non *embrochés*. Il y a là une nuance qu'il faut saisir pour se rendre compte de la situation du poste intermédiaire vis-à-vis des deux autres[1].

---

1. Les lecteurs qui sont au courant des installations télégraphiques comprendront bien la différence entre un embrochage et une dérivation, autrement dit, entre une ligne d'embrochage et une ligne bifurquée.

Au système de montage que nous allons d'abord étudier est venu récemment s'ajouter un nouveau procédé présentant certains avantages sur l'ancien, mais nécessitant une prise de terre au poste intermédiaire. Cette condition ne permettra peut-être pas de l'installer dans les régions possédant de nombreux circuits industriels ; dans tous les cas, l'ancien montage ne sera remplacé que progressivement.

L'installation comporte des appareils polarisés qui ne fonctionnent que sous un sens de courant déterminé. Dans ces conditions, le poste intermédiaire a son appareil disposé pour fonctionner avec un sens de courant, et les appareils des postes extrêmes doivent fonctionner avec le sens contraire. L'un de ceux-ci peut donc appeler l'un de ses deux correspondants sans déranger l'autre, car son courant traverse les deux appareils, mais n'en fait fonctionner qu'un. Quant au poste intermédiaire, il se trouve en communication avec deux postes montés de la même façon ; mais il peut les appeler séparément en coupant l'embrochage du côté qui ne doit pas recevoir l'appel.

Les installations d'embrochage peuvent être effectuées, soit avec des tableaux-commutateurs pourvus de dispositifs spéciaux (jacks et annonciateurs polarisés), soit avec des tableaux quelconques auxquels on adjoint les appareils nécessaires. Dans les premiers, on comprend des petits tableaux disposés spécialement pour le montage de cabines publiques.

ANCIEN MONTAGE AVEC TABLEAUX

POURVUS DE DISPOSITIFS SPÉCIAUX

242. Annonciateurs. — Les annonciateurs polarisés sont de deux types. Le plus ancien est formé d'une bobine dont le noyau est pourvu de deux masses polaires qui constituent les joues (*fig.* 151). L'armature, placée au-dessus de la bobine, pivote sur sa partie médiane et présente ses deux extrémités en regard des masses polaires ; elle est polarisée au moyen d'un aimant recourbé, fixé à l'arrière de la bobine et dont l'extré-

mité libre vient surplomber le milieu de l'armature ; celle-ci
constitue en quelque sorte le prolongement de l'aimant, et ses
deux extrémités présentent des pôles de même nom. Par suite
des actions réciproques des parties aimantées en présence, et
favorisée de plus, par le poids du crochet, l'armature penche
vers l'avant et le crochet
maintient le volet. Si un
courant de sens convenable
renverse la polarité du
noyau, l'armature est attirée à l'arrière, repoussée à
l'avant, et le crochet libère
le volet. Un courant de sens
inverse augmente, au con-

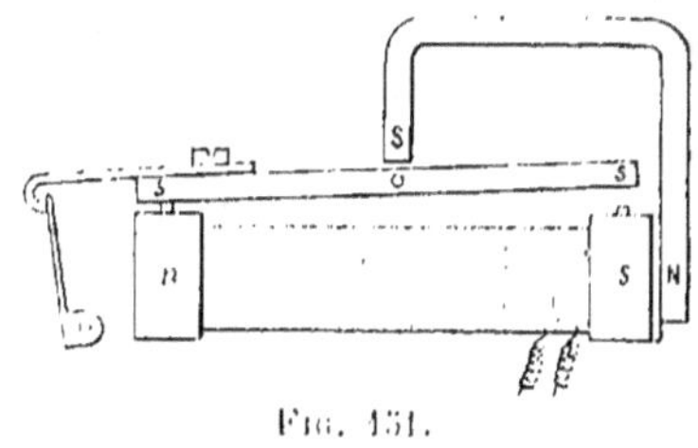

Fig. 151.

traire, l'aimantation primitive du noyau et maintient, par
conséquent, l'armature au repos.

Les masses polaires sont munies de chevilles en cuivre qui
limitent le jeu de l'armature et l'empêchent de *coller*.

Remarquons bien que le courant, pour assurer le fonctionnement de cet annonciateur, doit, non seulement détruire
l'aimantation du noyau, mais créer une aimantation de polarité inverse.

213. Le deuxième type, ou annonciateur Denis, est formé
d'une bobine recouverte d'un tube en fer doux qui constitue,

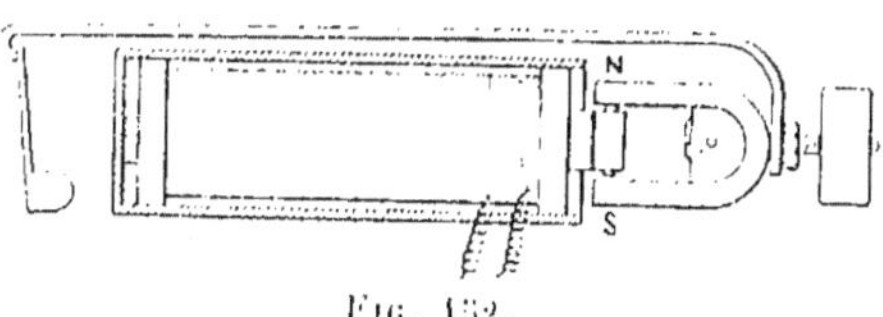

Fig. 152.

comme dans certains annonciateurs de fin, un prolongement
extérieur du noyau *(fig. 152)*. Ce deuxième noyau, si l'on veut,
soumis comme le premier à l'action du fil de la bobine, contribue dans une certaine mesure au fonctionnement de l'organe ; il a aussi pour effet d'en augmenter la self-induction.

Le noyau intérieur est prolongé par une petite masse polaire embrassée par un petit aimant en fer à cheval qui constitue l'armature ; à cet effet, il est monté sur une pièce de cuivre dans laquelle pénètrent des vis pivots. Une longue vis traverse la pièce de cuivre et l'aimant, et supporte la tige du crochet et un contrepoids. Plus ou moins éloigné de l'axe de suspension, ce contrepoids rend l'annonciateur plus ou moins sensible.

Quand un courant de sens convenable traverse la bobine, la masse polaire repousse le pôle supérieur et attire l'autre : l'aimant bascule sur ses pivots, et le crochet dégage le volet. Le bord du tube vient d'ailleurs ajouter son action à celle du noyau en attirant la branche supérieure et en repoussant l'autre.

Un courant de sens inverse contribue, au contraire, à maintenir l'armature au repos.

Comme dans le premier modèle, le jeu de l'armature est limité par des goupilles en cuivre fixées sur la masse polaire.

L'annonciateur Denis a, sur l'autre modèle, l'avantage de pouvoir se régler ; de toute façon, d'ailleurs, sa sensibilité est plus grande, puisque le courant destiné au fonctionnement, grâce à la disposition de l'aimant-armature, ne trouve qu'une polarité négligeable dans le noyau. Ce courant n'a donc à créer qu'une aimantation et non le renversement d'une polarité déjà existante. Enfin la self-induction s'oppose au passage des courants de conversation quand l'annonciateur est placé en dérivation sur un circuit. La résistance de cet organe est de 600 ohms.

214. Jacks. — Les trois jacks sont disposés en triangle. Les ressorts des jacks supérieurs sont reliés à des plots de raccordement, et leurs contacts de rupture sont conjugués deux à deux ; l'annonciateur polarisé et les ressorts du troisième jack, ou jack de service, sont en dérivation sur cette liaison.

Dans les tableaux les plus récents, l'annonciateur est placé entre les contacts de rupture du jack de service. De cette façon, quand une fiche est introduite dans le jack, l'annonciateur est éliminé, et ce n'est plus une nouvelle dérivation (le poste d'opérateur relié à la fiche, qui est ajoutée au circuit, mais une dérivation qui se substitue momentanément à une autre.

215. Installation et fonctionnement. — On peut admettre, pour étudier le fonctionnement des tableaux sur la figure 153, que l'armature des annonciateurs n'est déplacée que si le courant traverse la bobine de gauche à droite.

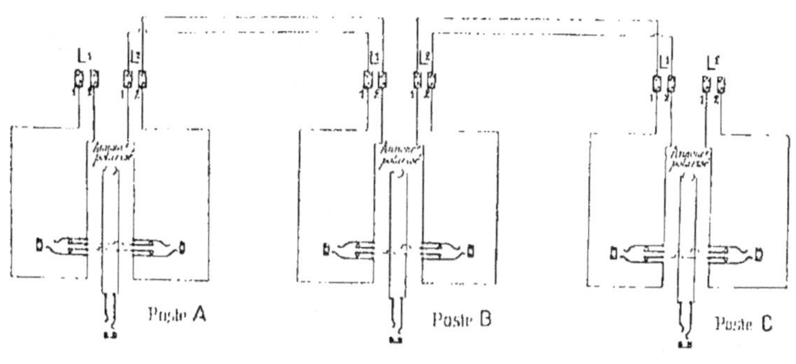

Fig. 153.

Le dessin représente trois postes, A, B, C, reliés par une ligne qui embroche le poste B. Le poste intermédiaire seul utilise l'ensemble des organes spéciaux ; chacun des postes extrêmes n'a besoin que de l'annonciateur et du jack relié à la ligne ; ce jack peut d'ailleurs être indifféremment celui de gauche ou de droite.

On peut remarquer qu'en suivant, dans le poste B, le fil intérieur qui part du plot 1 du groupe L^1, ce fil passe par les ressorts inférieurs des deux jacks et aboutit au plot 2 du groupe L^2 ; l'autre fil passe, par les ressorts supérieurs, du plot 2 au plot 1. C'est précisément cette disposition des connexions intérieures des tableaux qui produit automatiquement l'inversion du sens du courant sur la deuxième section d'une ligne qui traverse un poste. Par conséquent, comme nous allons le vérifier, le courant lancé par un poste extrême passe en sens inverse dans les deux annonciateurs de ses correspondants, si l'attache des fils de ligne est réalisée ainsi que l'indique le schéma, c'est-à-dire les fils reliant extérieurement des plots de même numéro.

Supposons la clé d'inversion A disposée de manière à envoyer le pôle positif au corps des fiches, et le négatif à la tête. Dans ces conditions, si une fiche est enfoncée dans le jack de droite et la clé d'appel abaissée, le courant passe par le fil qui relie les plots 2 et traverse l'annonciateur de B de gauche à droite, c'est-à-dire dans le sens favorable au fonctionnement. Au contraire, dans C, le courant qui est sorti de B en passant par le fil qui relie les plots 1, traverse l'annonciateur de droite à gauche : le volet de celui-ci ne bouge pas, le poste B est donc seul appelé. En tournant la clé d'inversion, le contraire se serait produit : C aurait seul reçu l'appel.

Le poste C appelle A ou B dans les mêmes conditions, c'est-à-dire que B, qui a son annonciateur en *dérivation* sur la ligne, est appelé, comme par A, avec le positif au corps des fiches.

Quant au poste B, la position de sa clé d'inversion est réglée une fois pour toutes avec le pôle positif au corps des fiches : pour appeler A ou C, il place sa fiche dans le jack de gauche ou de droite ; il coupe ainsi toute jonction avec le poste dont il n'a pas besoin, et celui-ci reste en communication avec l'annonciateur. Mais, avant de couper la ligne, l'opérateur de B doit s'assurer que le circuit n'est pas occupé entre A et C ; à cet effet, il introduit d'abord sa fiche dans le jack de service pour se mettre en dérivation et écouter pendant quelques secondes. Il opère de même quand il reçoit un appel, car il ignore d'où vient cet appel ; mais, aussitôt que l'appelant s'est fait connaître, l'opérateur reporte sa fiche dans le jack de celui-ci, puis il établit, avec la deuxième fiche, la jonction avec l'abonné demandé.

216. Réglage de l'installation. — Il est évident que, en pratique, puisque les deux fils d'une ligne ne sont distingués par aucun indice, on ne peut savoir, en mettant les tableaux en communication avec la ligne, si les appels pourront se faire dans le sens convenable. Il faut donc, dans chacun des postes, s'assurer que tout est bien installé, puis, sans se préoccuper de les choisir, attacher les fils de chacune des sections de la ligne à la paire de plots qui leur est affectée. En effet, étant donné que le poste intermédiaire doit appeler les deux extrêmes avec le même sens de courant, c'est de ce poste que doivent se commander les manœuvres de réglage qui auront pour résultat de provoquer, s'il y a lieu, une modification dans l'attache des fils de ligne.

A cet effet, dès que le montage est terminé dans les trois postes, l'agent chargé de la mise en service se rend au poste intermédiaire ; la clé d'inversion se trouvant dans une position quelconque, il appelle l'un des postes extrêmes ; s'il n'obtient pas de réponse, il inverse son courant et appelle de nouveau. Dès que la réponse est obtenue, il donne l'ordre de l'appeler lui-même : si l'annonciateur fonctionne, l'agent prévient son correspondant qu'il pourra désormais appeler le poste intermédiaire avec cette position de clé d'inversion et attaquer l'autre poste extrême en inversant. Les indications voulues sont portées immédiatement sur les étiquettes *ad hoc* placées près de la clé. Si, au contraire, l'annonciateur n'avait pas obéi, au premier appel, c'est que la clé était disposée pour l'attaque du poste extrême et les indications auraient été données en conséquence.

Il faut maintenant essayer l'autre côté en procédant de même ; mais, cette fois, si le poste intermédiaire est obligé de changer le sens de son courant pour obtenir une réponse, *c'est en inversant les fils de ligne sur les plots de raccordement.* Aussitôt la réponse obtenue, l'agent se fait envoyer un appel et fait régler la clé d'inversion comme dans le premier poste.

On s'assure enfin, par divers appels, que tout fonctionne bien dans les trois postes.

217. Inconvénient du système. — On a vu que l'annonciateur polarisé du poste intermédiaire reste en dérivation lorsque deux abonnés des postes extrêmes sont en communication.

Or, si les abonnés donnent le signal de fin au moyen d'un appel magnétique, le poste intermédiaire est dérangé inutilement. En effet, une émission sur deux de l'appel magnétique passe dans le sens voulu pour actionner l'annonciateur. Le signal produit par une pile peut d'ailleurs produire le même effet ; car, par le fait seulement qu'un abonné peut être mis en communication avec plusieurs réseaux, on ne peut pas envisager la possibilité de diriger le courant des piles d'appel de tous les abonnés dans le sens voulu pour éviter cet inconvénient. C'est pour cette raison qu'un nouveau montage a été adopté.

ANCIEN MONTAGE AVEC TABLEAUX
NON POURVUS DE DISPOSITIFS SPÉCIAUX

L'installation est effectuée soit avec d'anciens tableaux-commutateurs genre *standard*, soit en utilisant des tableaux jack-knives ordinaires ou spécialement disposés à cet effet.

1° INSTALLATION AVEC STANDARDS

248. Postes extrêmes. — L'installation d'un poste extrême consiste simplement à couper la connexion entre le jack et l'annonciateur affectés à la ligne interurbaine et à intercaler un *rappel par inversion* entre ces deux organes.

A cet effet, les deux fils du jack, détachés de l'annonciateur, sont reliés aux bornes L et T du rappel (*fig.* 154) ; le circuit local de celui-ci est ensuite fermé sur l'annonciateur. Dans ces conditions, ce dernier ne fonctionne que si un courant de sens convenable traverse l'électro-aimant du rappel.

Pour l'appel, un commutateur inverseur placé à portée de l'opérateur et intercalé entre la pile et les plots de raccordement du tableau peut tenir lieu de clé d'inversion. On peut toutefois se passer de cet organe en disposant les connexions des clés d'appel de telle sorte qu'il suffise, pour envoyer le courant dans un sens ou dans l'autre, d'utiliser l'une ou l'autre

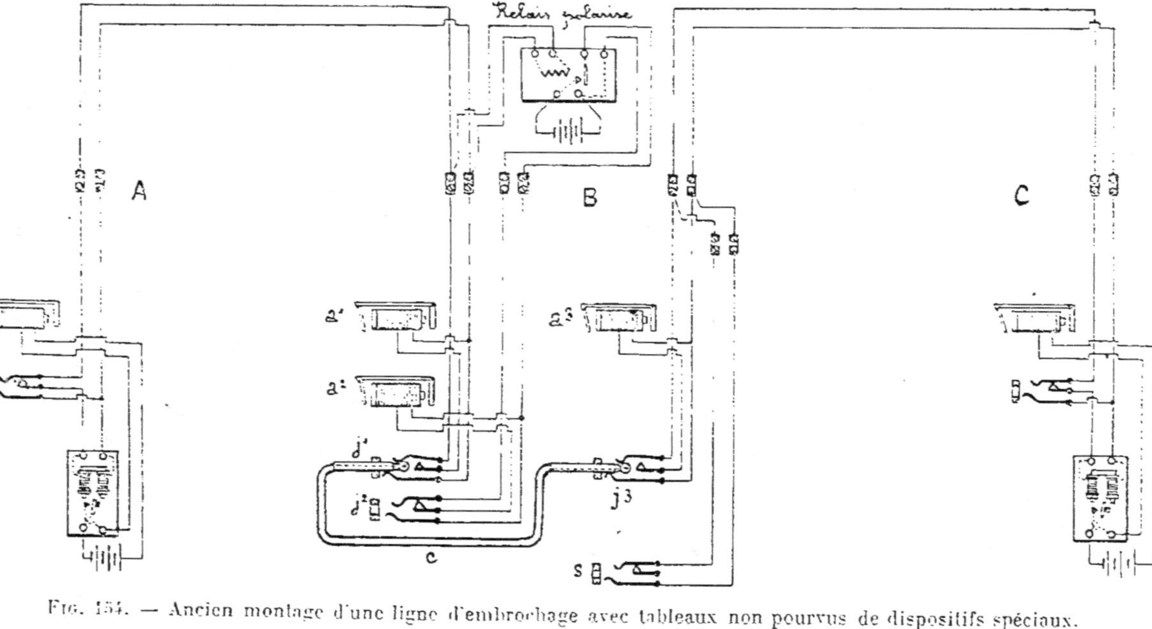

Fig. 154. — Ancien montage d'une ligne d'embrochage avec tableaux non pourvus de dispositifs spéciaux.

fiche et la clé correspondante. Si, comme dans les derniers modèles de tableaux, les pôles de même nom sont envoyés à toutes les têtes et à tous les corps des fiches, on obtient le même résultat en croisant les cordons de l'une des fiches, dans chaque paire (*fig.* 155).

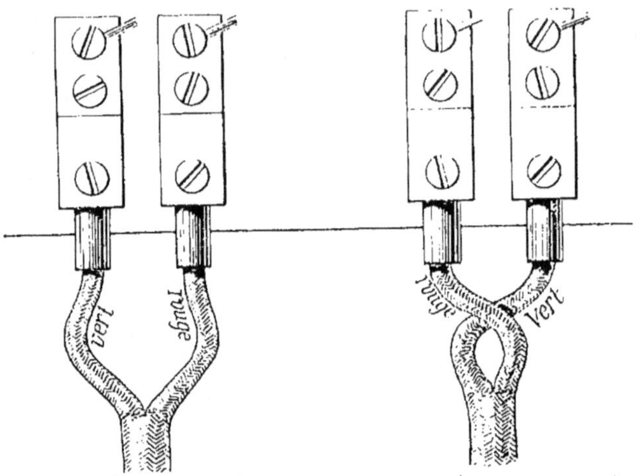

Fig. 155.

249. Poste intermédiaire. — L'installation se fait entièrement à l'extérieur du tableau. Les deux jacks j^1 et j^3, affectés aux deux sections de la ligne d'embrochage, sont reliés en permanence au moyen d'un cordon à deux fiches c ; il en résulte que les annonciateurs de ces jacks sont hors du circuit et, par suite, incapables de signaler un appel.

Pour recevoir l'appel, on met un rappel par inversion en dérivation sur les plots de raccordement de l'une des lignes et, par conséquent, sur les deux sections, puisque celles-ci sont reliées par le cordon. Dans les premières installations, celle de la figure 154 d'ailleurs, le relais était du système *Sieur* : restant en dérivation pendant que deux abonnés des postes extrêmes sont en communication, cet appareil paraissait présenter un avantage sur le rappel en raison de sa plus forte self-induction ; mais son réglage étant assez délicat, il a été remplacé par ce dernier.

Le circuit local du relais est relié aux plots d'un troisième jack j^2 dont l'annonciateur pourra fonctionner si un courant de sens convenable traverse le relais ; ce jack j^2 est dès lors inutilisable, mais son annonciateur remplit le rôle de l'annonciateur polarisé des tableaux actuels.

Enfin, on place encore en dérivation sur les lignes un quatrième jack s pris parmi les jacks d'intercommunication, puisqu'un annonciateur est inutile : c'est le jack de service.

220. Fonctionnement. — Le fonctionnement est le même qu'avec les tableaux à dispositifs spéciaux ; mais l'inversion du courant étant préparée à l'avance sur les fiches, c'est en utilisant la fiche avant ou la fiche arrière que les postes extrêmes appellent l'un ou l'autre de leurs deux correspondants.

Quant au poste intermédiaire, il s'assure que la ligne est libre en se portant dans le jack de service s, puis il coupe la communication directe entre les jacks j^1 et j^3 et relie la section voulue avec l'abonné qui a demandé la communication. Pendant ce temps, si l'autre section appelle, l'annonciateur (a^1 ou a^3) est actionné directement : l'opérateur peut alors, si c'est l'autre poste extrême qui est attaqué, annoncer que celui-ci est occupé.

Comme on le voit, les *deux fiches* du cordon c doivent être retirées des jacks quand le poste B utilise une des sections. En effet, si, par exemple, pour utiliser le côté A, l'opérateur laissait la fiche dans le jack j^3, la section de ligne du côté C serait isolée.

2° EMPLOI DES TABLEAUX JACK-KNIVES

221. Poste extrême. — Le rappel est monté, comme dans les standards, entre le jack et l'annonciateur. Quant au système d'inversion pour l'appel des deux autres postes, il diffère suivant les modèles de tableaux.

Si le tableau est pourvu, pour la jonction du poste de l'opérateur, des deux jacks simples accouplés (163), on prépare l'inversion en croisant les fils d'accouplement sur l'un des jacks (*fig.* 156). Il suffit alors, pour appeler l'un ou l'autre poste, de mettre la fiche dans l'un ou l'autre jack et d'appuyer sur la clé d'appel de l'appareil.

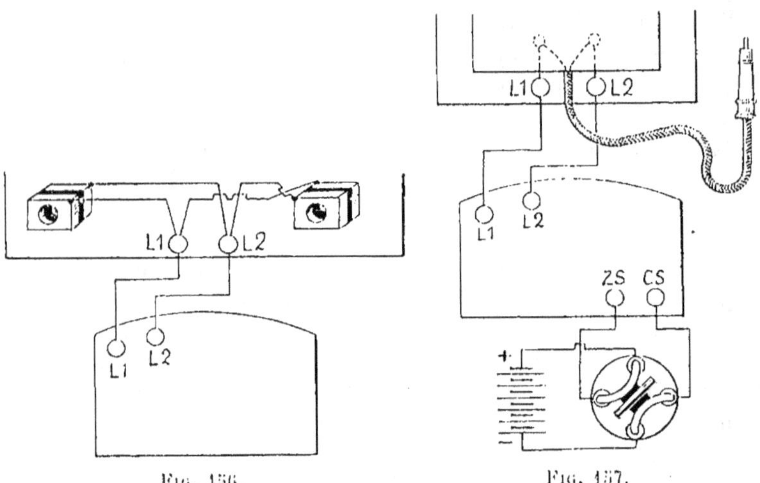

Fig. 156.   Fig. 157.

Si la fiche du poste d'opérateur est reliée directement aux bornes L1 et L2 du tableau (*fig.* 157), on monte un commutateur inverseur entre la pile d'appel et les bornes ZS et CS de l'appareil.

222. Poste intermédiaire. — Comme sur les tableaux standards, deux jacks sont affectés aux deux sections de la ligne et l'annonciateur d'un troisième jack est placé dans le circuit local du relais polarisé mis en dérivation sur les bornes de l'une des sections. Les deux jacks de ligne sont reliés entre eux au moyen d'un cordon dont les fiches sont enfoncées dans les trous de droite, c'est-à-dire de manière à isoler les annoncia-

teurs. Le jack de service est inutile ici : pour se mettre en
dérivation sur la ligne, il suffit d'introduire la fiche du poste
dans le trou de gauche de l'un des jacks de ligne.

Quand le bureau ne dessert qu'un petit nombre de lignes, il
est préférable de réserver le tableau pour les lignes d'abonnés
et de lui adjoindre un tableau annexe formé par une boîte contenant un annonciateur polarisé et portant deux jacks (*fig.* 158).
Les deux sections du circuit interurbain aboutissent aux jacks
dont les blocs sont reliés entre eux : les postérieurs direc-

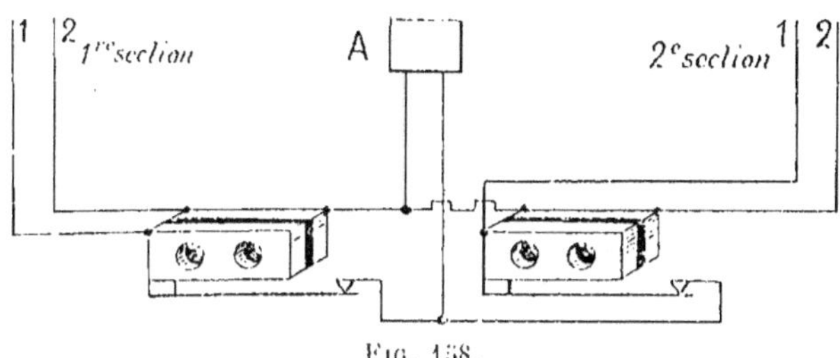

Fig. 158.

tement, les antérieurs par l'intermédiaire des ressorts et des
boulons de droite ; l'annonciateur est en dérivation sur la
jonction.

Ainsi qu'on peut le voir, quand on enfonce une fiche dans
le trou de droite de l'un des jacks, on relie cette fiche à la
section desservie par ce jack, et l'on coupe la connexion avec
l'autre section qui se termine alors à l'annonciateur.

La mise en service des tableaux non pourvus de dispositifs
spéciaux s'effectue de la même manière que celle des commutateurs qui en sont pourvus.

POSTES CABINES

223. Principe du nouveau montage. — Des cabines publiques
sont installées dans beaucoup de localités n'ayant pas encore
de réseau téléphonique urbain. Le nombre des communications

étant évidemment encore plus faible que sur les circuits d'embrochage desservant des réseaux, deux postes, dont l'un est embroché, sont desservis par une même ligne partant d'un bureau central. Les cabines sont alors pourvues d'un petit tableau comportant, pour chacune, les dispositifs nécessaires aux opérations à effectuer pour communiquer avec les deux correspondants. Il y a donc un modèle pour cabine intermédiaire et un autre pour cabine extrême.

D'abord pourvus des dispositifs spéciaux que nous avons vu sur les standards antérieurs à 1911, les postes-cabines sont

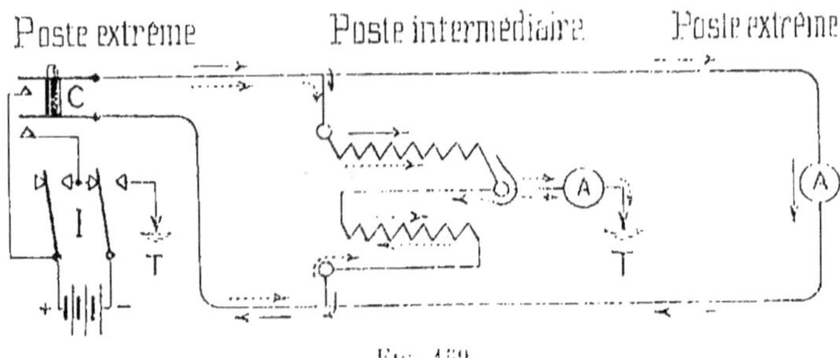

Fig. 159.

munis maintenant des organes entrant dans la composition du nouveau système de montage. Ces organes figurent sur les dessins du standard à 50 numéros et du tableau extensible, mais c'est pour éviter des redites que nous les étudions à propos des cabines ; il sera ensuite facile d'en appliquer le principe à l'exploitation des standards, de même qu'on pourra se rendre compte de l'ancien montage des cabines en supposant les nouveaux organes remplacés par l'annonciateur polarisé et la clé d'inversion.

Voici donc le principe du nouveau montage (*fig.* 159). Les trois postes sont pourvus d'annonciateurs d'appel ordinaires, c'est-à-dire non polarisés. Ceux des postes extrêmes sont montés normalement ; celui du poste intermédiaire est accouplé avec une *bobine différentielle* analogue à la bobine Cailho dont nous parlerons plus loin. Cette bobine est formée de deux enroulements de chacun 300 ω dont deux extrémités inverses sont reliées ensemble à l'annonciateur, qui communique d'autre part avec la terre ; les autres extrémités sont mises en dérivation sur la ligne.

Aux postes extrêmes, une clé spéciale I, dite *clé d'appel de poste intermédiaire*, est intercalée entre la clé d'appel C et la pile (ou entre la ligne et l'appel magnétique).

Si l'opérateur effectue l'appel sans toucher à cette clé spéciale, le courant est envoyé comme d'habitude ; c'est-à-dire sur les deux fils *en tension*. Par conséquent, une partie du courant passe par l'annonciateur de l'autre poste extrême et l'actionne ; l'annonciateur intermédiaire ne reçoit rien, car l'autre partie passe d'un fil à l'autre par la bobine différentielle (flèches en traits pleins). Il faut alors remarquer que, prenant successivement les deux enroulements dans le même sens, cette partie du courant détermine un champ magnétique ; d'où self-induction qui vient s'ajouter à une résistance de 600 ω pour s'opposer à son passage dans la dérivation (surtout si le signal est envoyé au moyen d'un appel magnétique).

En appelant pendant que l'on presse sur la clé spéciale, le pôle positif est mis en relation avec les deux fils et le pôle négatif à la terre. Le courant prend donc les deux fils *en quantité* : il ne peut traverser l'annonciateur extrême, puisque les deux fils sont bouclés sur cet organe ; il passe alors, en même temps, par les deux enroulements de la bobine différentielle, puis par l'annonciateur intermédiaire pour revenir au pôle négatif par la terre. Or, cette fois, il n'y a pas de self-induction puisque les deux enroulements sont parcourus en sens inverse (flèches pointillées) ; de plus, la résistance totale de la bobine est réduite à 150 ω.

224. Poste-cabine intermédiaire. — Sur une planche munie de bornes est montée sur charnière une petite boîte contenant quatre jacks et une bobine différentielle (*fig.* 160). Comme l'indiquent les figures 140 et 142, les tableaux portent la bobine accouplée avec un annonciateur, mais afin de simplifier l'ins-

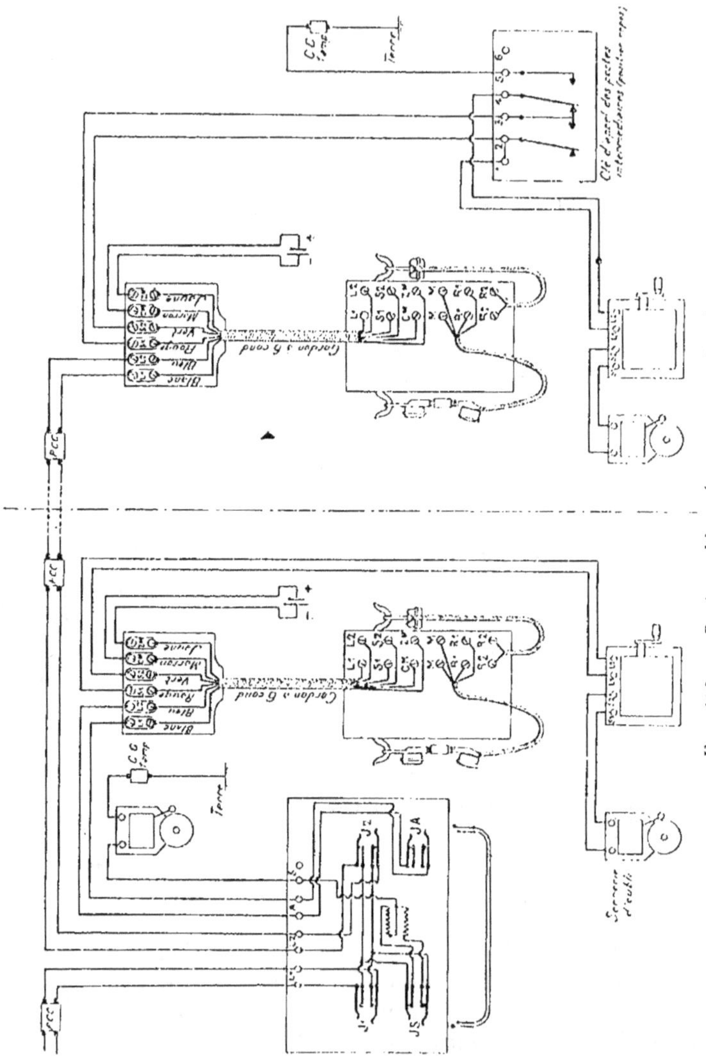

Fig. 160. — Postes-cabines nouveau montage.

tallation des cabines, la sonnerie locale remplace ici cet organe.

Les jacks J¹ et J², reliés aux bornes L1 et L2, reçoivent les deux sections de la ligne et, par leurs contacts de rupture conjugués, mettent ces deux sections en communication directe. Le jack J S, en dérivation sur cette communication, a ses contacts de rupture reliés à la bobine différentielle, dont la sortie communique avec la borne S, la sonnerie, puis la terre. Le quatrième jack, JA, est relié, par les bornes A, avec l'appareil fixé dans la cabine. Cet appareil est muni d'un appel magnétique dont les bornes S sont reliées à une sonnerie placée dans la salle.

Un cordon à deux fiches, dont l'une est en prise avec le jack JA, permet d'établir les communications demandées. Quand la personne chargée du service veut appeler, elle introduit la seconde fiche dans le jack d'écoute JS afin de s'assurer qu'aucune conversation n'est engagée entre les postes extrêmes, puis elle conjugue JA avec le jack de la section qu'elle veut appeler. On opère, en un mot, avec les jacks J¹, J² et J S, comme sur le groupe de trois jacks des standards.

C'est afin de pouvoir recevoir l'appel, dans le cas où la sonnerie du tableau serait coupée par une fiche oubliée dans un jack de ligne, que l'appareil de la cabine est pourvu d'une sonnerie dite d'oubli.

225. Poste-cabine extrême. — La ligne se termine ici au poste complet monté dans la cabine. La clé d'appel de poste intermédiaire est intercalée entre l'appel magnétique et l'appareil. L'exposé du principe indique suffisamment la manœuvre à effectuer pour appeler; mais il y a lieu d'observer qu'il faut avoir soin, pour ne pas déranger inutilement l'autre poste extrême, quand on attaque l'intermédiaire, de maintenir la clé spéciale abaissée pendant toute la durée de l'appel; c'est un petit inconvénient du système. Enfin on remarquera que des coupe-circuit sont placés aussi bien sur les prises de terre qu'aux entrées de la ligne dans les deux postes.

226. Postes de guichet pour cabines intermédiaire et extrême.
— Quand la localité qu'il doit desservir ne possède pas de
bureau de Poste et Télégraphe, un poste-cabine peut être géré
par une personne tenant, par exemple, un petit commerce ;
son montage est alors effectué comme il vient d'être dit. Mais
si la cabine est située dans un bureau, son installation peut
comporter un poste guichet.

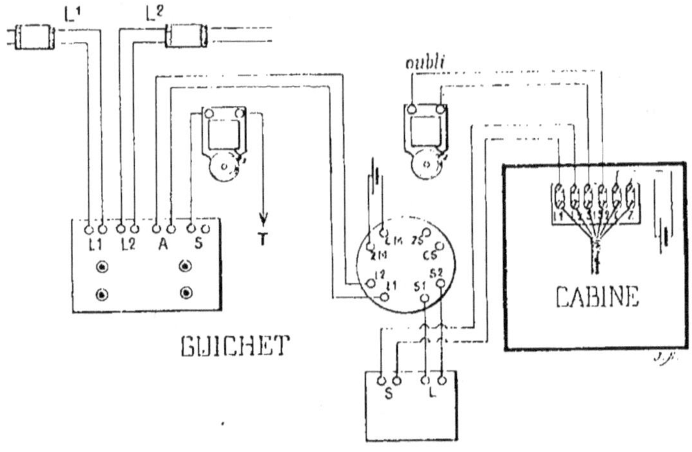

Fig. 161.

Pour une cabine intermédiaire, le petit tableau est alors
installé à proximité du guichet et l'appareil, avec son appel
magnétique, est embroché sur la ligne de la cabine *fig.
161*).

Pour une cabine extrême, l'installation est analogue ; c'est-
à-dire que le guichet est muni des appareils indiqués par
la figure 160 et, au lieu de se terminer à la sonnerie, les fils
qui partent de l'appel magnétique se prolongent jusqu'à l'appareil de la cabine.

XV

EMPLOI DES TRANSFORMATEURS SUR LES CIRCUITS INTERURBAINS

227. Utilité des transformateurs. — Nous savons déjà que des *transformateurs* sont utilisés sur les standards pour réseaux à batterie centrale afin d'éviter la jonction métallique entre le réseau et la ligne d'un poste supplémentaire. Or, ce système de jonction est encore indispensable dans d'autres circonstances :

1° Quand il s'agit de relier une ligne à simple fil avec une ligne bifilaire ;

2° Quand une ligne quelconque doit être reliée à un circuit interurbain comportant soit une installation de *télégraphie et téléphonie simultanée*, soit une installation de *circuits combinés*.

Premier cas : Nous avons vu que l'emploi des lignes simples a été abandonné en téléphonie (69) pour éviter, d'une part, les courants provenant de la terre et, d'autre part, supprimer les effets de l'induction par les fils voisins. Toutefois, il existe encore des lignes à simple fil dans certaines régions où les inconvénients en question ne se sont pas encore fait sentir ; il faut alors relier ces lignes à des circuits doubles, et, pour ne pas perdre les avantages de ces derniers, il y a intérêt à éviter de mettre ces lignes en communication métallique avec les premières. Cette jonction entraînerait, en effet, la mise à la terre de l'un des fils de la ligne double et, par suite, non seulement la suppression des avantages de ce fil, mais encore la rupture de l'équilibre de l'ensemble du circuit, équilibre dont il va être question dans le second cas.

En ce qui concerne ce second cas, nous verrons que le bon fonctionnement des installations de télégraphie et téléphonie simultanées, ainsi que celui des circuits combinés, exige un équilibre aussi parfait que possible de la résistance et de la capacité des deux conducteurs d'une ligne. Par conséquent, si cette ligne était mise en communication directe avec une autre qui ne remplirait pas ces conditions, l'ensemble du circuit serait déséquilibré.

228. Jonction des lignes doubles avec des lignes à simple fil.

— Le principe des divers systèmes de jonction est donné par l'installation suivante : les deux fiches d'un groupe spécial sont chacune en relation avec l'un des circuits d'un transformateur TA (*fig.* 162) ; celui-ci, muni d'une armature et d'un volet, sert d'annonciateur de fin.

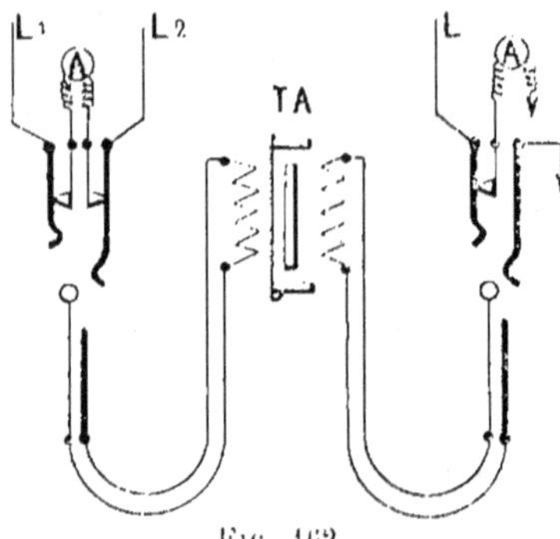

Fig. 162.

Les courants de conversation venant, par exemple, du circuit double, passent dans l'enroulement de gauche et, par induction, se transmettent à l'autre enroulement, dont le circuit est formé par le fil de la ligne simple et les prises de terre.

Quand l'un des postes donne le signal de fin, le courant provenant soit d'une pile, soit d'un appel magnétique, aimante le noyau, et le crochet de l'armature laisse échapper le volet.

Le groupe de fiches ainsi disposé ne doit servir que pour établir la jonction entre deux lignes non semblables. Il est évident que, pour relier deux lignes doubles ou deux lignes simples, on doit utiliser un groupe ordinaire ; sauf, toutefois, dans le cas où l'une des lignes doubles serait pourvue des dispositifs que nous étudierons dans deux chapitres suivants.

On trouve encore d'autres types de transformateurs en service : l'un d'eux est formé par une bobine dont les deux fils, de chacun 300 ohms, sont enroulés simultanément sur le noyau au lieu d'être superposés.

Un autre modèle est constitué par deux enroulements successifs de 300 ohms ; il est pourvu d'une armature qui peut fermer, comme celle d'un relais, le circuit d'une pile locale sur un annonciateur de fin ordinaire.

Quand le transformateur n'est pas utilisé comme annonciateur, ou ne constitue pas un relais pour cet organe, l'installation prend la disposition ci-après, que nous retrouvons dans les tableaux-commutateurs pour circuits interurbains.

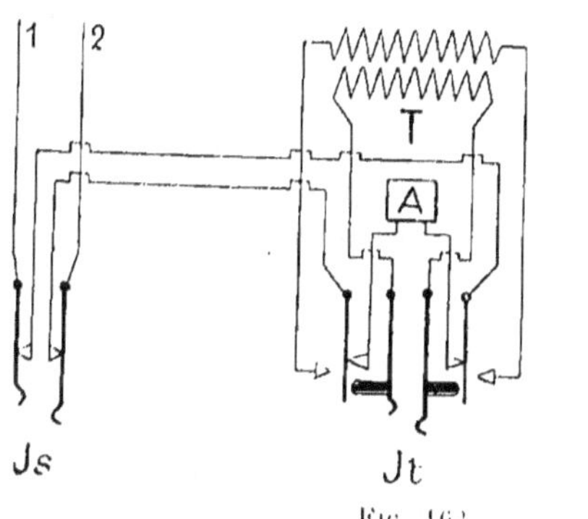
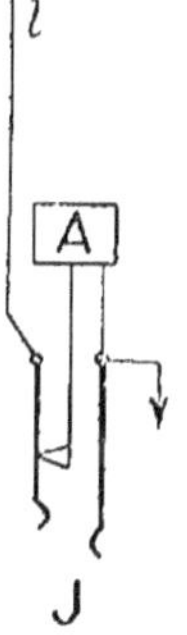

Fig. 163.

229. Jack de transformation. — Chaque ligne interurbaine à double fil est pourvue de deux jacks. L'un, Js, est un jack ordinaire qui reçoit la ligne sur ses deux ressorts et la renvoie, par les contacts de rupture, sur un autre jack, Jt (*fig.* 163). Le jack Js permet d'appeler ou de mettre la ligne en communication directe avec une autre ligne bifilaire. Le jack Jt, par des ressorts auxiliaires, met la ligne du premier jack en communication avec l'annonciateur d'appel. Quand on y enfonce une fiche, la ligne est reliée au premier circuit du transformateur T dont le deuxième circuit est relié aux ressorts ordinaires.

Dans ces conditions, chaque fois que le circuit interurbain doit être relié avec une ligne qui pourrait y apporter du trouble, la jonction est effectuée par le jack Jt : la ligne interurbaine aboutit alors au premier enroulement du transformateur et l'autre ligne se trouve reliée, par le groupe de fiches, avec le deuxième enroulement. Le signal de fin est reçu par l'annonciateur du groupe.

230. Sectionnement des circuits bifilaires. — Les transformateurs sont quelquefois utilisés pour sectionner en plusieurs tronçons des circuits bifilaires à longue distance. Les causes de trouble (perte à la terre sur l'un des fils, par exemple) qui pourraient déséquilibrer l'ensemble d'un long circuit sont ainsi localisées dans la section affectée.

Le sectionnement n'entraine aucune modification dans le système des appels : l'appel, effectué par plusieurs coups secs, provoque des extra-courants qui, par inductions successives, sont capables d'actionner des annonciateurs suffisamment sensibles.

XVI

TABLEAU INTERURBAIN (Modèle 1911)

231. Un circuit interurbain peut ère demandé par tous les abonnés du bureau auquel il aboutit; il peut être également demandé par les abonnés du bureau relié au premier par une autre ligne interurbaine ; c'est-à-dire donner lieu à des communications de transit; en un mot, un circuit interurbain donne beaucoup plus de travail à un opérateur qu'une ligne d'abonné.

D'autre part, les circuits interurbains exigent quelquefois, comme nous l'avons vu, l'emploi de transformateurs, et, par suite, l'adjonction d'un jack spécial au jack de ligne ordinaire. Il est donc nécessaire, lorsque le nombre des lignes interurbaines aboutissant à un bureau central devient important, de concentrer ces lignes sur un ou plusieurs tableaux spéciaux qui comportent tous les dispositifs utiles.

Le tableau interurbain représenté schématiquement par la

figure 164 comprend donc, indépendamment des organes du poste d'opérateur qui sont identiques à ceux des tableaux ordinaires :

10 annonciateurs de lignes interurbaines;

2 annonciateurs de lignes de service;

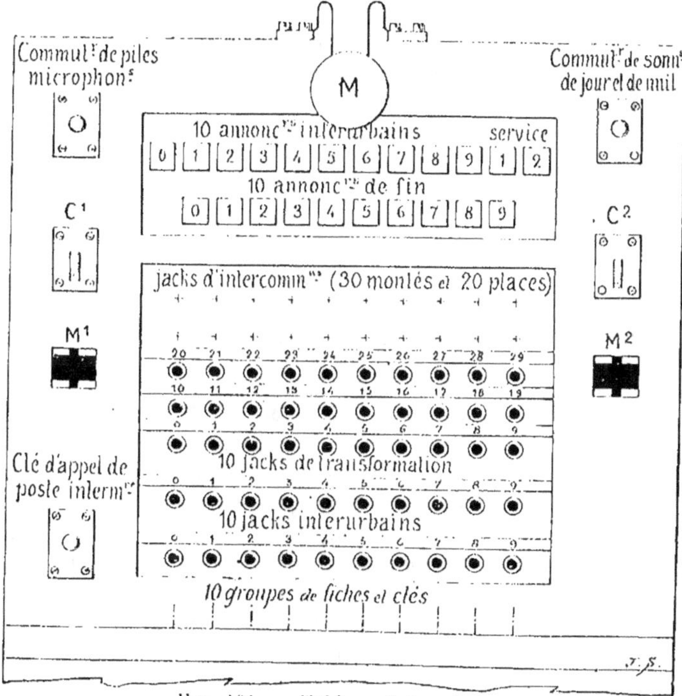

Fig. 164. — Tableau interurbain.

10 annonciateurs de fin;

30 jacks d'intercommunications pouvant être portés à 50;

2 jacks de lignes de service sont pris parmi les précédents;

10 jacks de lignes interurbaines, doublés par 10 jacks reliés à des transformateurs.

10 groupes (fiches et clés).

Les deux lignes de service qui aboutissent aux deux jacks et aux deux annonciateurs peuvent servir à relier l'opérateur à ceux des tableaux ordinaires; elles permettent aussi de le relier au poste du guichet qui dessert la cabine publique.

Les jacks d'intercommunication sont divisés par groupes et reliés en nombre suffisant à des jacks de même sorte des différents tableaux ordinaires et, s'il y a lieu, à des jacks d'intercommunication d'un autre tableau interurbain. Le chapitre suivant est d'ailleurs consacré à l'installation des lignes de service et des intercommunications.

Les couples de jacks de lignes (jack ordinaire et jack de transformation) sont identiques à ceux déjà décrits (229).

XVII

INTERCOMMUNICATIONS

232. Poste central comportant moins de 5 tableaux. — Nous avons déjà vu (191), à propos de l'installation possible de deux tableaux à 25 numéros dans le même poste central, que les intercommunications entre deux tableaux contigus étaient inutiles, en raison de la longueur des cordons des fiches. C'est en se basant sur cette disposition que se fait l'installation des lignes d'intercommunication dans un bureau comportant l'emploi de plusieurs tableaux-commutateurs; autrement dit, des intercommunications sont établies entre les tableaux qui ne sont pas voisins.

Par conséquent, si le bureau comporte trois tableaux, les numéros 1 et 3 sont reliés entre eux (*fig.* 165). S'il y a quatre tableaux, des intercommunications relient les numéros 1 avec 3 et 4, et 2 avec 4 (*fig.* 166).

Les tableaux étant ainsi agencés, la jonction entre deux abonnés qui sont desservis par deux tableaux non contigus est établie en utilisant une intercommunication, c'est-à-dire en reliant l'abonné demandeur à la première intercommunication libre et en réunissant, dans l'autre tableau, le jack de service correspondant avec celui de l'abonné demandé. La double manœuvre peut être effectuée par l'opérateur qui a reçu la demande, ou bien, sans se déranger, celui-ci indique, à haute voix, à son collègue, le numéro de l'intercommunication à utiliser et le numéro de l'abonné demandé. Il est aisé de comprendre que, quelle que soit celle des deux manières employée pour opérer la jonction, ce système devient impra-

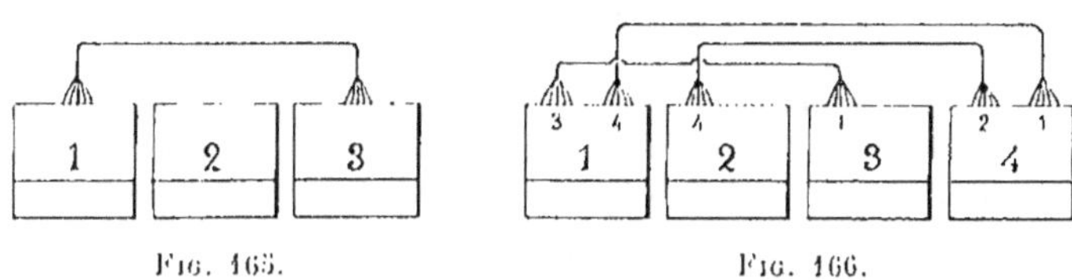

Fig. 165.   Fig. 166.

ticable quand le nombre de quatre tableaux est dépassé. On installe alors des lignes de service qui permettent aux opérateurs de donner *téléphoniquement* à leurs collègues les indications nécessaires aux intercommunications.

233. Poste central desservi par plus de 4 tableaux. — Nous prendrons comme exemple l'installation représentée par la figure 167; c'est-à-dire le cas d'un bureau comportant 6 tableaux d'abonnés et 7 tableaux interurbains.

On voit que, conformément au principe qui vient d'être indiqué, chaque tableau urbain ou interurbain est relié, par des *intercommunications*, à chacun des autres tableaux sauf à ceux qui lui sont contigus. Le nombre des lignes est déterminé d'après l'intensité du trafic; chacun des traits du dessin peut donc représenter 3, 4 ou 5 intercommunications. D'ailleurs, lorsque toutes les lignes reliant deux tableaux sont occupées, les téléphonistes desservant ces tableaux peuvent, au besoin, et si elles sont libres, utiliser les intercommunications des deux tableaux voisins du leur.

Tous les tableaux sont reliés par des *lignes de service* de manière que chacun des opérateurs puisse être appelé par tous les autres, sauf par ses deux voisins (ou son voisin s'il s'agit de ceux des tableaux placés aux extrémités des rangées). A cet effet, chacune de ces lignes, la 5ᵉ par exemple, est *multiplée* sur les organes suivants : un jack avec annonciateur dans le tableau urbain 5 et un jack simple dans les tableaux 1, 2, 3, ainsi que dans les sept interurbains. L'opérateur du tableau 5 peut donc être appelé par les dix opérateurs qui ont un jack en dérivation sur cette ligne; de même qu'il peut appeler ceux-ci par les dix jacks qui sont en dérivation sur leurs lignes.

Les tableaux interurbains sont, en outre, reliés entre eux par des *lignes de conversation*. Comme les précédentes et suivant le même principe, ces lignes sont multiplées sur des jacks simples; mais chacune d'elles est reliée directement au secondaire du poste d'opérateur de l'un des tableaux. Comme nous le verrons en étudiant l'usage des intercommunications, un appel préalable n'est pas nécessaire pour donner des ordres par ces lignes.

234. Etablissement des communications. — Nous laisserons de côté la manœuvre, déjà connue, qu'un opérateur effectue pour répondre à l'appel d'un abonné ainsi que les communications à établir sur un même tableau ou entre tableaux voisins. Il en sera de même de certains détails d'exploitation, entre autres ceux relatifs aux circuits interurbains.

(*a*) *Un abonné demande un autre abonné*. Aussitôt la demande reçue, l'opérateur relève la clé d'écoute et enfonce la deuxième fiche dans le jack d'une intercommunication libre reliant son tableau à celui qui dessert l'abonné demandé. Puis, à l'aide d'une fiche et des clés d'un autre groupe, il se porte sur la ligne de service de ce tableau et, après avoir attendu, le cas échéant, la fin d'un ordre donné par un autre opérateur, il appelle son collègue et lui indique le numéro de l'abonné demandé ainsi que le numéro de l'intercommunication à utiliser; par exemple : « 480 sur 6 ».

(*b*) *Quand l'abonné appelant demande un circuit interurbain,*

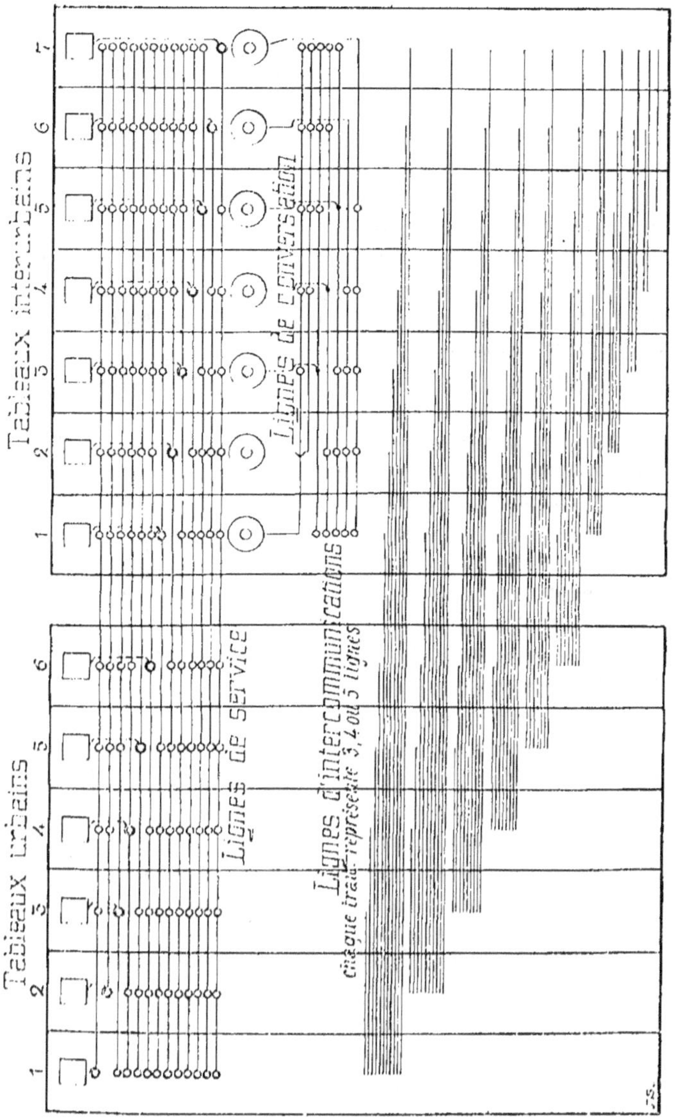

Fig. 167. — Montage des lignes de service et d'intercommunications.

l'opérateur appelle le tableau desservant ce circuit en mettant, dans le jack de service, la deuxième fiche du groupe déjà utilisé pour répondre à l'appelant : l'opérateur interurbain se trouvant alors en relation directe avec l'intéressé, lui indique le moment où la communication lui sera donnée. Dès que ce moment est venu, l'interurbain indique au tableau urbain, par la ligne de service, l'intercommunication à utiliser pour relier l'abonné demandeur au circuit désiré.

(c) *Un circuit interurbain demande un abonné*. La communication est établie comme au paragraphe (*a*), mais c'est le tableau qui dessert le circuit qui est évidemment le point de départ de la manœuvre.

(d) *Communication entre circuits interurbains*. L'opérateur interurbain qui reçoit la demande d'un autre circuit desservi par un autre tableau que le sien ou ses voisins, met une fiche d'un groupe libre dans le jack de la ligne de conversation reliée au tableau intéressé, attend au besoin la fin d'un ordre en cours, formule sa demande à l'opérateur de ce tableau et, dès que le circuit est libre, lui indique le numéro de l'intercommunication à utiliser pour mettre, des deux côtés, les deux circuits en relation.

On peut remarquer que l'échange des conversations de service entre les tableaux interurbains peut s'effectuer aussi par les lignes de service. En effet, les lignes de conversation n'ont été établies qu'à titre d'essai, et elles ne seront utilisées que si l'expérience démontre que leur emploi est préférable à celui des autres.

XVIII

TÉLÉGRAPHIE ET TÉLÉPHONIE SIMULTANÉES

235. Trois systèmes ont été installés successivement en France pour faire simultanément de la télégraphie et de la téléphonie sur un même circuit : le système belge *Van Rysselberghe* et les deux systèmes français *P. Picard* et *Cailho*.

Le premier, pour ainsi dire abandonné en France, à l'heure actuelle, avait été imaginé dans le but d'utiliser des fils télégraphiques, déjà existants, pour la téléphonie à longue distance qui venait d'être rendue possible, grâce à l'emploi de la bobine d'induction. Les autres systèmes permettent d'utiliser, au télégraphe, les lignes construites pour le téléphone.

236. Système Van Rysselberghe. — Il est basé sur le principe suivant : étant donné que la production des sons, dans le téléphone, est due à des variations extrêmement rapides de l'état magnétique de l'électro-aimant, une variation lente ne pourra que faire varier lentement l'attraction de la membrane sans produire de son.

Comme les courants d'induction du téléphone, par suite de leurs alternances rapides, sont sans action sur les appareils télégraphiques, il s'agit, d'autre part, de rendre l'établissement du régime des courants du télégraphe assez lent pour que ces émissions n'influencent pas le téléphone. Pour obtenir ce résultat, on place, entre le manipulateur et la ligne, un électro-aimant dont la résistance et la self-induction amortissent, pour ainsi dire, les émissions de courant; l'effet du courant sur le récepteur télégraphique est donc simplement retardé (*fig.* 168). L'électro-aimant s'oppose, en même temps, grâce à sa self-induction, au passage des courants du téléphone vers le poste télégraphique; non que les appareils de celui-ci puissent en être incommodés, mais ces courants sont ainsi entièrement dirigés vers le poste téléphonique correspondant. Le téléphone est donc silencieux au moment de

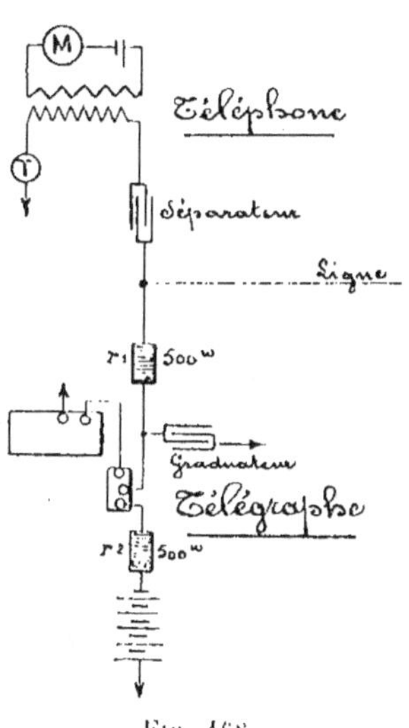

Fig. 168.

l'émission, mais se trouve encore influencé au moment de la rupture. On supprime cet effet, au moyen d'un condensateur appelé *graduateur* : une armature est mise en dérivation sur le circuit, et l'autre à la terre ; au moment de l'émission, le condensateur se charge et, quand l'émission cesse, la décharge annule l'extra-courant de rupture.

Cependant, pour que le courant destiné au poste télégraphique correspondant ne se perde pas au départ, du moins en

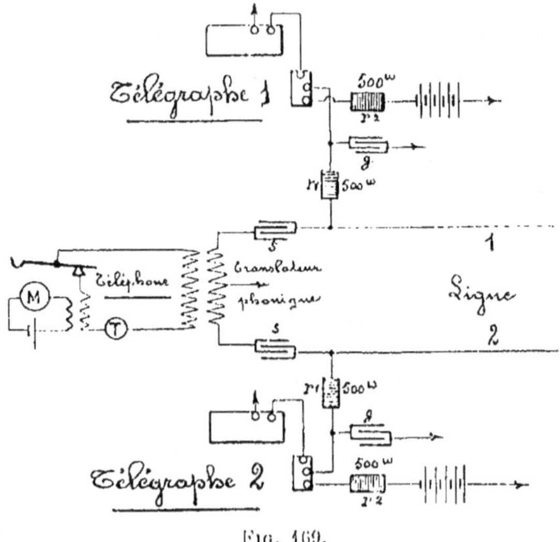

Fig. 169.

partie, à travers le poste téléphonique, il faut séparer les appareils, c'est-à-dire établir une jonction non métallique entre les deux postes. On obtient ce résultat en intercalant un deuxième condensateur entre la ligne et le poste téléphonique. Ce condensateur, appelé *séparateur*, s'oppose ainsi au passage des courants continus du télégraphe, mais laisse passer, comme nous le savons, les courants alternatifs du téléphone ou, si l'on veut, leur substitue d'autres courants par induction.

La pratique a fait reconnaître que la résistance des bobines *retardatrices* devait être plus grande au départ qu'à l'arrivée. On répartit donc la résistance sur deux électro-aimants dont l'un est placé entre la pile et le manipulateur, et l'autre entre celui-ci et la ligne : à la transmission, les deux bobines sont sur le circuit, et une seule s'y trouve pour la réception.

237. Si la ligne est bifilaire, autrement dit, si l'on emprunte, pour constituer le circuit téléphonique, deux lignes télégraphiques, on boucle les deux fils sur le poste téléphonique en disposant entre les deux séparateurs *s* (*fig.* 169) un transformateur appelé *translateur phonique*. Les condensateurs sont reliés aux fils de deux bobines creuses qui se font suite et dont les sorties sont à la terre. Une troisième bobine, placée dans les deux premières, a son fil intercalé dans le circuit secondaire du poste téléphonique. La transmission se fait donc, comme nous l'avons vu dans le chapitre précédent, par l'intermédiaire d'un transformateur.

238. Pour appeler au téléphone, on emploie des courants vibrés. Des courants de pile détermineraient, en effet, des courants d'induction susceptibles d'influencer les appareils télégraphiques.

Ces courants vibrés sont fournis par une bobine d'induction dont le noyau est muni d'une armature qui forme vibrateur ; c'est, en somme, une petite bobine de Ruhmkorff (*fig.* 170). Le circuit primaire est mis en action, au moment voulu, au moyen d'un commutateur qui substitue, en même temps, sur la clé d'appel, le circuit secondaire du vibrateur aux pôles de la pile d'appel [1].

Les courants vibrés sont reçus dans un relais spécial, nommé *appel phonique*, qui actionne un annonciateur *différentiel*.

---

1. Cette installation est destinée aux *tables interurbaines* des grands bureaux : elle permet à la téléphoniste d'appeler avec la pile, quand elle attaque un circuit ordinaire, et avec les courants vibrés, quand elle attaque un circuit comportant des dispositifs qui nécessitent ce système d'appel.

L'appel phonique est formé par un téléphone sur la membrane duquel s'appuie très légèrement une vis portée par un levier suspendu sur pivots. La membrane et le levier ferment le circuit d'une pile à travers l'un des enroulements de la bobine de l'annonciateur; les deux pôles de la pile sont également reliés par l'intermédiaire de l'autre enroulement; mais le courant passe en sens inverse dans les deux dérivations : il en résulte que les deux effets se combattent et que l'annon-

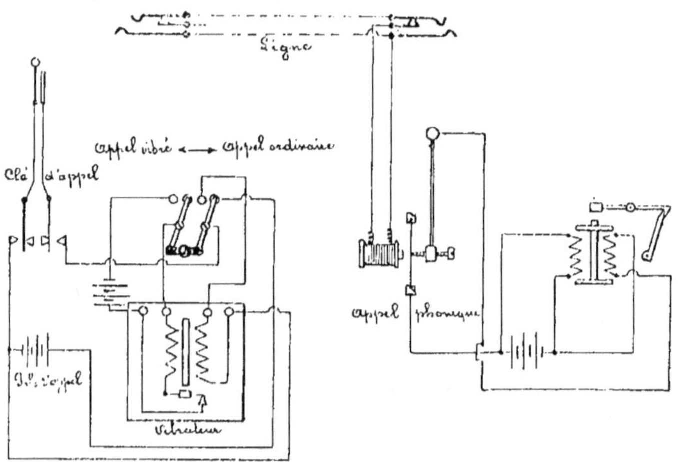

Fig. 170.

ciateur n'est pas actionné. Quand des courants vibrés traversent la bobine de l'appel phonique, la membrane entre en vibration et son contact avec la vis est, sinon rompu, au moins assez résistant : le courant passe alors plus facilement dans la dérivation directe, l'effet de l'enroulement correspondant prédomine, le noyau est aimanté et l'annonciateur fonctionne.

239. Système P. Picard. — Ce système est beaucoup plus simple que le précédent; mais il ne permet l'utilisation de la ligne double téléphonique que pour une seule transmission télégraphique. Son installation consiste à intercaler entre le télégraphe et le téléphone une bobine à deux enroulements de chacun 300 ohms, appelée *transformateur différentiel*.

Le poste télégraphique est monté en différentiel sur le milieu de l'un des enroulements, et les extrémités de celui-ci sont reliées aux fils de ligne (*fig.* 171); l'autre enroulement est placé dans le circuit secondaire du poste téléphonique. Il en résulte que le courant télégraphique se divise, traverse les deux parties du premier enroulement, en sens contraire, passe

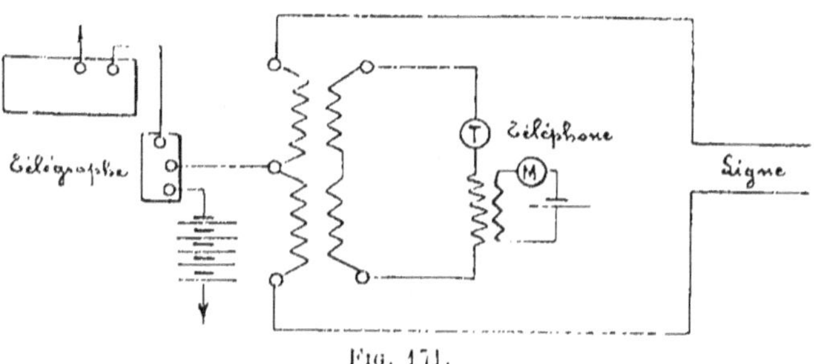

Fig. 171.

sur les fils qu'il parcourt parallèlement, et les deux portions du courant se combinent à l'arrivée, pour agir sur l'appareil correspondant.

L'action du courant sur le deuxième enroulement est nulle au départ et à l'arrivée puisque les effets inducteurs produits par chacune des deux parties se combattent. Les deux postes téléphoniques ne sont donc aucunement influencés; mais, à une condition, c'est que l'équilibre des deux fils de ligne, au point de vue de la résistance et de la capacité, soit tel que l'intensité du courant soit la même des deux côtés; c'est dans ces conditions seulement que les effets inducteurs des deux parties du premier enroulement se compensent exactement.

Quant aux courants d'induction du circuit secondaire téléphonique, leur action sur le premier enroulement détermine des courants induits de second ordre qui circulent dans les deux fils, accouplés cette fois en série, et induisent, à leur tour, le circuit secondaire du poste téléphonique correspondant.

240. La disposition pratique du poste téléphonique est la suivante : deux jacks sont pris sur le tableau-commutateur (*fig.* 172); le premier, J¹, est relié directement aux fils de ligne qu'il met, comme d'habitude, en relation avec l'annon-

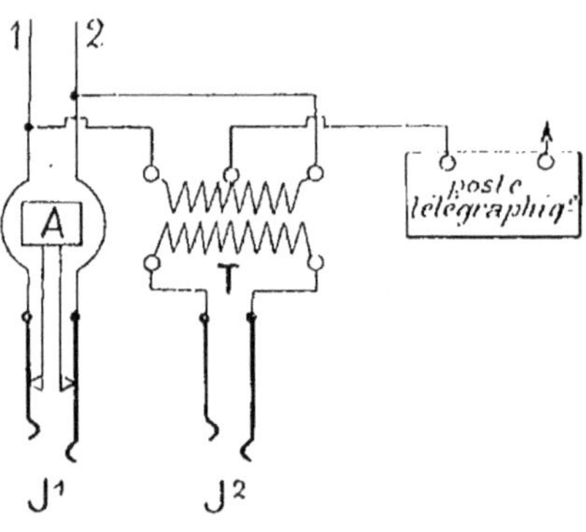

Fig. 172.

ciateur ; il sert donc à recevoir les appels ; il sert également à transmettre les appels ou à établir une communication directe si, pour une cause quelconque, le circuit n'est pas utilisé par le télégraphe. L'enroulement différentiel du transformateur Picard est mis en dérivation sur la ligne, et le conducteur du télégraphe est relié avec la borne médiane de cet enroulement. Enfin, le deuxième jack, J², est relié au deuxième enroulement ; c'est ce jack qui sert à établir la communication avec un abonné.

La transmission de l'appel par le jack J¹ ne gêne pas le télégraphe, puisque le courant passe sur les deux fils en série ; mais le courant est un peu affaibli, car il en passe une partie dans le premier enroulement qui forme *shunt*.

Dans la pratique on utilise très peu le jack J² : on relie le circuit interurbain à un abonné par le jack J¹. Toutefois, cet usage a l'inconvénient d'affaiblir les sons, car, la bobine ayant une self-induction presque nulle, une partie des courants est dérivée par le premier enroulement. Il est vrai qu'en utilisant le jack J², c'est l'annonciateur qui reste en dérivation ; mais il possède une plus forte self-induction que la bobine Picard. De toute façon, l'emploi du jack spécial J² est préférable, car il intercale le transformateur entre le circuit interurbain et une ligne qui peut être mal équilibrée.

Quel que soit le système employé pour télégraphier et téléphoner simultanément sur un même circuit, il est bien entendu que le poste télégraphique peut être installé dans un local éloigné du poste téléphonique ; c'est ce qui a lieu d'ailleurs à Paris. C'est près du répartiteur du bureau téléphonique que sont montés les appareils sur lesquels s'opère la jonction entre le conducteur venant du bureau télégraphique et le circuit téléphonique.

241. Système Cailho. — Comme le précédent, ce système permet d'utiliser un circuit téléphonique bifilaire pour l'ins-

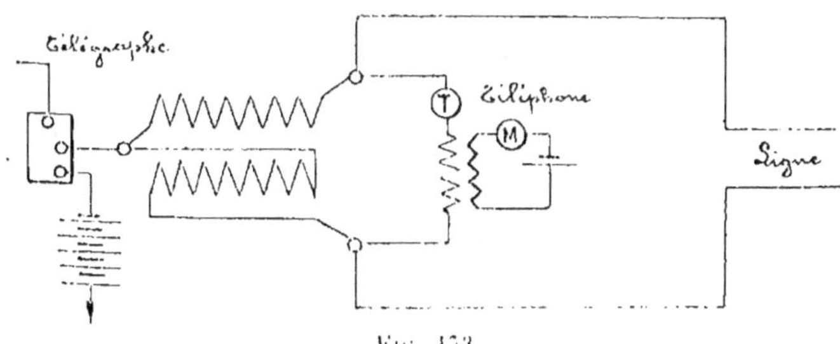

Fig. 173.

tallation d'une communication télégraphique. Il utilise également les deux fils en *quantité* pour le télégraphe et en *série* pour le téléphone.

Une bobine à deux enroulements égaux et munie d'un fort noyau en fer doux est intercalée entre le poste télégraphique et les fils de la ligne téléphonique (*fig.* 173). Chacun des enroulements est relié, d'une part, à un fil de ligne, d'autre part, à une borne qui reçoit le conducteur du télégraphe. Les connexions entre les fils de la bobine et les trois bornes sont disposées de telle sorte que les courants destinés au poste télégraphique, ou émis par lui, passent dans les enroulements en sens contraire : aucun magnétisme n'étant développé, la self-induction ne peut se produire et les courants télégraphiques ne subissent aucune entrave.

Au contraire, pour passer dans la dérivation qui leur est

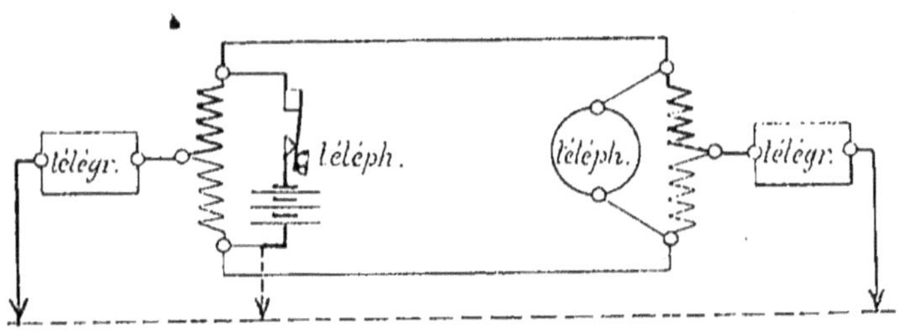

Fig. 174.

ouverte, les courants téléphoniques sont obligés de passer dans les deux enroulements accouplés en série, c'est-à-dire dans le même sens relativement au noyau ; ils produisent alors des courants de self-induction qui viennent s'opposer à leur passage. C'est l'application de cette propriété de la self-induction qui fait la supériorité du système Cailho.

L'installation pratique du téléphone consiste simplement à relier les deux fils de ligne au jack choisi ; toutefois, il y a toujours intérêt à intercaler un transformateur entre le jack et le circuit.

Pour supprimer l'effet de l'extra-courant de rupture des émissions télégraphiques, qui peut quelquefois gêner le téléphone si l'équilibre des deux conducteurs n'est pas absolument parfait, on place un condensateur en dérivation entre l'appareil télégraphique et la bobine Cailho.

242. Dans les installations effectuées avec les systèmes Picard et Cailho, la transmission télégraphique est susceptible d'être troublée par l'appel du téléphone quand une perte à la terre existe dans l'installation de celui-ci. En effet, comme le montre la figure 174, si l'un des pôles de la pile d'appel est à la terre, le courant de cette pile peut traverser les appareils télégraphiques et revenir au pôle négatif par la terre. L'inconvénient se fait évidemment sentir avec plus d'intensité dans l'appareil le plus rapproché du poste téléphonique. Il faut donc vérifier le circuit d'appel dès qu'un dérangement de cette nature est signalé : il provient souvent de l'installation de la pile dans un endroit humide.

XIX

CIRCUITS COMBINÉS

243. Le système des circuits combinés consiste à utiliser deux circuits téléphoniques bifilaires pour en constituer un

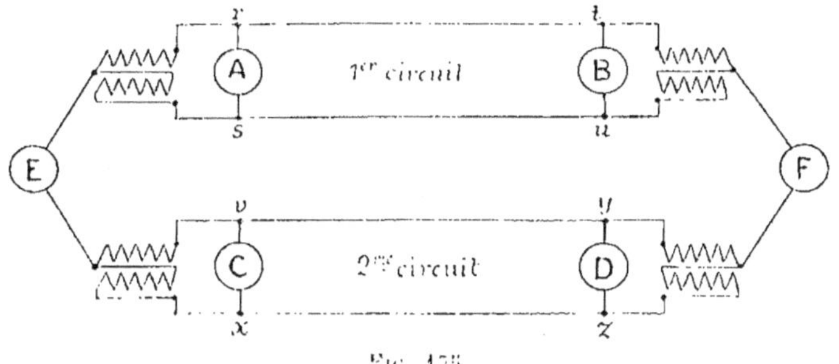

Fig. 175.

troisième : chacun des conducteurs de celui-ci est alors formé des deux fils d'un circuit accouplés en quantité.

Les deux circuits ordinaires sont munis, à chaque extrémité, d'une bobine Cailho placée en dérivation sur les bornes de ligne du poste (*fig.* 175) : les bornes de jonction des deux enroulements de ces bobines sont reliées aux postes supplémentaires. Si l'on considère, par exemple, les postes A et B, on peut remarquer qu'ils se trouvent, vis-à-vis des postes supplémentaires E et F, dans les mêmes conditions que les postes téléphoniques de l'installation précédente vis-à-vis des postes télégraphiques (241, *fig.* 173); c'est-à-dire que, grâce à la self-induction des bobines Cailho placées entre rs et tu, les courants de A ne peuvent passer que sur la ligne et dans le poste B, ou réciproquement. Donc A et B, d'une part, C et D, de l'autre, peuvent communiquer entre eux comme si les dérivations n'existaient pas.

Quand E cause avec F, la self-induction est nulle, puisque, cette fois, les enroulements des bobines sont parcourus en sens inverse ; les courants circulent parallèlement sur les deux fils d'un circuit pour revenir par les deux fils du second, sans passer, bien entendu, par les postes ordinaires.

On comprend que le système ne peut fonctionner convenablement, c'est-à-dire que les postes supplémentaires ne troublent pas les autres, qu'à la condition d'avoir un équilibre aussi parfait que possible, non seulement de la résistance et de la capacité des deux fils de chaque circuit ordinaire, mais aussi de l'anti-induction. Il faut, en effet, que les courants de E ou F qui circulent parallèlement sur les deux fils des circuits soit au même potentiel aux points de jonction rs, tu, vx, yz, des postes ordinaires pour que ceux-ci ne soient pas influencés par des mouvements électriques entre ces points. Il est donc nécessaire, pour ne pas détruire l'équilibre obtenu, de n'opérer de liaisons avec les trois circuits que par l'intermédiaire de transformateurs. L'installation pratique présente alors la disposition suivante.

244. Chacun des circuits ordinaires est relié à un jack muni d'un transformateur (*fig.* 176). Pour constituer le circuit supplémentaire, on place deux bobines Cailho en dérivation sur les deux premiers, et la tête de ces bobines est reliée à un troisième jack muni, comme les autres, d'un transformateur. Dans le cas où le troisième circuit serait inutile, des commutateurs permettent d'isoler les bobines. Les appels s'effectuent par extra-courants.

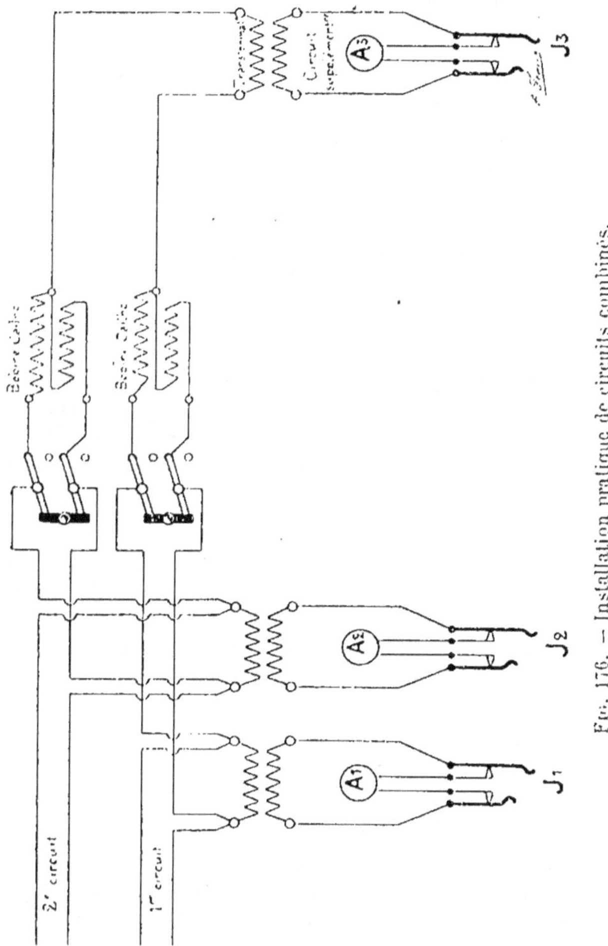

Fig. 176. — Installation pratique de circuits combinés.

Les bobines Cailho peuvent être remplacées, en cas de besoin, par des transformateurs du modèle de l'Administration dont on relie les deux enroulements par une jonction établie, sous le socle, entre deux bornes placées sur une diagonale (*fig.* 177). L'une de ces deux bornes (2 ou 3) devient ainsi la tête des deux enroulements qui seront parcourus en sens inverse par un courant rentrant par cette borne.

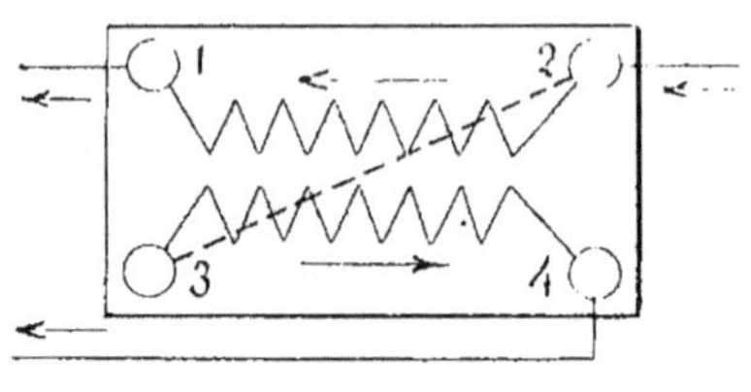

Fig. 177.

245. Nous avons supposé que les trois circuits ainsi constitués servent à établir des communications entre les abonnés de deux bureaux; mais les circuits combinés peuvent également servir à échelonner des communications entre trois localités. L'installation a pour point de départ la disposition suivante :

Deux circuits partent d'une station centrale : le premier dessert un premier bureau (A); le second traverse simplement ce dernier, dans une boîte de coupures, et va desservir le deuxième bureau (B). Supposons que le premier circuit soit, à un moment donné, insuffisant pour répondre aux demandes de communications entre le central et le bureau A ; on combine alors ce circuit avec la première section du circuit de B, et l'on obtient deux circuits entre la station centrale et le bureau A.

Pour réaliser l'installation, il nous suffira de transporter, par la pensée, le jack J² de la figure 176 dans le bureau B, et nous aurons ainsi : 1° entre la station centrale et le premier bureau, deux circuits se terminant au jacks J¹ et J³; 2° entre la station centrale et le deuxième bureau, un circuit se terminant au jack J².

246. Le problème des circuits combinés peut être encore résolu d'une façon plus large en utilisant deux combinaisons semblables à celle que nous venons d'étudier pour former un septième circuit (*fig.* 178). Dans le premier cas, on avait trois communications avec quatre fils : dans le second, nous avons sept communications avec huit fils ; c'est-à-dire, dans les deux cas, autant de communications qu'il y a de fils simples, moins un. Il n'y a même pas de raison, du moins théoriquement, pour

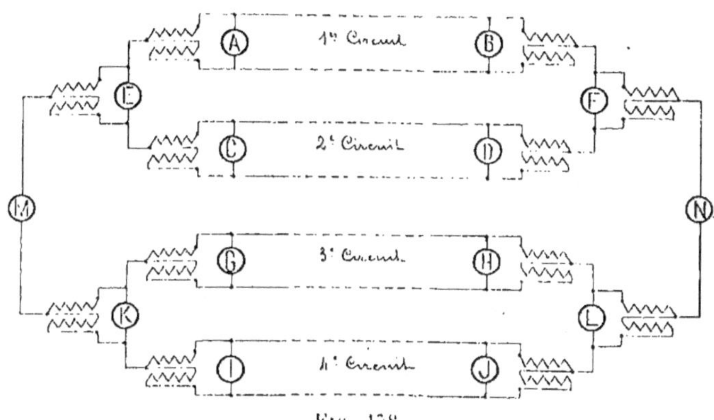

Fig. 178.

ne pas continuer à combiner ainsi des combinaisons. Toutefois, l'installation de sept circuits présente déjà des difficultés pratiques ; nous avons vu, en effet, que le fonctionnement de la première combinaison (*fig.* 175) était subordonné à l'équilibre des conducteurs de chacun des deux circuits ; autrement dit, les quatre conducteurs doivent être équilibrés deux à deux. Dans la combinaison des quatre circuits, il faut, pour que les postes M et N ne gênent pas les postes E, F, K, L, équilibrer, d'une part, les conducteurs des postes E et F, et, d'autre part, les conducteurs des postes K et L ; autrement dit, l'installation exige l'équilibre de huit conducteurs quatre à quatre.

QUATRIÈME PARTIE

DÉRANGEMENTS

———

I

ESSAI DES CIRCUITS

247. Généralités. — C'est surtout par la pratique que l'on acquiert les aptitudes nécessaires pour relever rapidement les dérangements ; on ne peut prévoir, en effet, tous les accidents, isolés ou combinés, qui peuvent atteindre les lignes, les appareils et les fils des installations. En ce qui concerne les deux derniers points surtout, les dérangements proviennent d'une foule de causes : défauts de construction des appareils, intallation défectueuse, locaux humides, appareils brutalisés, conducteurs détériorés, etc., enfin, bien entendu, usure normale des différentes parties de l'installation. Nous n'avons donc pas la prétention de prévoir tous les cas ; nous donnerons simplement des indications générales sur la manière de déterminer la nature des dérangements et de rechercher leur situation afin d'y porter remède [1].

———

[1]. Il ne sera ici question que des postes reliés à des réseaux ordinaires : toutefois, les dispositions nécessitées par la batterie centrale étant connues (batterie sur la ligne et circuit coupé chez l'abonné par un condensateur), il sera facile d'en tenir compte pour la recherche des dérangements.

Nous verrons d'abord comment on essaie un circuit local et un circuit de ligne. Pour effectuer ces essais, les agents ont à leur disposition un *contrôleur de piles* ou un *voltmètre* et, au besoin, certains organes de l'installation même, ou se trouvant à leur portée (galvanomètre, téléphone, sonnerie). Si le circuit contient une résistance importante, il faut toutefois éviter l'emploi du contrôleur qui, d'ailleurs, ne figure plus dans l'outillage officiel. En effet, cet instrument, composé d'un électro-aimant dont l'armature est montée en trembleur, est surtout réglé, comme son nom l'indique, pour l'essai direct des piles; il ne donne encore, dans ce cas, qu'une indication sommaire. L'emploi du voltmètre est donc préférable ; nous avons déjà donné le principe de cet appareil (60), mais on trouvera plus loin une description plus détaillée ainsi que la manière de l'utiliser pour mesurer les piles.

Le poste d'essais dont nous allons faire usage est donc formé par un voltmètre et une pile.

248. Essai d'un circuit local. — Les essais s'appliquant à un circuit quelconque, les points qui figurent sur les dessins représentent aussi bien des bornes d'entrée et de sortie de divers organes que des contacts de commutateurs.

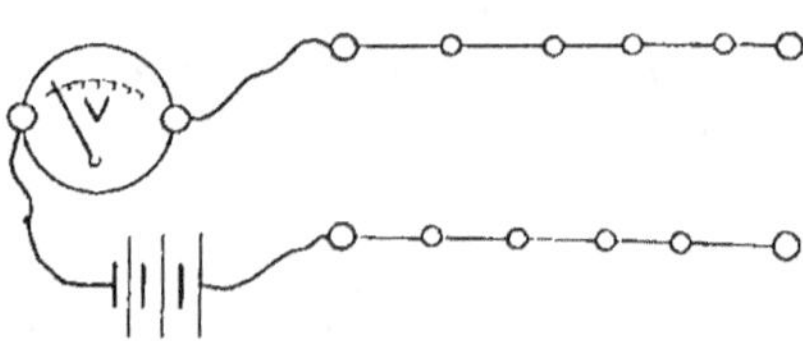

Fig. 179.

Deux dérangements peuvent se produire dans un circuit local : ou bien il y a un mélange, c'est-à-dire une communication directe entre deux points du circuit qui ne devraient avoir de relation qu'à travers certains organes; ou bien une interruption provoquée, soit par la rupture d'un fil, soit par un contact défectueux. Il faut donc commencer par déterminer

s'il y a rupture ou mélange. Pour cela, on isole les extrémités
du circuit (autrement dit, on retire de ce circuit l'appareil qui
le termine), puis on place le poste d'essais entre l'entrée et la
sortie (*fig.* 179). Si le courant passe, il y a un mélange ; si le
courant ne passe pas, on boucle les deux extrémités dont on
avait détaché les fils : si le courant ne passe pas encore, il y a

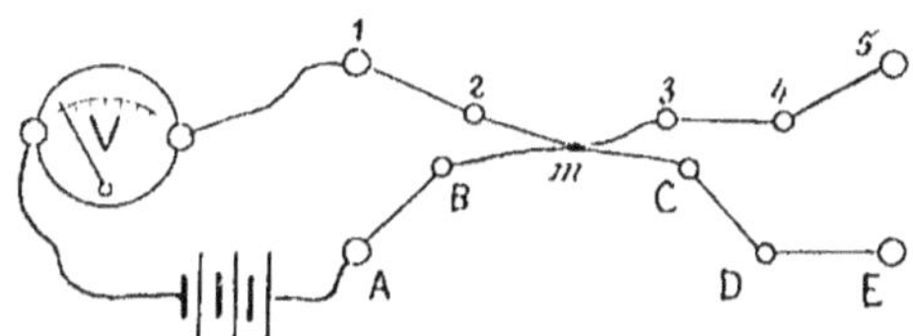

Fig. 180.

un fil coupé. La nature du dérangement étant déterminée, il
reste à chercher où il réside.

Recherche du point où existe un mélange. — Laisser le
poste d'essais dans la même situation, les deux extrémités du

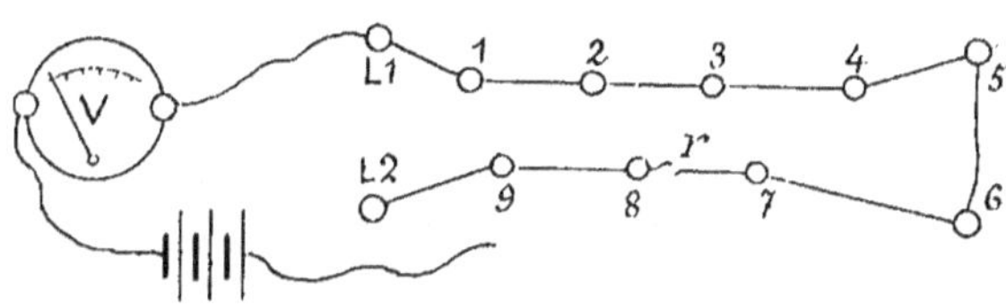

Fig. 181.

circuit étant toujours isolées ; puis rompre successivement les
connexions sur l'un des côtés du circuit.

On coupe, par exemple, au point 4, et le courant passe
(*fig.* 180) ; donc le mélange est en deçà de 4 ; et ainsi de suite.
Si, après avoir détaché le fil de 2, le courant ne passe plus,
c'est que le mélange est établi entre 2 et 3.

On peut se contenter de cette indication si les fils sont facilement accessibles ; sinon, il est préférable d'essayer de même

l'autre côté du circuit; on reconnaît alors, ainsi que l'indique la figure, que le mélange est entre B et C.

Circuit coupé. — Suivant la nature des organes placés sur le circuit, trois cas se présentent :

PREMIER CAS. — Le circuit ne contient ni pile, ni sonnerie, ni appareil récepteur (*fig.* 181). Le circuit reste bouclé ; on relie l'une des extrémités du poste d'essais à l'une des bornes d'entrée du circuit et, avec l'autre fil volant, on touche succes-

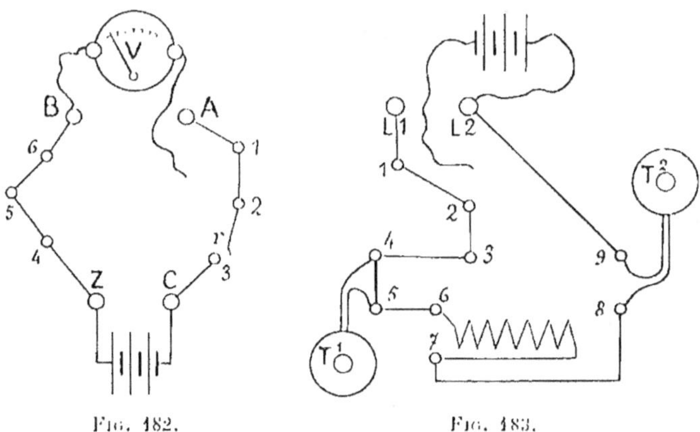

Fig. 182.   Fig. 183.

sivement tous les points de jonction en commençant de l'autre côté (L2). Le passage du courant indique que la rupture *r* existe entre les deux derniers points touchés (7 et 8).

DEUXIÈME CAS. — Le circuit contient une pile. On relie une une borne de l'appareil d'essais à B (*fig.* 182); puis, avec un fil volant relié à l'autre borne, on touche successivement les points A, 1, 2, 3. Si, par exemple, ayant touché 2, on a constaté un isolement et que sur 3 le courant passe, le défaut est entre 2 et 3. Si, arrivé à la borne C, le défaut n'est pas relevé, on fixe le fil à cette borne et l'on détache l'autre fil de B pour répéter la même opération de l'autre côté jusqu'au point qui décélera le dérangement.

TROISIÈME CAS. — Le circuit contient des récepteurs. Une pile est munie de deux fils volants, et l'un des fils est relié à 1.2 (*fig.* 183). Les essais sont effectués à l'aide du deuxième fil volant en se servant, comme appareil de contrôle, du téléphone le plus éloigné du point de départ (T²); mais, pour supprimer la résistance du deuxième téléphone, on l'élimine en bouclant ses deux bornes (4 et 5). On touche donc successivement 1, 2, 3, etc., jusqu'à ce que le bruit produit dans le récepteur par le passage du courant indique que la rupture se trouve en arrière du dernier point touché.

Dans tous les cas, dès qu'un défaut est relevé et réparé, on doit de nouveau vérifier le circuit pour s'assurer qu'il n'en existe pas d'autre.

249. Essai d'une ligne. — Les dérangements des lignes peuvent provenir de mélanges, de ruptures, de mises à la terre.

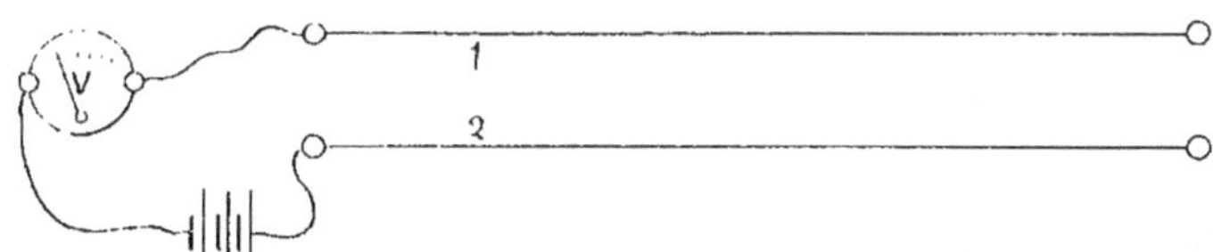

Fig. 184.

Quand tout porte à croire qu'une ligne est mauvaise, on procède aux essais que nous allons indiquer; nous verrons un peu plus loin de quelle façon on fait opérer, en temps utile, à l'autre extrémité de la ligne, certaines manœuvres qui sont nécessaires pour effectuer ces essais.

Bien entendu, il n'est question ici que d'essais sommaires en vue de déterminer la nature du dérangement; ces essais peuvent d'ailleurs se borner à cette détermination quand on a affaire à une ligne aérienne d'abonné ou à un petit circuit interurbain; mais, quand il s'agit de rechercher la situation aussi exacte que possible de dérangements affectant des grands circuits ou des lignes souterraines, des expériences

précises sont effectuées, dans les laboratoires des grands
bureaux, au moyen d'appareils spéciaux.

Pour déterminer la nature du dérangement, on fait isoler
les deux extrémités de la ligne, puis on relie les connexions
du poste d'essais aux deux fils (*fig.* 184).

Si le voltmètre accuse le passage du courant, il y a un mélange, ou bien les deux fils sont à la terre. Le praticien peut
immédiatement apprécier, par la façon dont l'aiguille de l'instrument dévie, si le défaut est plus ou moins éloigné de son
poste : plus la déviation est grande, plus le dérangement est
proche, car, évidemment, la résistance du reste de la ligne
est supprimée.

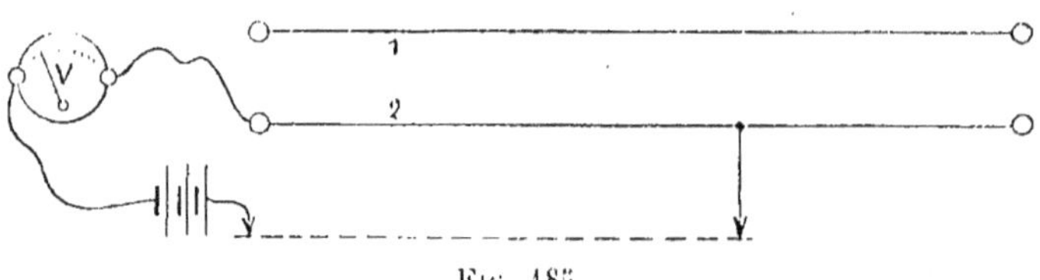

Fig. 185.

Si l'aiguille ne dévie pas, il peut y avoir une rupture, ou
une terre sur l'un des fils seulement.

Dans le cas des deux fils à la terre, toute communication
est impossible ; mais, si l'un des fils seulement touche le sol,
on peut communiquer ; toutefois, nous le savons déjà, des
courants dont les causes sont diverses viennent s'ajouter à
ceux produits par le transmetteur, et l'audition est défectueuse : il y a de la *friture*. Il faut donc relever le dérangement le plus tôt possible dès que les essais ont déterminé une
perte à la terre.

Recherche de la mise à la terre. — Les fils étant toujours
isolés au poste extrême, on peut voir si les deux fils sont
mêlés ou tous deux à la terre ; ou bien, si aucune déviation
n'avait été constatée pendant l'essai précédent, si l'un des fils
seulement est à la terre. A cet effet, une extrémité du poste
d'essais est mis à la terre et, avec l'autre, on touche successi-

vement les deux fils : une terre sur la ligne est signalée par
la déviation de l'aiguille, puisque le courant peut revenir au
pôle négatif de la pile par le sol (*fig.* 185).

Recherche d'une rupture. — Pour chercher si un fil est
coupé, on fait boucler les fils au poste extrême et l'on ferme
le circuit sur le poste d'essais. Si la ligne était bonne, le courant devrait évidemment passer ; l'isolement indique donc
une rupture ; mais on peut avoir intérêt à savoir si l'un des
fils seulement est coupé et quel est ce fil. En effet, si l'un des
fils est en bon état, on peut, provisoirement, rendre la communication possible en mettant des prises de terre, dans
chaque poste, sur les bornes reliées au fil coupé.

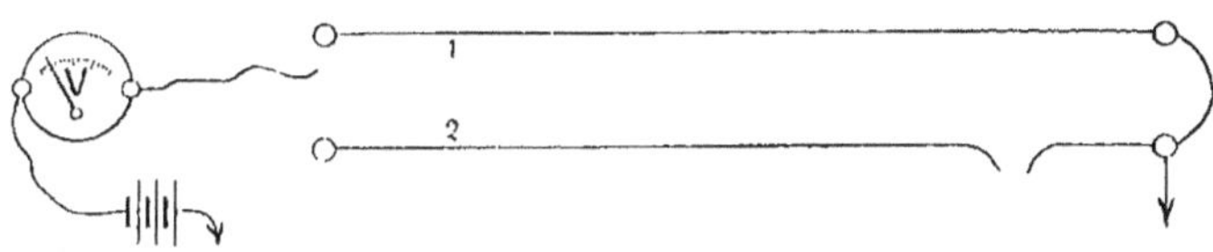

FIG. 186.

Pour effectuer l'essai, on fait mettre les deux fils à la terre,
(*fig.* 186) et, le poste d'essais étant muni d'une prise de terre,
on vérifie successivement les deux fils : l'immobilité de l'aiguille du voltmètre indique une rupture.

**250. Dispositions à prendre quand un dérangement est si-
gnalé.** — Les dérangements peuvent être signalés, soit par le
personnel des bureaux, soit par les abonnés intéressés.

Premier cas. — Un opérateur voulant, par exemple, répondre
à un appel, ne peut entrer en conversation avec l'appelant.
Si, supposant d'abord le mauvais état du groupe utilisé,
l'opérateur change sans succès de clé d'écoute et de fiche, le
fait est immédiatement signalé au personnel compétent.

L'agent chargé du service technique prend alors la ligne
sur le répartiteur, la renvoie sur un tableau spécial, si le
bureau en est pourvu, et procède aux essais. Si, de ce point,
la communication est possible avec la ligne, le dérangement

se trouve localisé dans le bureau et c'est là qu'il faut le rechercher ; si la communication est absolument impossible du côté ligne, on peut soupçonner le dérangement de celle-ci ; mais, si l'on reçoit des appels et que le correspondant paraisse ne pas recevoir ceux qu'on lui envoie, c'est que le dérangement est chez lui.

Dans certains cas, la pratique permet à l'agent qui essaye une ligne de se rendre compte de l'état de celle-ci, même si aucun signal ne lui parvient : on peut, en effet, en plaçant, par exemple, un téléphone sur le circuit d'une pile mise en relation avec la ligne, entendre le ronflement produit par l'interruption automatique de la sonnerie du correspondant : c'est donc un dérangement du poste de celui-ci qui l'empêche de répondre aux appels. D'autre part, une déviation anormale de l'aiguille d'un appareil d'essai indique immédiatement que la résistance de la ligne est trop faible et que c'est, par conséquent, sur celle-ci que réside le dérangement.

Le poste central mis hors de cause, que le dérangement soit sur la ligne ou dans le poste correspondant, il faut se rendre à ce dernier pour continuer les recherches ; à moins, toutefois, que ce poste soit un autre bureau ; auquel cas, on peut donner des ordres téléphoniques ou télégraphiques pour que des dispositions soient prises en vue de déterminer si le dérangement est sur la ligne ou dans le poste.

Deuxième cas. — Le dérangement est signalé par un abonné ; il y a, cette fois, deux manières de procéder :

1° Si l'abonné est relié à un grand bureau central pourvu d'un personnel technique, celui-ci opère comme dans le cas précédent, c'est-à-dire en essayant, dans le bureau même, le côté de la ligne et celui du tableau-commutateur.

2° Si l'abonné est relié à un petit bureau, à un *municipal*, par exemple, l'agent est envoyé directement chez l'abonné, et c'est de ce point que les recherches sont faites, quitte à se rendre ensuite au bureau intéressé si le poste est en bon état. Nous verrons plus loin quelles sont, dans ce cas, les dispositions que doit prendre l'agent avant de quitter le domicile de l'abonné.

II

RECHERCHE D'UN DÉRANGEMENT DANS UN POSTE TÉLÉPHONIQUE

254. Si le dérangement a été suffisamment caractérisé par la manière dont il a révélé son existence, les recherches doivent porter immédiatement sur la partie de l'installation qui paraît en cause; mais, si aucune indication n'est fournie à cet égard, on procédera comme il suit, en remarquant qu'aussitôt le dérangement localisé dans telle ou telle partie de l'installation, il n'y aura qu'à effectuer les essais indiqués dans le chapitre précédent pour préciser, s'il y a lieu, son emplacement exact.

La première chose à faire est de vérifier *s'il y a du microphone*.

1° S'il n'y en a pas, boucler la ligne aux bornes de l'appareil (*fig.* 187). S'il y a maintenant du microphone, c'est que *le circuit est coupé au delà du poste;* s'il n'y en a pas, *le dérangement est dans l'appareil*. En effet, dans le premier cas, puisque les courants induits circulent dans le secondaire dès que l'on boucle ce circuit sur les bornes, c'est qu'il y a une interruption au delà de ces bornes; dans le second cas, étant donné qu'en dehors de l'appareil, une coupure seule peut empêcher les courants induits de se produire, si ces courants ne se manifestent pas dès qu'on ferme le circuit, c'est qu'il y a un dérangement dans l'appareil même.

2° Si, au début, il y a du microphone, on attaque le poste central et l'on décroche le récepteur.

Ici, une remarque : si l'appel est effectué au moyen d'un appel magnétique, le fonctionnement de cet appareil peut donner des indications. On sait, en effet, que le champ produit par les courants induits s'oppose au mouvement de la bobine (loi de Lenz). Or, la réaction est évidemment proportionnelle à l'intensité de ces courants, et cette intensité est inversement proportionnelle à la résistance du circuit. Donc, une difficulté anormale pour tourner la manivelle indique une résistance extérieure très faible ou même nulle (mélange sur la ligne ou terre très rapprochée). Au contraire, une absence de réaction indique que les courants induits ne se forment pas (interruption).

(*a*) Si le bureau ne répond pas, on s'assure qu'on envoie du courant en mettant un voltmètre en dérivation sur les bornes de la ligne (*fig.* 188). Si l'aiguille dévie, *le dérangement n'est*

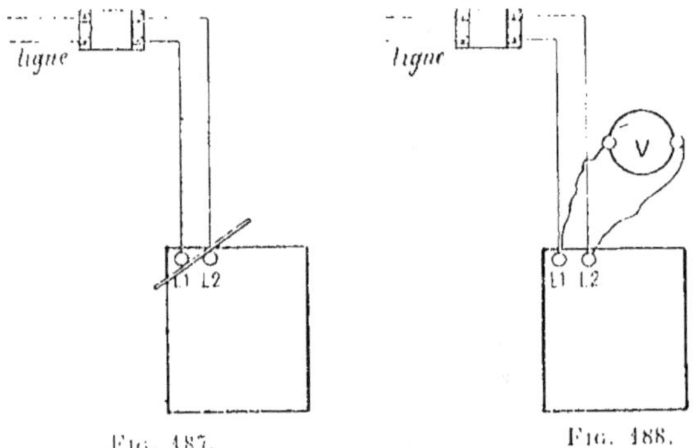

Fig. 187.

Fig. 188.

pas dans l'appareil; autrement dit, celui-ci est en bon état, mais les courants ne peuvent circuler dans le circuit extérieur par suite d'une interruption sur la ligne ou chez le correspondant. Si l'aiguille ne dévie pas, on continue les essais :

(*b*) On détache un fil de ligne (*fig.* 189). Si le voltmètre ne fonctionne pas encore, *le dérangement est dans le générateur d'appel ou dans une autre partie de l'appareil,* puisque tout circuit extérieur, susceptible d'absorber le courant au dépens du voltmètre, est éliminé par l'enlèvement du fil. Si l'aiguille dévie, *le dérangement n'est pas dans l'appareil* et l'on peut, cette fois, supposer qu'il existe un mélange au delà de celui-ci, ou une terre sur les deux fils de ligne. Il s'agit alors de savoir si le dérangement est en deçà ou au delà de l'entrée de poste :

c) On intercale le voltmètre entre le fil détaché et sa borne et l'on coupe le côté extérieur de la ligne au dispositif de protection *(fig.* 190). Si l'aiguille dévie, *il y a un mélange entre l'appareil et l'entrée de poste.* Si le voltmètre ne fonctionne pas, le dérangement est sur la ligne ou dans le poste central.

d) Si le bureau répond à l'appel prévu au paragraphe (2"), il est inutile, bien entendu, de procéder aux épreuves indiquées par les paragraphes suivants ; on prie l'opérateur de

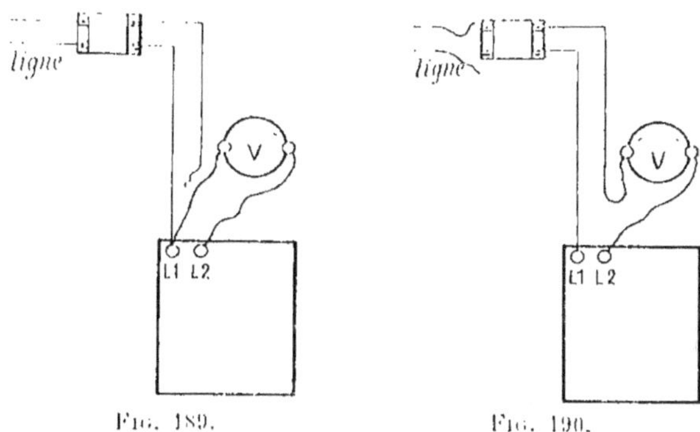

Fig. 189.   Fig. 190.

faire des appels et, si la sonnerie ne fonctionne pas, on vérifie son circuit.

Enfin, si les essais ont démontré que le poste est en bon état jusqu'à l'entrée de ligne, les recherches doivent continuer au delà. A cet effet, si le poste est relié à un bureau central ne possédant pas de personnel technique, l'agent n'a plus qu'à se rendre à ce bureau. Toutefois, si le résultat de ses essais lui permet de supposer que c'est la ligne et non l'installation du bureau qui est défectueuse, il pourra, avant de partir, préparer l'extrémité de la ligne en vue des essais à effectuer au poste central. L'agent peut d'ailleurs suivre le parcours de cette ligne et découvrir le dérangement. Dans ce cas, si les moyens dont il dispose ne lui permettent pas d'y remédier lui-même, au moins provisoirement, il signale la situation au service compétent.

III

ESSAIS DANS LES BUREAUX

252. Tableau d'essais. — Dans les bureaux un peu important, le poste d'essais de fortune, que nous avons vu formé d'un voltmètre et d'une pile, est remplacé par une installation fixe disposée sur un *tableau* situé près du répartiteur.

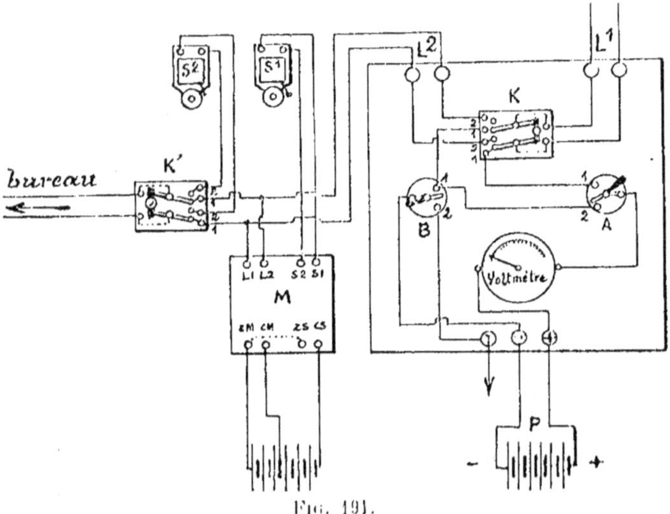

Fig. 191.

Le tableau est formé d'un panneau en chêne (*fig.* 191), sur lequel sont montés les organes suivants : deux bornes, L¹, pour recevoir les fils de la ligne à essayer; deux autres bornes, L², reliées à un appareil téléphonique; un commutateur double à deux directions, K, qui permet de relier la ligne soit à deux commutateurs A et B, soit à l'appareil; un voltmètre;

deux bornes reliées aux pôles d'une pile et enfin une borne reliée à la terre. Les communications entre ces divers organes sont indiquées sur le dessin. Un commutateur K' et deux sonneries, dont nous verrons plus loin l'utilité, figurent également sur le dessin, mais n'existent pas sur tous les tableaux d'essais.

253. Essais avec le tableau. — Les bornes de ligne du tableau, L', sont reliées à la ligne à essayer au moyen d'une *jarretière* terminée par une fourchette dont les deux lames sont serrées sous les vis des plots de raccordement du répartiteur. En mettant le commutateur A sur 2 et le commutateur B sur 1, on peut essayer le voltage de la pile. Au repos les commutateurs K, A et B sont placés sur les plots 1. Les deux pôles de la pile se trouvent ainsi reliés à chacun des fils de ligne : le positif, par le voltmètre, A1, K1 et fil 1 ; le négatif, par B1, K1 et fil 2. Cette disposition est la répétition de ce que nous avions fait avec un poste d'essais de fortune pour effectuer la première expérience (*fig.* 184). Pour continuer la série des opérations, nous pourrons, en plaçant la manette du commutateur B sur le plot 2, mettre le pôle négatif de la pile à la terre et, avec le commutateur A, essayer successivement les deux fils en passant du plot 1 au plot 2.

Le tableau d'essais, comme d'ailleurs un poste d'essais quelconque, peut être utilisé pour essayer également le côté tableau-commutateur.

Dès que les deux côtés ont été reconnus en bon état par suite de la réparation du dérangement, on peut, avant de rétablir la jonction normale au répartiteur, essayer successivement les deux côtés sur le poste, en tournant le commutateur K sur les plots 2. Dans cette situation, ce commutateur met les bornes de ligne du tableau en relation avec les bornes L1 et L2 de l'appareil.

Dans les bureaux où le répartiteur est situé dans un autre local que les tableaux-commutateurs, le poste téléphonique est relié au bureau par une ligne de service qui aboutit à l'appareil par l'intermédiaire du commutateur K'. L'appareil est alors muni d'une sonnerie S¹, et les plots 2 du commutateur d'une sonnerie S².

Le commutateur K′ étant sur les plots 1, l'agent préposé aux essais peut recevoir les appels du bureau par la sonnerie S¹ ; puis, par l'appareil dont il décroche le récepteur, il reçoit les instructions nécessaires pour effectuer les essais sur tel ou tel circuit. Si, pendant le cours de ses expériences, l'agent veut utiliser l'appareil, il place alors le commutateur K′ sur les plots 2, de manière à recevoir, dans la sonnerie S², les appels qui pourraient lui venir du bureau pendant ce temps.

254. Boîte et panneau d'essais. — A l'exemple des dernières dispositions prises dans les postes centraux desservis par des multiples, le tableau d'essais est déjà remplacé, dans un certain nombre de bureaux, par une installation pouvant être montée dans la même salle que les tableaux-commutateurs. Cette installation est composée d'une *boîte d'essais* et d'un panneau de commutation.

Sous une autre forme, la boîte d'essais contient les mêmes organes que le tableau dont il vient d'être question ; c'est-à-dire un voltmètre, des jacks et des fiches de jonction, et des clés pour effectuer les divers essais.

Le panneau est relié aux divers tableaux par des lignes de service, pourvues de jacks avec annonciateurs, et par des lignes d'intercommunications aboutissant à des jacks dits de renvoi. Les premières permettent aux opérateurs d'appeler le préposé aux essais pour lui signaler un dérangement; inversement, celui-ci peut appeler les opérateurs pour leur indiquer les jonctions à effectuer avec les lignes de renvoi afin de lui passer les circuits à essayer.

L'installation est complétée par une *boîte de mesures* contenant des jacks de jonction et les appareils utiles aux mesures prescrites par les règlements.

CHAPITRE IV

DISPOSITIFS POUR LES MANŒUVRES D'ESSAIS DE LIGNES

255. Généralités. — L'essai d'un circuit de ligne nécessitant l'isolement, le bouclage ou la mise à la terre de l'extrémité opposée de ce circuit, on a dû prendre des dispositions pour que le personnel, souvent inexpérimenté, des petits bureaux puisse exécuter ces manœuvres sans avoir à détacher de connexions.

A cet effet, un commutateur spécial a d'abord été intercalé sur le circuit interurbain; mais l'extension du service téléphonique a nécessité l'adoption d'un système permettant d'effectuer les manœuvres en question, aussi bien sur le ou les circuits aboutissant au bureau que sur les circuits le traversant. Ce système est constitué par un jeu de fiches dont on fait usage suivant les indications données par le bureau central où s'effectuent les essais ou les mesures. En outre, le cas échéant, l'installation est complétée par une boîte de coupures pour les circuits de passage.

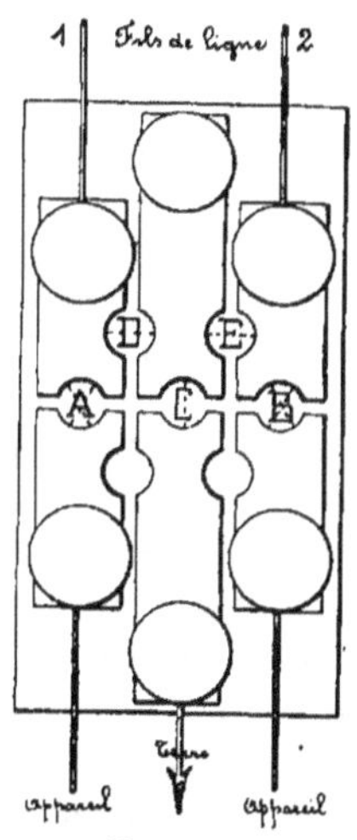

Fig. 192.

256. Commutateur d'essais. — C'est un commutateur bavarois composé de six plots en cuivre munis de boutons de serrage (*fig.* 192). Les fils de ligne sont attachés à deux petits plots; les fils allant au tableau, aux deux autres petits plots. L'un des plots médians reste isolé, et l'autre est mis à la terre. En temps ordinaire, deux fiches établissent la communication entre les petits plots de chacune des paires (A, B), c'est-à-dire entre la ligne et le tableau commutateur. Une troisième fiche, mise au repos entre les deux plots médians (C), permet, avec les deux premières, d'effectuer les opérations suivantes :

Ligne isolée, fiches A,B enlevées;

Fils bouclés, fiches en D, E;

Fil 1 à la terre, fiches en D, C, B;

Fil 2 à la terre, fiches en A, C, E;

Les deux fils à la terre, fiches en D, C, E.

257. Fiches d'essais. — Au nombre de cinq, ces fiches sont disposées de la façon suivante :

1° Deux fiches sont montées sur un même cordon bifilaire. Elles permettent, soit de mettre deux circuits en communication directe, soit, en enfonçant une seule des fiches dans un jack, d'isoler les extrémités du circuit aboutissant à ce jack.

2° Une fiche d'une seule pièce ou, à défaut, une fiche ordinaire dont on réunit métalliquement les deux parties. Enfoncée dans un jack, elle boucle les deux extrémités du circuit.

3° Une fiche dont le corps est isolé et la tête en relation avec la terre. Quand elle est enfoncée dans un jack, l'un des fils est isolé et l'autre mis à la terre.

4° Une fiche dont la tête est isolée et le corps relié à la terre. Elle permet d'effectuer la même opération que la précédente, mais en inversant les fils.

258. Boîte de coupures. — Pour permettre de *localiser* plus facilement les dérangements sur de longs circuits interurbains, on les fait pénétrer dans un ou plusieurs bureaux se trouvant sur leur parcours. Au début des installations téléphoniques, les sections de ces circuits aboutissaient au répartiteur du bureau, et la jonction était établie directement sur les plots de raccordement. L'un des inconvénients de ce procédé était l'obligation de déplacer quelquefois un agent compétent pour opérer les manœuvres nécessaires aux essais; la *boîte de coupures* remplace maintenant cette disposition défectueuse. C'est une boîte fermée par un couvercle vitré et munie de tasseaux sur lesquels viennent se fixer les différents organes. La boîte est accrochée contre un mur, et les conducteurs y pénètrent par des échancrures pratiquées, près du fond, dans les parois supérieure et inférieure (*fig.* 193).

La boîte est destinée au passage de cinq lignes, mais ne contient, à l'avance, que les organes nécessaires à un seul circuit ; les autres sont demandés comme pièces détachées quand ils sont utiles.

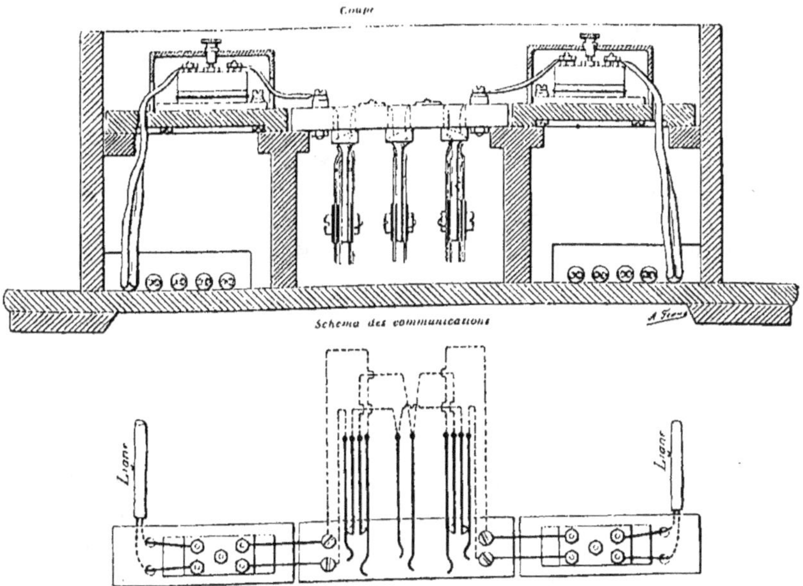

Fig. 193. — Boîte de coupures.

Telle qu'elle est représentée sur le dessin, l'installation d'un circuit comprend deux paratonnerres et une planchette de trois jacks ; mais, dans les nouvelles installations, les deux premiers organes sont des paratonnerres-coupe-circuit de 3 ampères. Chacune des sections de la ligne aboutit à un coupe-circuit, et la jonction est effectuée par l'intermédiaire des jacks extrêmes dont les contacts de rupture sont reliés entre eux. Le jack du milieu est placé en dérivation sur cette liaison.

L'installation est complétée par le raccord de la borne des paratonnerres avec le fil de terre du bureau.

Ainsi qu'on peut s'en rendre compte, les fiches dont il vient d'être question permettent d'effectuer des manœuvres d'essais non seulement sur les jacks des tableaux, mais aussi sur les jacks de la boîte de coupures : en enfonçant une fiche dans l'un ou l'autre des jacks extrêmes, on opère la manœuvre voulue sur une section et, pendant ce temps, la rupture des contacts de jonction isole l'autre section. En opérant de la même façon avec les fiches des boîtes d'essais et de mesures, on peut effectuer des épreuves sur une section déterminée.

Le dispositif de coupures permet enfin, au moyen d'une fiche reliée à un poste téléphonique, de se porter sur l'une des sections d'un circuit pour transmettre une communication utile ; dans ce cas, le jack du milieu, ou jack d'écoute, est d'abord employé pour s'assurer que la ligne est libre.

V

MESURES

Nous nous bornons à donner la manière d'exécuter quelques mesures très simples qui peuvent être effectuées à l'aide du voltmètre qui fait partie de l'outillage des agents chargés de l'entretien des installations téléphoniques.

259. Voltmètre modèle 1911. — Le principe de l'instrument est le suivant : un cadre galvanométrique est placé dans la champ magnétique d'un aimant fixe. Le cadre est monté sur un axe muni d'une aiguille indicatrice placée devant un secteur gradué. Un ressort spirale maintient l'aiguille sur une butée de repos ; le cadre, et par suite l'aiguille, ne pouvant alors dévier que de gauche à droite, le courant doit être dirigé à travers l'instrument en reliant le pôle positif de la source à la borne de gauche.

La figure 194 représente schématiquement le voltmètre adopté par l'Administration en 1911. La résistance du cadre G est de 20 à 21 ω. Une résistance additionnelle R, de 1.800 à 2200 ω est destinée à augmenter la résistance totale de l'instrument. Un poussoir P permet d'introduire un *shunt* de 5 ω entre les deux bornes,

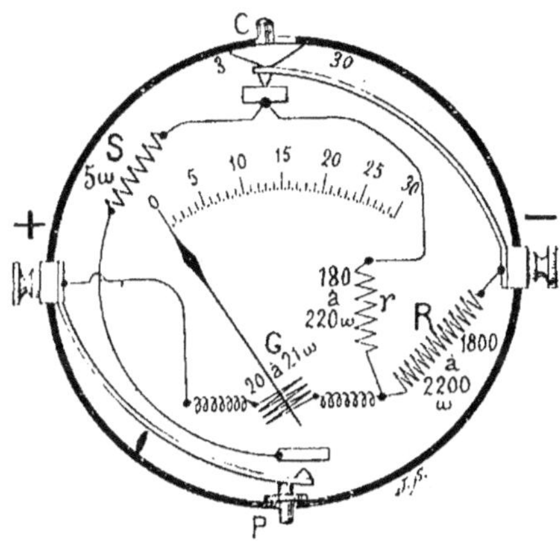

Fig. 194.

Enfin, grâce à une résistance r (180 à 220ω), qui peut être mise en dérivation sur R en poussant le bouton C vers la droite, le voltmètre est à deux sensibilités. En effet, si l'on opère la susdite poussée, le courant traverse la résistance totale G + R : les divisions du secteur indiquent alors des volts. En poussant le bouton vers la gauche (position indiquée par la figure), le courant trouve une résistance combinée à la suite du cadre, et l'instrument est étalonné de telle sorte que la résistance $G + \dfrac{R \times r}{R + r}$ est égale au dixième de G + R : l'intensité se trouvant décuplée, les divisions représentent maintenant des dixièmes de volt.

260. Mesure de la force électro-motrice. — Si le générateur a une force supérieure à 3 volts, le bouton est poussé vers la droite : les divisions représentent des volts et l'on peut mesurer jusqu'à 30 volts.

Quand on veut mesurer un seul élément, le bouton est poussé à gauche : chaque division représente un dixième de volt.

261. Mesure de la résistance intérieure d'un élément de pile. — Le bouton est poussé à gauche. On mesure la force électromotrice de l'élément ; après avoir pris note du chiffre obtenu, on presse sur le poussoir P pour mettre le shunt en dérivation et l'on note une nouvelle déviation que nous appellerons U. Il ne reste plus qu'à opérer les calculs indiqués par la formule suivante :

$$R = \frac{(E - U) \times 5}{U} ;$$

autrement dit, on multiplie la différence entre les deux déviations par la résistance du shunt, et l'on divise le résultat par la valeur de la deuxième déviation.

Exemple : un élément donne une force électro-motrice de 1,7 volt ; puis avec le shunt, 1,2 ; la différence entre ces deux chiffres est 0,5 ; donc la résistance intérieure est égale à :

$$\frac{0,5 \times 5}{1,2} = 2,08 \text{ ohms.}$$

262. Mesure de la résistance d'une ligne ou d'un appareil. — On détermine d'abord la force électro-motrice de la pile qui sert à opérer la mesure, puis on intercale le conducteur à mesurer entre la pile et la borne du voltmètre, et l'on note la nouvelle déviation. On applique alors la formule précédente, mais en remplaçant la résistance du shunt par la résistance totale du voltmètre, soit :

$$R = \frac{(E - U) \times (G + R)}{U}$$

Si le conducteur à mesurer est une ligne à simple fil, on en fait mettre l'extrémité à la terre et le poste d'essais est mis également à la terre.

Comme on le voit, cette mesure exige la connaissance de la résistance exacte du voltmètre dont on fait usage. Cette résistance est quelquefois marquée sur le cadran; car, ainsi que le montrent les chiffres donnés plus haut, elle peut varier avec chaque appareil.

CINQUIÈME PARTIE

COMMUTATEURS MULTIPLES

I

MULTIPLES ORDINAIRES

263. Dans les postes centraux desservis par plusieurs tableaux commutateurs, chaque téléphoniste dessert une centaine d'abonnés et, sauf le cas où le jack de l'abonné demandé se trouve sur un tableau adjacent, l'opérateur ne peut relier ses abonnés avec ceux desservis par ses collègues qu'à l'aide d'*intercommunications* (232). Il y a donc une perte de temps chaque fois qu'il y a double manœuvre ; toutefois, dans un poste central desservant moins de 500 lignes, cette perte de temps n'est pas considérable, car l'emplacement occupé par l'ensemble des tableaux n'étant pas très étendu, l'opérateur qui a reçu l'appel peut demander verbalement, à son collègue de l'autre tableau, la communication avec le deuxième abonné. A la rigueur, le premier opérateur peut se déplacer pour effectuer lui-même toute la manœuvre.

Mais, quand le nombre des abonnés et, par suite, le nombre des tableaux, devient plus important, les demandes verbales ou les déplacements des opérateurs deviennent évidemment impraticables, soit à cause de la distance qui sépare ceux-ci, soit en raison du nombre des demandes d'intercommunications. On installe alors des lignes de service entre les tableaux, et les demandes sont faites téléphoniquement par ces lignes.

Quel que soit le mode d'opérer, il a toujours l'inconvénient d'avoir deux annonciateurs de fin en dérivation.

264. Principe du commutateur-multiple. — Le système multiple supprime les inconvénients que nous venons de rappeler en mettant, à la disposition de chacun des opérateurs, des jacks spéciaux, appelés *jacks généraux*, placés en dérivation sur *toutes* les lignes d'abonnés desservies par le bureau.

En principe, le commutateur-multiple est formé d'un certain nombre de tableaux appelés *groupes*, desservis chacun par un opérateur. Le *groupe* comporte d'abord des *jacks individuels* avec leurs annonciateurs : c'est par ces jacks, au nombre d'une centaine environ, que l'opérateur reçoit les appels et les ordres de ce groupe d'abonnés. L'opérateur a, de plus, à sa portée, un nombre de *jacks généraux* au moins égal au nombre des lignes d'abonnés reliées au bureau : c'est sur ces jacks qu'il prendra les communications demandées par ses clients. Mais la totalité des jacks généraux ne se répète pas devant chaque opérateur : on sait en effet qu'un opérateur de tableau ordinaire peut prendre des communications dans les deux tableaux adjacents au sien ; l'ensemble des jacks généraux est donc réparti sur trois groupes et la réunion de ces trois groupes prend le nom de *section*.

Dans ces conditions, chaque opérateur n'a en face de lui qu'un tiers des jacks généraux et les deux autres tiers sur les deux groupes voisins : l'opérateur du groupe n° 3, par exemple (*fig.* 195), a le troisième tiers des jacks généraux en face de lui, le deuxième tiers à sa gauche et le premier tiers à sa droite, dans la section suivante.

Afin de compléter la totalité des jacks généraux pour les opérateurs du premier et du dernier groupe, à qui il manquerait en effet, à gauche ou à droite, un tiers de ces jacks, des tiers de section supplémentaires sont ajoutés aux deux bouts du multiple.

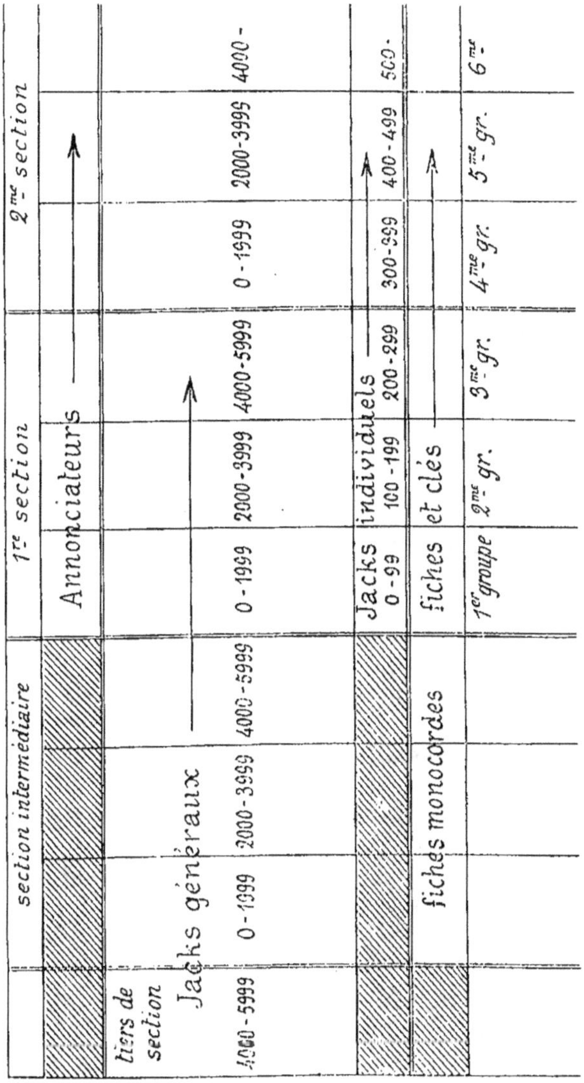

Fig. 193. — Dispositions générales d'un multiple.

Si l'on considère alors une ligne d'abonné, on voit que cette ligne doit traverser tout le multiple, s'attacher, dans chaque section, à un jack général et, dans l'un des groupes, à un jack individuel.

DISPOSITIONS GÉNÉRALES D'UN MULTIPLE

265. Pour étudier l'ensemble d'un multiple, nous supposerons qu'un bureau est appelé à recevoir 6.000 lignes d'abonnés et que chaque téléphoniste peut en desservir 100. Le commutateur, choisi sans parti pris comme exemple, est du système Aboilard ; notre étude se bornera d'ailleurs à des dispositions générales dont la plupart se retrouvent dans tous les systèmes.

Le commutateur est constitué par un meuble formé de parties juxtaposées. Chacune de ces parties prend le nom de *table* ou plutôt de *section*.

Comme les tableaux-commutateurs, la section présente une tablette de fiches et clés placée devant un panneau supportant les jacks et les annonciateurs. Elle est divisée en trois groupes ; c'est-à-dire que la tablette des clés porte trois groupes distincts de clés comportant chacun un poste d'opérateur et 16 paires de fiches. Chaque groupe de clés, monté sur une planchette à charnières, est quelquefois désigné par sa dénomination anglaise : keyboard (planche à clé).

Comme pour la manœuvre des tableaux-commutateurs ordinaires, l'opérateur utilise une *fiche arrière* ou *fiche de réponse*, pour prendre communication avec l'abonné *appelant* sur son jack individuel. Il prend ensuite la *fiche avant* ou *fiche d'appel*, pour attaquer l'abonné *demandé* sur son jack général.

Chaque section comporte 6.000 jacks généraux, et chaque groupe 100 jacks individuels avec leurs annonciateurs. Ces derniers sont situés à la partie supérieure du meuble ; dans les multiples les plus récents, ils sont remplacés par de petites lampes à incandescence actionnées par des relais d'appel. Dans ce cas, les lampes sont placées près de leurs jacks respectifs et les relais sont disposés sur un bâti spécial situé derrière le multiple.

266. Jacks généraux. — Les jacks généraux sont montés, par deux dizaines légèrement séparées, sur des réglettes en ébonite placées les unes sur les autres ; cinq réglettes forment un groupe de 100 jacks séparé du suivant par une mince planchette de bois blanc ; chaque centaine est désignée par un

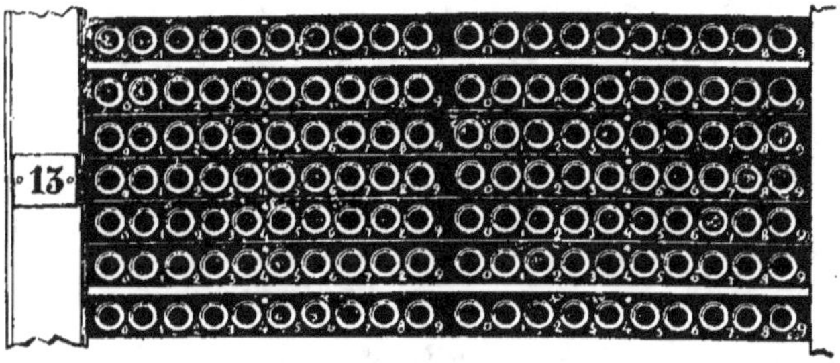

Fig. 196. — Jacks généraux.

numéro porté par une étiquette latérale (*fig.* 196). Il est ainsi relativement facile de trouver le jack de l'abonné demandé parmi les 6.000 jacks généraux ; en effet, le numéro 1325, par exemple, est situé, dans la 13ᵉ centaine, sur le jack n° 5 de la première dizaine de la deuxième rangée ; avec de la pratique la manœuvre se fait même beaucoup plus rapidement qu'on ne peut le dire.

Toutes les lignes d'abonnés passent dans des câbles qui courent derrière les panneaux des jacks. Nous avons déjà dit que, sur chacune de ces lignes, un jack général était mis en dérivation dans chaque section et que, dans l'un des groupes, la ligne aboutissait à un jack individuel et à un annonciateur ; cette disposition, qui constitue le *multiplage*, peut-être prise de deux manières : les jacks sont montés en *série* ou en *dérivation*.

267. Multiplage en série. — Ce système, destiné à disparaître en raison de ses inconvénients, n'existe encore que sur d'anciens multiples.

Les jacks sont à simple rupture ; leur montage en série consiste à faire passer l'un des conducteurs de la ligne par le petit ressort et le contact de rupture de tous les jacks généraux de cette ligne (*fig.* 197) ; l'autre fil est monté en dérivation sur les grands ressorts des jacks. Enfin la ligne, revenant en arrière après avoir passé dans la dernière section, se termine, dans le

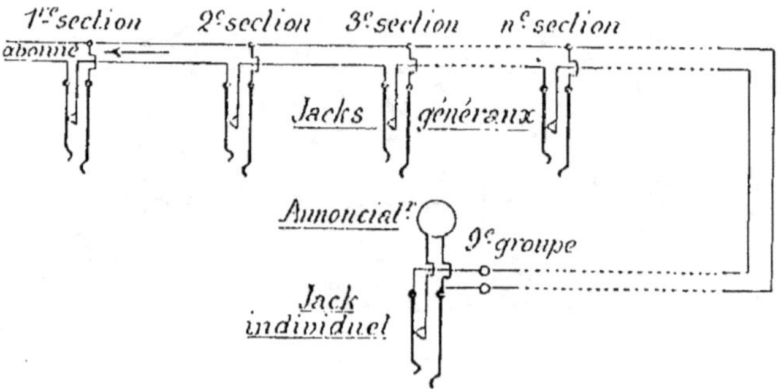

Fig. 197. — Multiplage en série.

groupe qui la dessert, au jack individuel et à l'annonciateur.

Ce système présente l'avantage, pour la ligne prise sur un jack général (abonné demandé), d'éliminer les causes de pertes pouvant provenir de tous les jacks suivants ; mais l'avantage n'existe que de ce côté, et encore, à condition que la communication soit établie sur un jack très rapproché de l'entrée de la ligne dans le multiple. En effet, si la communication est prise dans l'une des dernières sections et surtout sur le jack individuel de l'abonné appelant, les contacts de tous les jacks précédents se trouvent intercalés sur le conducteur monté en série, et de mauvais contacts peuvent déterminer, sinon un isolement, du moins une résistance anormale et de la *friture*. Le multiplage en série exige donc des soins continuels pour l'entretien des jacks.

268. Multiplage en dérivation. — Les lignes vont toujours d'un bout à l'autre du multiple. Tous les jacks sont sans rupture et formés simplement de deux ressorts d'inégale longueur. Les jacks généraux, le jack individuel et l'annonciateur de chacune des lignes sont montés en dérivation sur celle-ci (*fig.* 198). Un dispositif spécial de coupure ou de blo-

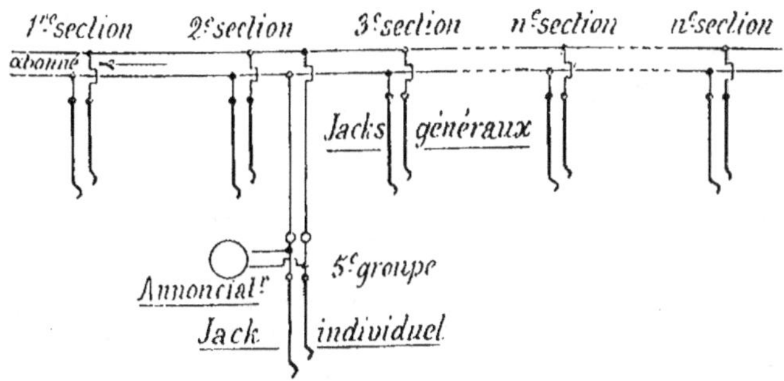

Fig. 198. — Multiplage en dérivation.

quage empêche l'annonciateur de fonctionner quand l'opérateur d'un groupe quelconque attaque une ligne par le jack général.

Avec ce système, les causes de pertes dans le câblage qui suit le jack dans lequel la communication est prise ne sont pas éliminées ; par contre, il n'y a plus à craindre de contacts défectueux dans les jacks précédents. En outre, il n'est plus nécessaire de faire revenir la ligne en arrière jusqu'au jack individuel, puisque celui-ci est monté en dérivation sur le parcours.

269. Jacks individuels et annonciateurs. — Les jacks individuels, montés sur des réglettes comme les jacks généraux, sont placés au bas des panneaux. Les annonciateurs sont, au contraire, placés à la partie supérieure ; mais, afin de permettre aux opérateurs de prendre avec facilité le jack correspondant à l'annonciateur qui signale un appel, les organes de chaque catégorie portent des numéros correspondants et sont disposés d'une manière symétrique, en trois groupes colorés alternativement en blanc et en rouge.

La manœuvre est évidemment encore plus facile quand les annonciateurs sont remplacés par des lampes placées près de leurs jacks respectifs.

Les annonciateurs de fin sont situés au-dessous des annonciateurs d'appel; ils sont également remplacés par des lampes dans les derniers multiples et, pour suivre le même ordre d'idées, les signaux lumineux de fin sont alors placés près des clés d'écoute.

270. Test. — Le multiplage des lignes exige un dispositif permettant à un opérateur qui veut prendre une ligne qui lui est demandée d'être averti que cette ligne est déjà mise en communication dans une autre section.

Quel que soit le système de multiple, le dispositif en question consiste à établir le circuit d'un générateur électrique, de telle sorte que la fermeture de ce circuit soit effectuée et provoque un bruit caractéristique dans le téléphone de l'opérateur lorsque celui-ci touche, avec la tête d'une fiche d'appel, la bague d'un jack général d'une ligne déjà occupée. Si la ligne est libre, le téléphone reste silencieux et l'opérateur peut enfoncer sa fiche. L'épreuve de la ligne demandée est désignée par le mot *test*.

Le circuit de test du système Aboilard est constitué de la manière suivante : toutes les réglettes de jacks sont munies, entre les ressorts de ligne et les bagues, d'une bande de laiton présentant en regard de chaque jack une languette formant un troisième ressort *fig.* 199, *p*). Ces bandes, appelées *peignes*, sont toutes réunies entre elles et mises en communication avec le pôle positif d'une pile P¹ dont le pôle négatif est à la terre. D'autre part, les bagues de tous les jacks placés en dérivation *sur une même ligne* sont reliées par un conducteur *t³*, qui constitue, pour ainsi dire, dans le multiple, un troisième fil à chacune des lignes. Une prise de terre est établie sur la jonction des deux bobines du téléphone de l'opérateur. Enfin les fiches sont formées de trois parties : la tête t, la nuque n,

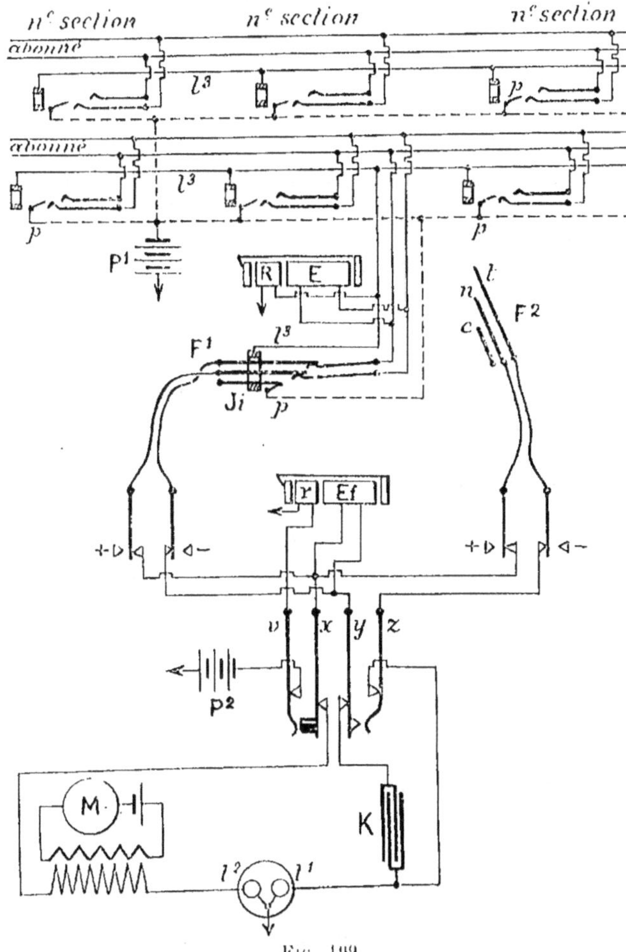

Fig. 199.

et le corps c. A la tête et à la nuque aboutissent les deux conducteurs du cordon; ces deux parties de la fiche sont desti-

nées à prendre contact avec les deux ressorts de ligne du jack. Le corps n'a aucune communication ; lorsque la fiche est insérée dans un jack, il réunit métalliquement la bague au ressort faisant partie du peigne.

Dans ces conditions, examinons ce qui se passe quand une communication est demandée.

271. Établissement d'une communication. — Dès que la

chute du volet signale l'appel, l'opérateur enfonce la fiche de réponse (fiche arrière F^1) dans le jack individuel de la ligne appelante et abaisse sa clé d'écoute (position indiquée sur le dessin). Aussitôt la fiche enfoncée dans le jack Ji, le corps réunit la bague au ressort du peigne ; cette bague est mise, par conséquent, en communication avec le pôle positif de la pile P^1 et il en est de même pour toutes les bagues des jacks généraux de la ligne.

L'opérateur reçoit la demande de l'abonné, puis tâte la ligne demandée en touchant, comme nous l'avons dit, la bague du jack général voulu avec la tête de sa fiche d'appel (fiche avant F^2) : si une fiche se trouve déjà sur cette ligne, soit dans le jack individuel, soit dans un jack général, le pôle positif de la pile P^1, qui aboutit alors à la bague touchée, se trouve en relation avec la terre par l'intermédiaire de la tête de la fiche F^2 et de la bobine t^1 du téléphone (en passant par la clé d'appel et le ressort z de la clé d'écoute) : un *toc* dans le récepteur avertit l'opérateur que la ligne est occupée ; il ne lui reste qu'à prévenir l'appelant et à se retirer. Si le silence du téléphone indique que la ligne est libre, l'opérateur enfonce sa fiche et la ligne du demandé se trouve bloquée à son tour par suite de la réunion de la bague du jack général avec le peigne.

Dans certains multiples, un trembleur est intercalé dans le circuit de test après la bobine du récepteur : il en résulte, dans celui-ci, un ronflement plus caractéristique qu'un simple *toc* produit par l'attraction brusque de la membrane.

Le condensateur K ne se trouve placé sur la communication qui relie les têtes des deux fiches que si la clé d'écoute est abaissée : il a pour effet d'empêcher le courant de test de passer du côté de l'abonné appelant (dans le jack duquel la fiche F^1 se trouve insérée); autrement dit, le condensateur permet de faire passer la totalité du courant par l'enroulement t^1 du téléphone. Quand la clé d'écoute est relevée, la communication directe est rétablie par les ressorts y et z, qui reprennent contact.

272. Effacement automatique des signaux. — Avec les annonciateurs que nous avons étudiés sur les tableaux-commutateurs, l'opérateur est tenu de relever le volet à la main ; il en était de même sur les premiers multiples ; d'où la nécessité de placer ces organes à la portée de la main. Mais, étant donné le nombre de jacks à mettre à la disposition de l'opérateur pour la réalisation de multiples desservant jusqu'à dix-mille abonnés, on a dû rechercher un moyen de se débarrasser des annonciateurs. Nous avons dit qu'on remplace maintenant ces organes par des lampes situées près des jacks ; mais le premier moyen adopté a été de reporter tous les annonciateurs à la partie supérieure du meuble et d'opérer automatiquement l'effacement des signaux d'appel et de fin ; cet effet est obtenu au moment de l'introduction des fiches de réponse dans les jacks et par le jeu des clés d'écoute. Cette disposition a donné une place relativement grande pour y loger des jacks généraux et a supprimé en même temps le relèvement à la main.

Comme pour le *test*, les constructeurs ont imaginé différents systèmes d'effacement automatique ; nous ne nous occuperons que de celui du multiple que nous avons pris comme type.

L'annonciateur comporte deux électro-aimants analogues à celui de l'annonciateur polarisé Denis (213). Le premier E (*fig.* 200), relié à la ligne, peut actionner une armature A dont le crochet soutient, au repos, l'armature du deuxième électro-aimant R. Un écran en aluminium, Al, suspendu devant cette deuxième armature, masque le numéro qui y est inscrit.

Quand l'armature A est attirée, son crochet abandonne l'armature V qui fait seulement un très petit mouvement en avant et soulève l'écran. Dès que l'électro-aimant de relèvement R est excité, l'armature V est attirée et l'écran reprend sa place.

Le circuit de la sonnerie locale n'est utilisé que pendant le service de nuit, et, pour permettre au personnel, alors très restreint, de reconnaître à distance la section dans laquelle se produit un appel, chacune des sections est munie d'une lampe

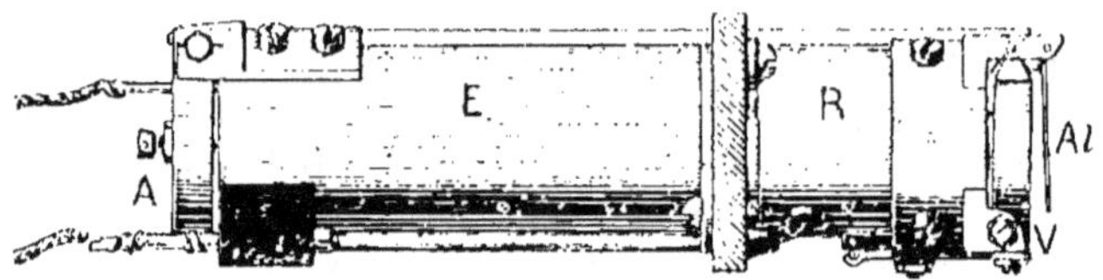

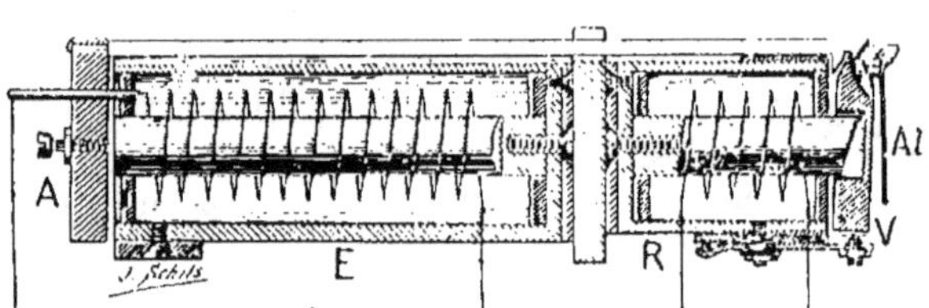

Fig. 200. — Annonciateur à effacement automatique.

pilote à verre rouge dont l'allumage est commandé, comme la sonnerie locale, par l'annonciateur actionné.

C'est le circuit de test qui est utilisé pour l'effacement. A cet effet, la bobine R est mise en dérivation sur le fil auxiliaire qui réunit toutes les bagues de la ligne reliée à l'annonciateur (*fig.* 199). Cette disposition donne deux résultats :

1° Quand, pour répondre à l'abonné appelant, l'opérateur enfonce une fiche dans le jack individuel, le courant du peigne est envoyé dans l'électro-aimant R et le signal d'appel est effacé ;

2° Quand l'opérateur enfonce la deuxième fiche dans le jack général de la ligne demandée, il envoie également le courant du peigne dans l'électro-aimant d'effacement de l'annonciateur de cette ligne ; il en résulte que cet annonciateur ne peut pas fonctionner quand l'opérateur attaque l'abonné demandé ou, ultérieurement, quand les abonnés envoient les signaux de fin. Il ne faut pas oublier, en effet, qu'il n'y a pas ici de rupture comme dans le multiple en série et que, sans cette disposition, le fonctionnement de l'annonciateur amènerait, mal à propos, l'intervention de l'opérateur qui verrait tomber le volet. Dans certains multiples, au lieu d'empêcher le volet de tomber, l'attraction de l'armature de l'électro-aimant d'effacement a pour effet, en écartant un ressort, de couper l'une des connexions de l'électro-aimant de l'annonciateur ; on évite ainsi l'envoi, dans cet électro-aimant, d'une partie du courant destiné à l'appel de l'abonné demandé ; par contre, ce procédé introduit, sur le circuit de l'annonciateur, un contact qui peut compromettre la réception de l'appel, s'il est défectueux.

273. — L'effacement du signal de fin est effectué par la clé d'écoute au moment où l'opérateur rentre un instant sur le circuit pour s'assurer que la conversation est bien terminée. A cet effet, la clé d'écoute est munie d'un ressort v qui met le pôle positif d'une pile P^2 en relation avec l'électro-aimant d'effacement de l'annonciateur correspondant ; le circuit est fermé par la terre.

RÉPARTITEURS

274. Répartiteur d'entrée. — Comme le répartiteur des tableaux-commutateurs (208), et construit sur le même principe, le répartiteur d'entrée sert d'intermédiaire entre les lignes d'abonnés et les jacks.

C'est un châssis formé par l'assemblage de différents fers ; il est représenté schématiquement de profil par la figure 201 ;

l'une des faces présente des montants verticaux espacés de 20 centimètres environ et supportant, extérieurement, des réglettes de plots de raccordement. Des tiges, fixées sur l'autre face, supportent des bandes d'ébonite horizontales munies également de plots de raccordement.

Les câbles contenant les lignes d'abonnés sont répartis sur les montants verticaux, dans lesquels ils remontent, et la paire de conducteurs de chacune des lignes est reliée à une paire de plots. D'autre part, les câbles amenant les lignes du multiple passent derrière les bandes horizontales et leurs conducteurs sont répartis sur les plots portés sur ces bandes. La liaison est opérée à l'aide de conducteurs doubles qui partent des plots des bandes horizontales, courent dans le même plan sur les tiges jusqu'au droit du montant où ils doivent se raccorder, et montent ou descendent pour se rattacher à leurs plots respectifs.

Lorsque les lignes sont aériennes, les paratonnerres et les coupe-circuit sont disposés sur les montants verticaux.

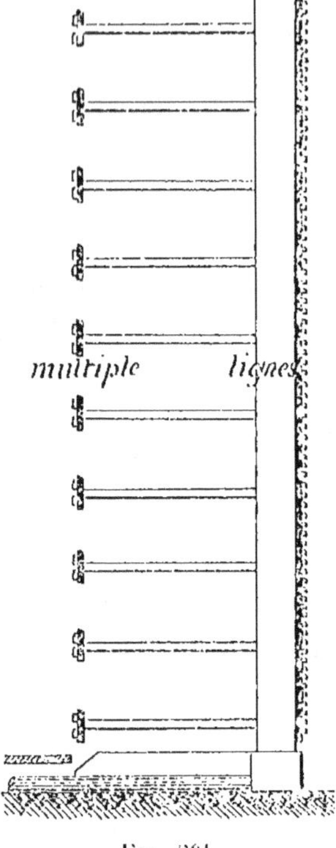

Fig. 201.

275. Répartiteur intermédiaire. — Les chiffres portés par les jacks individuels ne correspondent pas aux numéros des abonnés ; leur numérotage se répète dans chaque groupe et ne sert qu'à indiquer la correspondance avec leurs annonciateurs respectifs. Ces jacks ne sont utilisés, en effet, que pour répondre et l'opérateur pourrait, sans inconvénient, ignorer le numéro de ses abonnés particuliers s'il n'y avait pas, comme nous le verrons plus loin, de communications interurbaines. Il résulte de ce fait que, lors du montage du multiple, étant donné le chiffre probable de communications demandées par chacun des abonnés, on pourrait les répartir judicieusement sur les groupes sans tenir compte de leur numéro d'ordre, de manière à équilibrer, autant que possible, le travail des opérateurs. Mais, en admettant même que des statistiques antérieures aient déjà fait connaître approximativement le travail donné par d'anciens abonnés, les besoins de ceux-ci peuvent changer et on ne peut que difficilement prévoir les besoins des nouveaux ; de sorte que, malgré les soins apportés à la répartition, on ne tarderait pas à reconnaître que l'équilibre est rompu, c'est-à-dire que certains opérateurs ont beaucoup plus de travail que les autres. C'est afin de pouvoir rétablir cet équilibre, au fur et à mesure que des pointages en font reconnaître la nécessité, que la liaison entre les jacks individuels et les lignes du multiple est faite sur un *répartiteur-intermédiaire*.

Le principe de cet organe est donc le suivant : les dérivations prises sur les lignes du multiple et destinées aux jacks individuels sont reliées à une première série de bornes ; d'autre part, les cent jacks individuels de chacun des groupes sont reliés à des bornes faisant partie d'une deuxième série placée en regard de la première. Lors du montage du multiple, les *bornes-lignes* et les *bornes-jacks* situées respectivement en face les unes des autres, sont reliées directement par de petits bouts de fil de cuivre. Dans ces conditions, si la nécessité apparaît de changer de groupe une ligne donnant trop de travail à un opérateur, pour la renvoyer sur un autre groupe moins chargé, il suffit de rompre la connexion entre les deux bornes-ligne et les deux bornes-jack et de relier les premières à une paire de bornes-jack du groupe choisi au moyen de conducteurs de longueur voulue.

En réalité, ce ne sont pas des *paires* de bornes, mais des *tierces*, puisque, dans le multiple, la ligne comporte, outre les deux fils venant de chez l'abonné, le conducteur reliant toutes les bagues des jacks généraux de cette ligne, conducteur qu'il faudra relier également à la bague du jack individuel choisi.

Le répartiteur intermédiaire est situé, dans notre multiple, au bas de la face postérieure du meuble. Il est formé d'un panneau vertical dressé devant un caniveau qui sert au passage des câbles contenant les conducteurs. Les bornes sont de simples languettes en cuivre étamé qui sont plantées, par groupes de vingt *doubles-tierces*, au travers du panneau. Les dérivations venant des lignes sont soudées, sur la face interne, aux trois languettes inférieures de chacune des doubles-tierces (*fig.* 202); les trois fils venant de chaque jack individuel sont soudés, sur la même face, aux trois languettes situées immédiatement au-dessus des premières. Enfin les trois paires de languettes sont réunies sur la face externe par des fils f^1, f^2, f^3, également soudés.

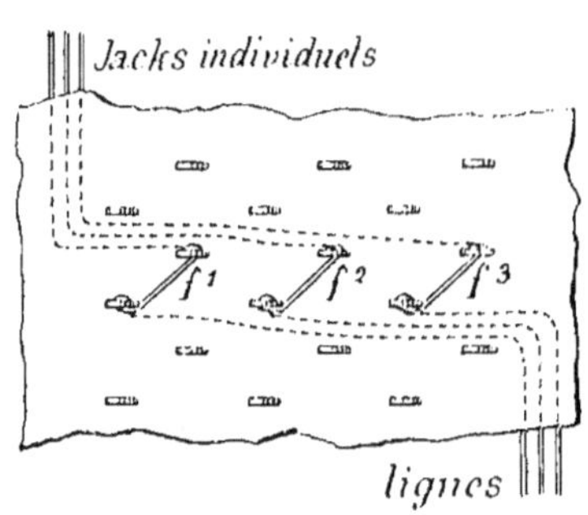

Fig. 202.

Si, ultérieurement, une permutation devient nécessaire, il suffit de défaire les soudures extérieures et de relier, au moyen d'un conducteur triple de longueur appropriée, les trois languettes-ligne aux trois languettes du nouveau jack. L'abonné gardera ainsi, quel que soit le groupe sur lequel ses appels seront reçus, les jacks généraux dont il a pris le numéro lors de sa liaison au bureau qui le dessert.

Un multiple tel que celui que nous venons d'étudier permet simplement de relier entre eux les abonnés desservis par un même bureau; il nous reste à voir les dispositions prises pour relier ces abonnés avec les lignes du réseau interurbain et relier entre eux les circuits de ce réseau.

SERVICE INTERURBAIN

276. Principe de l'installation. — Comme nous l'avons dit à propos de l'installation des tableaux interurbains (231), le service des circuits interurbains, quand leur nombre est important, nécessite une organisation particulière pour plusieurs raisons : ces circuits doivent être mis, avec le moins de pertes de temps possible, non seulement à la disposition des abonnés du bureau où ils aboutissent, mais aussi à celle des abonnés des autres bureaux. Soumises à des taxes diverses, les conversations doivent être enregistrées avec soin par l'opérateur, et leur durée rigoureusement limitée : voilà pour l'exploitation. Au point de vue technique, les circuits interurbains doivent presque toujours être reliés à d'autres circuits par l'intermédiaire de transformateurs : d'où dispositifs spéciaux.

Les lignes interurbaines sont donc réparties sur des tables spéciales dont l'agencement répond aux exigences dont nous venons de parler. Les *tables interurbaines* reçoivent chacune cinq circuits environ et sont desservies par une ou quelquefois par deux téléphonistes. Ces tables sont mises en relation avec les sections du multiple au moyen de *lignes de service* multiplées sur tous les groupes et utilisées exclusivement par ceux-ci pour demander les circuits. Les communications avec les abonnés sont établies par des *lignes de renvoi* aboutissant à une *section intermédiaire* placée en tête du multiple. Quant aux communications entre circuits, elles sont établies par des lignes d'intercommunications qui relient toutes les tables interurbaines entre elles.

D'autre part, l'installation des circuits interurbains peut comporter certains dispositif tels que les systèmes pour télégraphie et téléphonie simultanées; ils nécessitent, en cas de dérangement, des manœuvres spéciales pour les *essais*; les lignes interurbaines sont enfin soumises à des *mesures* périodiques. Pour toutes ces raisons, les circuits interurbains d'un bureau important sont amenés à un répartiteur qui leur est exclusivement réservé et près duquel sont montées les installations nécessaires.

277. Table interurbaine. — La table interurbaine a beaucoup d'analogie avec le tableau interurbain déjà étudié[1] ; elle comprend :

50 jacks d'intercommunications ;

10 jacks de lignes (à double rupture) ;

10 jacks de transformation accouplés avec les précédents (voir **229**) ;

12 jacks de renvoi ;

7 jacks de conversation ;

1 jack de service ;

10 annonciateurs d'appel (reliés aux jacks de transformation) ;

12 annonciateurs de fin ;

1 annonciateur de service ;

12 groupes de fiches et clés ;

1 clé de conversation ;

1 commutateur inverseur.

Aux 50 jacks d'intercommunications dont le nombre peut être porté à 120, aboutissent les lignes reliant entre elles toutes les tables interurbaines.

Sur les groupes *jacks de lignes* et *jacks de transformation* sont montés, suivant les besoins du service, de cinq à dix circuits.

Les 12 jacks de renvoi reçoivent des lignes aboutissant à des fiches monocordes portées par la tablette de la *section intermédiaire* dont nous verrons l'agencement plus loin.

Les 7 jacks de conversation sont reliés par des lignes de service aux postes d'opérateurs des autres tables interurbaines ; leur nombre peut être porté à 10.

Le jack de service et son annonciateur sont reliés à une ligne multipliée sur tous les groupes du multiple, de manière

---

1. La table interurbaine dont nous donnons ici un aperçu est un modèle administratif pouvant s'adapter à tous les systèmes de multiples.

à permettre aux opérateurs de ces groupes de demander des communications avec les circuits desservis par la table.

La clé de conversation est reliée à une ligne qui aboutit à l'un des postes d'opérateur de la table intermédiaire.

278. Section intermédiaire. — La section ou table intermédiaire, désignée aussi sous le nom américain de *switching*, est destinée à l'établissement des communications entre les abonnés du multiple et les tables interurbaines, elle est placée en tête du multiple, c'est-à-dire à l'entrée des lignes dans le meuble ; elle comporte, comme les autres sections, les jacks généraux des abonnés. Ces jacks sont ici à double rupture et intercalés sur les lignes au lieu d'être mis en dérivation ; il en résulte que l'introduction d'une fiche dans un jack coupe tout le multiplage de la ligne de ce jack. On comprendra que, grâce à cette disposition, on élimine toutes causes de trouble pouvant provenir, soit de défauts dans le multiple, soit de fausses manœuvres, toujours possibles malgré le test, qui feraient perdre un temps précieux à des correspondants dont la conversation a une durée limitée.

La tablette supporte simplement des fiches monocordes auxquelles aboutissent les lignes partant des *jacks de renvoi* de toutes les tables interurbaines. La section porte trois postes d'opérateurs reliés, chacun, par une ligne de service, à une table interurbaine, ou à un groupe de ces tables si leur nombre est plus élevé que trois. Nous venons de voir que ces lignes aboutissent aux clés de conversation ; par conséquent, si le groupe intermédiaire doit recevoir les ordres de plusieurs tables interurbaines, la ligne de service est multipliée sur les clés de conversation de celles-ci.

La section intermédiaire se trouvant en tête du multiple, c'est donc en avant de cette section que se trouve le tiers de section supplémentaire qui complète la totalité des jacks généraux pour l'opératrice du premier groupe. Naturellement ces jacks, ainsi que ceux du premier tiers de la première section ordinaire, sont à double rupture.

279. Établissement d'une communication interurbaine. — Trois cas peuvent se présenter :

1° Un abonné du multiple demande un circuit interurbain ;

2° Un circuit interurbain demande un abonné du multiple ;

3° Un circuit demande un autre circuit.

Premier cas. — Un abonné du multiple demande un circuit ; le 23.75, par exemple demande le 46 de Lille : l'opérateur appelle la table interurbaine qui dessert ce circuit en enfonçant sa fiche d'appel dans le jack d'une ligne locale qui se termine au jack et à l'annonciateur de service de la table visée (cette ligne locale étant multipliée sur tous les groupes, l'opérateur doit attendre un instant s'il entend un de ses collègues demander une communication) ; l'opérateur de l'interurbaine appelée met une fiche dans le jack de service, reçoit la demande avec l'indication du numéro de l'abonné demandeur et l'enregistre. L'opérateur du groupe peut se retirer, son rôle est terminé ; car ce sont maintenant les opérateurs de l'interurbaine et de l'intermédiaire qui vont établir la communication demandée. A cet effet, le premier attaque Lille à l'aide d'une fiche-arrière, demande le 46, puis, avec la fiche-avant, relie le circuit avec un jack de renvoi, le numéro 4 par exemple ; il abaisse sa clé de conversation et indique à l'intermédiaire le numéro de la fiche monocorde à insérer dans le jack général de l'abonné demandeur : « Donnez 23.75 par 4. » Quand l'interurbaine reçoit le signal de fin, ordre est donné à l'intermédiaire de rompre la communication.

Si le circuit demandé n'est pas libre, on indique à l'abonné le délai approximatif au bout duquel la communication lui sera donnée. Au moment voulu, l'interurbaine fera établir la liaison comme il vient d'être dit.

Deuxième cas. — Un circuit demande un abonné du multiple : l'interurbaine qui reçoit la demande fait établir la communication par l'intermédiaire comme dans le cas précédent. Si le test du jack général indique que l'abonné demandé n'est pas libre, avis en est donné au correspondant.

Troisième cas. — Un circuit demande un autre circuit : l'interurbaine, qui a répondu à l'appel avec une fiche-arrière et reçu la demande, met la fiche-avant correspondante dans le jack de conversation relié à la table qui dessert le circuit demandé, attaque cette table et demande la communication. Si le circuit est libre, le deuxième opérateur le prend avec une fiche-arrière, enfonce la fiche-avant dans l'un des jacks d'intercommunications reliés à la première table et indique à celle-ci le numéro de l'intercommunication à utiliser : le premier opérateur reporte alors sa fiche-avant du jack de conversation au jack désigné.

280. Station d'énergie électrique. — Le courant électrique nécessaire aux divers organes d'un multiple est fourni par des batteries d'accumulateurs alimentées par une dynamo génératrice à courant continu. Celle-ci peut être actionnée par un moteur à gaz; mais, le plus souvent, elle est attelée à une machine réceptrice qui reçoit le courant fourni par l'industrie privée, et appropriée naturellement à la nature de ce courant; les deux machines forment ainsi un *groupe transformateur*.

Afin d'éviter toute interruption dans le service par suite des accidents qui peuvent survenir aux accumulateurs ou aux machines, l'installation est entièrement double et les deux groupes sont mis alternativement en service.

De plus, pour parer à toutes les éventualités, par exemple un arrêt prolongé dans la fourniture du courant, une batterie de secours est formée d'éléments Callaud.

Bien entendu, la station d'énergie électrique ainsi constituée est pourvu de tous les accessoires nécessaires montés sur des panneaux en marbre qui forment le *tableau de distribution*.

Les circuits à alimenter sont :

1° Le circuit des microphones d'opérateurs :

2° Le circuit des appels urbains ;

3° Le circuit des appels interurbains;

4° Le circuit de test;

Et 5° le cas échéant, le circuit des signaux lumineux.

Ces différents circuits sont alimentés par trois batteries

d'accumulateurs dont la composition dépend des besoins du bureau :

a) Batterie des microphones (2 volts); chacun des éléments, pris séparément, alimente un certain nombre de postes d'opérateurs ;

c) Batterie des appels : elle alimente les groupes du multiple et les tables interurbaines. Le voltage total, 40 volts environ, est utilisé sur les tables desservant les plus longs circuits. Sur les autres tables et les groupes, le voltage est réduit par l'introduction de résistances ;

c) Batterie de test et, s'il y a lieu, des signaux lumineux (12 volts environ.

II

MULTIPLE A BATTERIE CENTRALE

281. Batterie centrale; son utilité. — La batterie centrale est un générateur d'électricité destiné à fournir à tous les abonnés d'un poste central téléphonique le courant nécessaire pour actionner les organes de réception d'appel de ce poste.

Le système à batterie centrale permet l'envoi automatique de signaux d'appel et de fin de conversation : c'est en décrochant simplement son récepteur que l'abonné provoque l'apparition du signal d'appel et, en raccrochant cet instrument, l'apparition du signal de fin.

L'adoption de ce système a donc produit d'abord deux résultats : 1° suppression de la pile d'appel chez l'abonné ; 2° suppression de l'obligation, pour celui-ci, de manœuvrer la clé d'appel pour faire des signaux. La suppression de la pile d'appel et, par conséquent, de son entretien, est déjà un avantage appréciable : ne plus être obligé d'appuyer sur la clé pour appeler ou donner le signal de fin est peut-être un avantage de peu de valeur pour l'abonné ; mais l'automaticité de ces manœuvres, de la dernière surtout, a une grande importance au point de vue de l'exploitation du réseau et même de l'intérêt des abonnés.

En effet, l'oubli du signal de fin peut occasionner des pertes de temps pour le personnel et, le cas échéant, l'immobilisation inutile des lignes auxiliaires reliant deux bureaux : ainsi, l'abonné qui reste inutilement en communication peut être demandé pendant ce temps par un autre correspondant auquel la téléphoniste répond par la phrase classique « pas libre » ; d'où préjudice possible pour les deux abonnés et perte de temps pour l'opératrice par suite des rappels ; pour plusieurs opératrices même, si la demande de communication provient d'un bureau autre que celui qui dessert l'abonné demandé. L'oubli du signal de fin a encore une plus grande importance si la communication prolongée inutilement emprunte une ligne auxiliaire, car la non-disponibilité de cette ligne peut entraver l'établissement d'autres communications.

Du dernier inconvénient surtout était venue la nécessité d'augmenter considérablement le nombre des lignes auxiliaires d'intercommunications entre les différents multiples de Paris : il y avait là, non seulement une dépense considérable, mais aussi des difficultés techniques dans le détail desquelles nous ne pouvons entrer ici.

PRINCIPE D'UN MULTIPLE A BATTERIE CENTRALE[1]

282. Liaison du poste de l'abonné avec la batterie centrale. — La batterie centrale est formée d'un certain nombre d'accumulateurs; elle a une force électromotrice de 24 volts et une capacité, en ampères-heure, établie suivant les besoins du réseau qu'elle alimente.

Comme nous l'avons vu (150), le poste d'un abonné relié à

1. Le principe que nous exposons peut s'appliquer à plusieurs systèmes; mais forcés d'entrer dans quelques détails malgré le programme que nous nous sommes tracé, nous avons pris comme exemple un multiple du système Thomson-Houston.

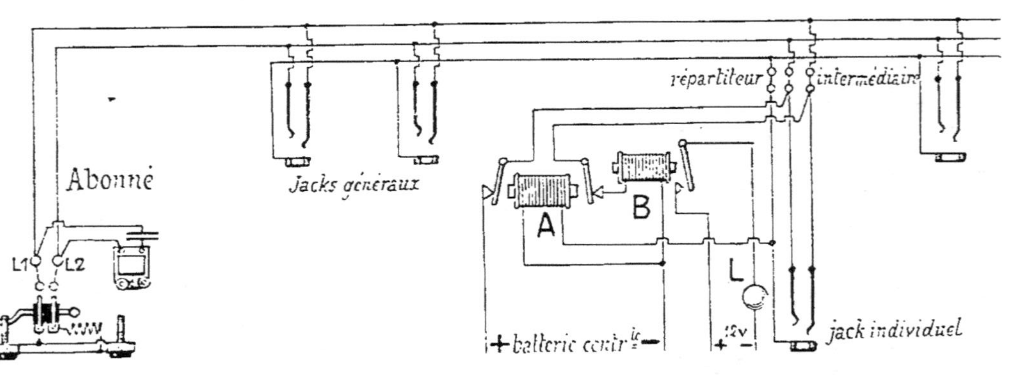

FIG. 203. — Agencement d'une ligne d'abonné.

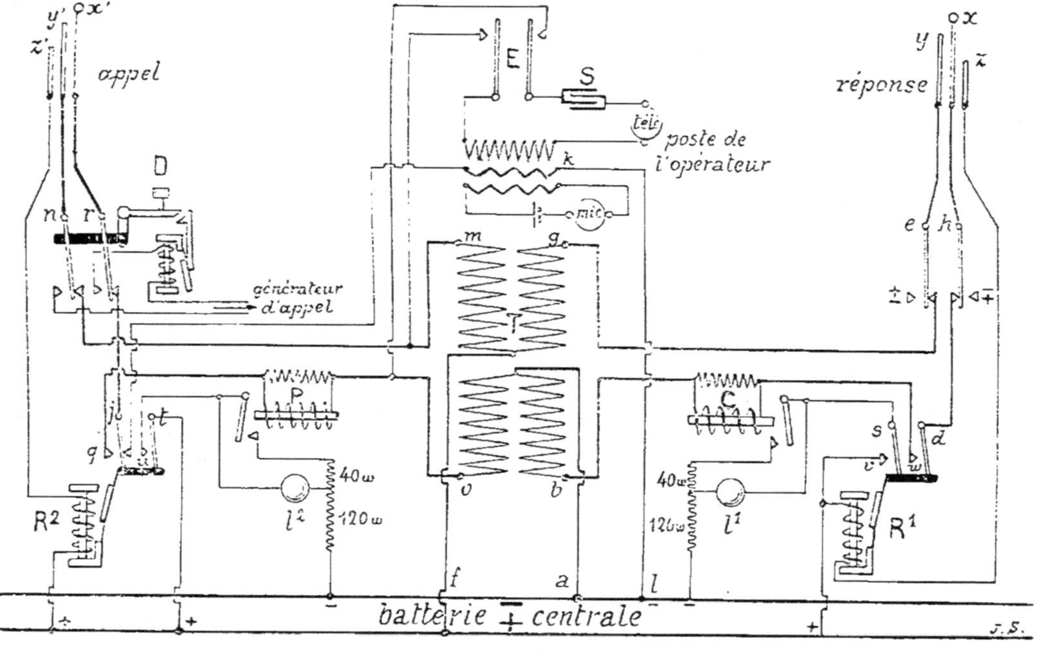

Fig. 204. — Paire de cordons d'un groupe de départ.

un multiple à batterie centrale est muni d'un condensateur qui coupe le circuit dans la position de réception d'appel.

Au bureau central, la ligne aboutit aux deux armatures d'un *relais de coupure* A (*fig.* 203) dont les contacts de repos sont en relation avec la batterie centrale en passant par l'électro-aimant d'un *relais d'appel* B. L'armature de celui-ci peut fermer le circuit d'une *batterie des signaux lumineux* (12 volts) à travers la *lampe d'appel* située près du jack individuel de l'abonné.

Dans ces conditions, le circuit de la batterie centrale étant coupé par le condensateur, ni la sonnerie de l'abonné, ni son relais d'appel ne fonctionnent.

283. L'abonné appelle.

283. **L'abonné appelle.** — Pour appeler, l'abonné décroche simplement le récepteur suspendu au crochet-commutateur et attend que la téléphoniste se mette à sa disposition. Par cette manœuvre, le circuit de la batterie se trouve fermé à travers le fil secondaire de la bobine d'induction et les récepteurs, l'armature du relais d'appel est attirée, le circuit de la batterie des signaux lumineux est fermé et la lampe L s'allume.

284. Groupe de fiches et clés.

284. **Groupe de fiches et clés.** — Examinons maintenant l'agencement du poste de l'opérateur et de l'un des groupes de fiches et clés qui va servir à établir la communication entre deux abonnés (*fig.* 204).

Les deux fiches sont reliées à des boutons d'appel. Celui de la *fiche de réponse* est analogue aux clés d'appel des multiples ordinaires : ses contacts de travail sont toutefois reliés à une source de courant alternatif au lieu de l'être à une pile ou à une batterie d'accumulateurs. Le bouton de la *fiche d'appel*. D, est automatique, c'est-à-dire qu'une fois enfoncé, il conserve cette position jusqu'à ce que l'abonné appelé décroche son récepteur pour répondre. Cet effet est obtenu au moyen d'un électro-aimant dont l'armature porte un crochet qui enclenche la tige du bouton. Dans cette position, des émissions successives de courant continu et de courant alternatif, fournies par une machine spéciale, sont envoyées sur la ligne de l'abonné à travers l'électro-aimant du bouton ; le courant alternatif actionne la sonnerie de l'abonné, mais n'agit pas sur le bouton ; le courant continu n'agit pas davantage sur celui-ci, puisque le circuit est ouvert ; mais, dès que l'abonné décroche son récepteur et, par suite, ferme le circuit, le courant continu excite l'électro-aimant et le crochet abandonne la tige du bouton.

Au repos, la communication entre les contacts des clés d'appel, autrement dit entre les cordons des deux fiches, n'est pas complète ; la jonction n'est établie qu'au moment de l'introduction des fiches dans des jacks, au moyen de deux relais actionnés par cette manœuvre même : le *relais de rupture de fin* R¹ pour la fiche de réponse et le *relais d'essai et de rupture de fin* R² pour la fiche d'appel. La jonction n'est pas métallique, mais effectuée par l'intermédiaire d'un *translateur*[1] T. Les deux enroulements, *mo* et *mg*, de cet organe sont divisés en deux parties, entre lesquelles la batterie centrale est intercalée. Cette batterie se trouvera ainsi en communication avec les deux lignes des abonnés, et ceux-ci causeront par translation et à travers la batterie.

Deux relais, dits de *supervision*, sont placés sur la jonction des cordons ; enfin deux *lampes de supervision* l¹ et l², indiqueront, par leur allumage, la fin de conversation.

C'est en suivant la manœuvre pour l'établissement d'une communication que nous allons étudier le fonctionnement de ces divers organes.

285. Réponse à l'abonné appelant. — Les bagues de tous les jacks d'une ligne sont reliées au négatif de la batterie à travers le relais de coupure ; d'autre part, si nous considérons une paire de fiches, le corps de celles-ci est relié au positif de la batterie à travers le relais de rupture de fin (z, R¹, +; et z'.

---

1. *Translateur* : bobine d'induction dont les enroulements sont de même résistance. Comme nous l'avons déjà vu (227), on dit quelquefois, mais à tort, *transformateur*.

R², +). Donc, quand l'opérateur, pour répondre à l'abonné, enfonce sa fiche de réponse dans le jack individuel de celui-ci, les électro-aimants des deux relais précités sont excités ; le premier, A, coupe la communication qui existait entre la batterie et la ligne de l'abonné, le relais d'appel revient au repos et sa lampe s'éteint.

L'armature du relais de rupture de fin R¹ commande deux ressorts : le premier, d, relie de nouveau le négatif de la batterie à l'un des fils de l'abonné, mais cette fois à travers le translateur, le relais de supervision et la tête de la fiche (f, g, e, y). L'autre ressort, s, ferme le circuit de la batterie sur la lampe de supervision l¹ qui s'allume (+, v, s, l¹, —) ; mais le relais de supervision C ayant fonctionné, son armature shunte cette lampe dont l'éclat se trouve très atténué.

Il faut remarquer que les relais de supervision sont placés en dérivation sur une résistance sans self-induction ; ils ne fonctionnent donc qu'avec une partie du courant ; mais on évite ainsi de mettre en série, sur la jonction des abonnés, un électro-aimant dont la self-induction serait nuisible aux courants de conversation.

286. Test. — La clé d'écoute E, placée en dérivation entre le translateur et la fiche d'appel, est abaissée pour recevoir les ordres de l'appelant, auquel l'opérateur parle ainsi à travers le translateur. On procède alors au test de la ligne demandée.

Nous avons vu que le positif de la batterie est relié au corps des fiches (z, z') ; par conséquent, si une fiche est insérée dans le jack d'une ligne, jack individuel ou jack général, le positif se trouve relié à toutes les bagues de cette ligne. D'autre part, la tête de la fiche d'appel, x', est reliée, au repos, avec le négatif à travers un troisième enroulement (ou deuxième fil primaire) de la bobine d'induction ; il en résulte que si l'opérateur touche la bague d'un jack général d'une ligne occupée avec la tête de la fiche d'appel, le courant de la batterie passe dans cet enroulement (x', r, j, k, l) et, par induction du fil secondaire, lui donne l'indication voulue dans le récepteur.

Afin d'éviter de mettre les deux pôles de la batterie en communication à travers le secondaire, ce circuit est coupé par le condensateur S.

287. Appel de l'abonné demandé. — Si l'abonné est libre, on enfonce la fiche dans le jack général : le corps ferme le circuit du relais d'essai et de rupture de fin R^2, ainsi que celui du relais de coupure de la ligne de l'abonné ; celui-ci n'actionnera donc pas son relais d'appel quand il répondra.

L'armature du relais R^2 commande deux ressorts : le premier, t, ferme le circuit de la lampe de supervision l^2 qui s'allume ($+$, t, u, l^2, et $-$) ; le deuxième, j, substitue le relais de supervision P au troisième enroulement de la bobine ; la batterie se trouve en communication avec la ligne de l'abonné : le positif par le translateur et la nuque (f, m, n, y'), le négatif par la tête à travers le translateur et le relais de supervision (a, o, P, q, j, r, x') ; toutefois le circuit de la batterie n'étant pas fermé, puisque le récepteur de l'abonné est accroché, le relais de supervision ne fonctionne pas.

On appuie sur le bouton d'appel D dont le levier s'enclenche et pousse les ressorts n et r qui substituent la machine d'appel à la batterie. Dès que l'abonné répond en décrochant son récepteur, la fermeture du circuit provoque le déclenchement du bouton d'appel, et la ligne est mise de nouveau en relation avec la batterie ; le relais de supervision P fonctionne et shunte la lampe l^2 ; l'opérateur n'a plus qu'à relever sa clé d'écoute et laisser causer les abonnés. La communication a lieu par l'intermédiaire du translateur et se trouve ainsi établie :

Abonné appelant : x, h, d, w, C, b, a, — *batterie* $+$, f, g, c, y.

Abonné appelé : x', r, j, q, P, o, a, — *batterie* $+$, f, m, n, y'.

288. Fin de conversation. — Quand l'un des deux abonnés ouvre le circuit en raccrochant son récepteur, le relais de supervision revient au repos et la lampe s'allume ; toutefois, la conversation ne peut être considérée comme terminée que si

les deux lampes de supervision d'une paire de fiches s'allument;
car l'un des abonnés a pu raccrocher momentanément son récepteur pour se procurer un renseignement demandé par son
correspondant.

INTERCOMMUNICATIONS ENTRE MULTIPLES

289. Principe. — Les communications entre les abonnés des
différents multiples de Paris s'effectuent par des *lignes auxiliaires* qui relient chacun des bureaux avec tous les autres.
Pour plus de clarté, nous considérerons deux bureaux seulement : les lignes auxiliaires reliant ces deux bureaux sont
divisées en deux groupes; le premier quitte le bureau A sous
le nom de *lignes de départ* et entre dans le bureau B sous le
nom de *lignes d'arrivée*. Inversement, le deuxième groupe
constitue les lignes de départ pour B et d'arrivée pour A.

Un abonné de A demandant un abonné de B est mis en
communication avec une ligne de départ; au bureau B, cette
même ligne, sous le nom de ligne d'arrivée, est mise en relation avec l'abonné demandé. Comme on va s'en rendre
compte, cette disposition, qui ne permet d'attaquer les lignes
auxiliaires que dans un sens, en simplifie beaucoup l'installation technique ainsi que l'exploitation.

Exclusivement réservées à la jonction des abonnés appe-
lants avec les abonnés desservis par un autre multiple, *les
lignes de départ* sont donc multipliées sur des jacks généraux
dans toutes les sections; elles sont ainsi, comme les abonnés
du bureau, à la disposition des opérateurs de tous les groupes
que nous désignerons maintenant sous le nom de *groupes de
départ*.

Les *lignes d'arrivée*, c'est-à-dire la prolongation des lignes
de départ, sont distribuées, dans l'autre bureau, sur des
groupes faisant partie de tables spéciales dites *sections d'arrivée*. L'agencement de ces sections a une certaine analogie
avec celui des tables intermédiaires : en effet, la section d'arrivée est pourvue de tous les jacks généraux des abonnés, et

la tablette des clés de chacun des groupes supporte quarante fiches monocordes auxquelles aboutissent les lignes d'arrivée desservies par le groupe considéré. De plus, une *ligne de conversation*, également multipliée sur les groupes de départ, aboutit au poste d'opérateur du groupe d'arrivée [1].

Étant donnée cette disposition, supposons que l'opérateur d'un groupe de départ reçoive, d'un de ses clients, la demande d'un abonné desservi par un autre bureau : il abaisse la clé de conversation reliée au bureau voulu et formule sa demande au groupe d'arrivée, en attendant s'il y a lieu, que le téléphoniste de ce groupe ait terminé une opération à effectuer sur l'ordre d'un autre groupe ; l'opérateur d'arrivée prend alors l'une des fiches monocordes correspondant au bureau d'où émane la demande, indique à son collègue le numéro de la fiche, c'est-à-dire le numéro du jack de départ à utiliser pour établir son intercommunication et enfonce cette fiche dans le jack général de l'abonné demandé.

290. Agencement de la ligne auxiliaire.

— La jonction entre une ligne auxiliaire et l'abonné demandé est faite par l'intermédiaire d'un translateur identique à ceux des cordons du groupe de départ; mais ici la batterie centrale est intercalée seulement du côté du monocorde de jonction (*fig.* 205); les deux parties de l'enroulement du côté ligne-auxiliaire sont reliées à un condensateur K et à un *relais d'occupation* B. Ce relais a deux enroulements : un de 12.000 ohms de résistance et un de 27 ohms. Ce dernier peut être fermé par l'armature du *relais de supervision* C. Quand l'abonné du groupe de départ parlera à son correspondant, ses courants produiront leur effet à travers le condensateur et non en passant dans le relais d'occupation, dont la self-induction serait suffisante pour les amortir.

---

1. Le nombre des groupes de départ reliés à un même groupe d'arrivée dépend de l'importance du trafic du bureau ; il est de huit en moyenne. Quant au nombre de lignes auxiliaires, leur nombre étant généralement inférieur à quarante, il reste des monocordes inoccupés.

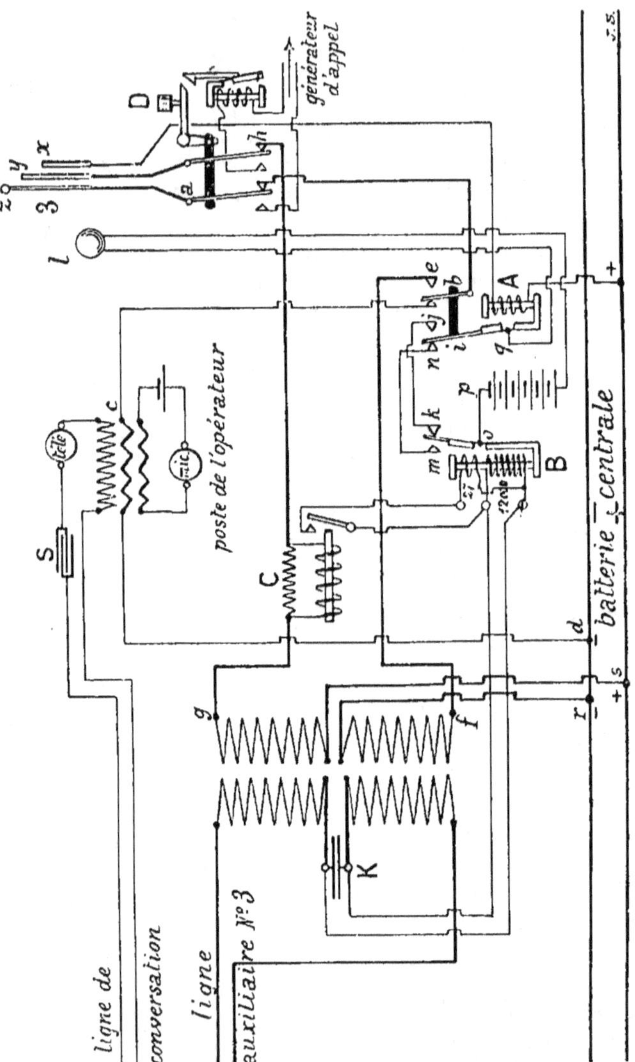

Fig. 205. — Monocorde d'un groupe d'arrivée.

291. Agencement d'un monocorde. — Le monocorde est agencé d'une manière analogue à la fiche d'appel du groupe de départ : le corps de la fiche, x, commande le fonctionnement d'un *relais d'essai et d'occupation* A. Au repos, l'un des ressorts de l'armature de ce relais met la tête de la fiche, z, en communication avec le circuit de test (z, a, b, c, d). La tête et la nuque sont reliées à un bouton d'appel automatique D, qui met la fiche en communication, ou avec le générateur d'appel, ou avec la batterie centrale à travers les organes dont nous allons examiner le rôle en suivant la mise en communication de deux abonnés.

Indépendamment de ces quarante monocordes, chaque groupe d'arrivée est pourvu de deux séries de cinq jacks : les *jacks d'occupation* et les *jacks de non-réponse*. Les deux ressorts de chacun de ces jacks sont reliés entre eux à travers une résistance et un commutateur tournant, de telle sorte qu'en introduisant une fiche dans l'un d'eux, le circuit de la batterie centrale se trouve fermé périodiquement quatre-vingt-huit fois par minute si c'est un jack d'occupation, et quarante-quatre fois si c'est un jack de non-réponse. Nous verrons plus loin l'utilisation de ce dispositif.

292. Établissement d'une communication. — L'opérateur de départ demande une communication, l'abonné 13.25 par exemple, par la ligne de conversation. L'opérateur d'arrivée prend son premier monocorde libre, soit le numéro 3, et répète l'ordre donné en indiquant le numéro de la ligne auxiliaire qu'il va utiliser : « 13.25 par 3 ». L'opérateur de départ enfonce immédiatement sa fiche d'appel dans le jack de renvoi de cette ligne, actionne, par suite, son relais d'essai et de rupture de fin, qui provoque, à son tour, l'allumage de la lampe de supervision. En effet, le relais de supervision de départ ne fonctionne pas encore, car, à l'arrivée, deux obstacles s'opposent au passage du courant : d'abord le condensateur K qui coupe l'enroulement du translateur, ensuite la résistance de 12.000 ohms du relais d'occupation ; cette résistance réduit suffisamment l'intensité du courant de la batterie de départ pour que le relais de supervision ne puisse fonctionner. Toutefois, grâce à son grand nombre de tours de fil, l'électro-aimant du relais d'occupation est excité et provoque l'allumage de la lampe d'occupation *l* (*batterie des signaux lumineux p, o, m, n, i, q, l, p*) ; l'éclat de cette lampe indique à l'opérateur d'arrivée que son collègue de départ a bien pris la ligne désignée.

L'opérateur d'arrivée procède alors au test : si l'abonné est libre, la fiche est enfoncée dans le jack et le bouton automatique D abaissé ; le corps *x* de la fiche ferme le circuit de la batterie à travers le relais d'occupation qui fonctionne et dont le ressort *i* coupe le circuit de la lampe d'occupation qui s'éteint. En décrochant son récepteur pour répondre, l'abonné provoque le déclenchement du bouton automatique ; le circuit comprenant le translateur et la batterie se trouve ainsi fermé entre la tête et la nuque de la fiche et, par conséquent, sur la ligne de l'abonné demandé : *z*. *a*, *b*, *e*, *f*, *r*, *batterie*, *g*, *relais de supervision h*, *et y*; les deux abonnés peuvent causer.

Le relais de supervision C, qui a fonctionné, a fermé l'enroulement de 27 ohms du relais d'occupation, et la résistance du circuit de la batterie centrale de départ étant réduite, le relais de supervision du groupe de départ fonctionne et shunte sa lampe dont la lumière baisse ; l'opérateur de ce groupe, ainsi prévenu que la communication est établie entre les deux abonnés, peut relever sa clé d'écoute.

293. L'abonné demandé est occupé ou ne répond pas. — Si le test indique que l'abonné demandé n'est pas libre, l'opérateur d'arrivée insère un instant sa fiche dans un *jack d'occupation*. Or, nous avons vu **291** que le commutateur intercalé entre les deux ressorts de ce jack produit quatre-vingt-huit fermetures par minute : le relais de supervision C fonctionne donc à chaque fermeture du circuit de la batterie et ferme chaque fois l'enroulement de 27 ohms du relais d'occupation ; il en résulte qu'au groupe de départ, sous l'influence de son relais, la lampe de supervision produit des pulsations lumineuses, dont la fréquence indique à l'opérateur de ce groupe que l'abonné demandé est occupé.

Si l'abonné n'a pas répondu au bout de quelques instants, l'opérateur déclenche à la main son bouton automatique, retire la fiche du jack général et la porte, cette fois, dans un *jack de non-réponse;* opération qui produit, par le mécanisme que nous venons de décrire, des pulsations de la lampe de supervision de départ à raison de quarante-quatre par minute.

Dans les deux cas, l'opérateur de départ avise son client de l'état de choses.

294. Fin de conversation. — Les signaux de fin sont donnés aux deux groupes quand les deux abonnés raccrochent leurs récepteurs. En effet, quand l'abonné du côté arrivée coupe la ligne, le relais de supervision C revient au repos ; le courant de la batterie de départ passe alors par les 12.000 ohms du relais d'occupation et laisse revenir au repos l'armature du relais de supervision de départ, dont la lampe s'allume. L'opérateur d'arrivée ne voit encore aucun signal apparaître ; mais, si l'abonné demandeur a également coupé sa ligne et provoqué l'allumage de la deuxième lampe, l'opérateur de départ retire les fiches ; aussitôt, le relais d'occupation d'arrivée revient au repos et ferme le circuit de la lampe d'occupation dont l'allumage indique la fin à l'opérateur d'arrivée. A son tour celui-ci retire sa fiche, le relais A revient au repos et la lampe *l* s'éteint.

295. Emplacement des divers organes d'un multiple à batterie centrale. — Par suite de la disparition des annonciateurs, le panneau vertical ne supporte que les jacks. Ainsi que nous l'avons dit à propos des multiples ordinaires déjà munis de signaux lumineux, les lampes d'appel sont placées près de leurs jacks individuels ; elles sont montées, comme ces derniers, sur des réglettes en ébonite superposées à celles de leurs jacks.

Les lampes sont recouvertes d'un capuchon dont le verre

dépoli porte, le cas échéant, des marques distinctives donnant aux téléphonistes certaines indications de service relatives aux abonnés.

Laissant de côté certains accessoires dont nous n'avons pas parlé, si l'on examine, de l'arrière à l'avant, la tablette des tables de départ, on trouve :

1° Les paires de fiches ;

2° Les clés d'écoute ;

3° Les paires de lampes de supervision ;

4° Les boutons d'appel des fiches de réponse, puis les boutons automatiques des fiches d'appel avec leurs poussoirs de dégagement à la main ;

5° Les clés de conversation avec les groupes d'arrivée des autres bureaux.

La tablette des tables d'arrivée et des tables intermédiaires supporte seulement les fiches monocordes et leurs lampes d'occupation.

Les relais de rupture de fin, de supervision et d'occupation sont placés dans le meuble.

Les relais de coupure accouplés avec leurs relais d'appel sont portés par un bâti spécial situé derrière le meuble du multiple. Il en est de même pour le répartiteur intermédiaire.

Les translateurs, enfin, sont portés par un troisième bâti.

296. Service interurbain. — La description détaillée du service interurbain dans les multiples à batterie centrale nous entraînerait en dehors de notre programme. D'ailleurs, l'équipement des tables interurbaines et des sections intermédiaires ne change rien au principe que nous avions exposé en étudiant un multiple ordinaire, et il a beaucoup d'analogie, dans certaines parties, avec ce qui existe entre les groupes de départ et les groupes d'arrivée à batterie centrale.

Nous ajouterons que la tendance actuelle, du moins pour les bureaux ne desservant qu'un nombre restreint de circuits interurbains, est de transformer les tables interurbaines en groupes pourvus des jacks généraux des abonnés. Les sections intermédiaires sont ainsi supprimées et, sur la demande formulée par un groupe du multiple ou par un circuit, le groupe interurbain établit directement la communication entre le circuit et l'abonné.

THÉORIE DE L'INDUCTION

Peu après la découverte de l'induction par Faraday, un autre savant, Lenz, a formulé la loi suivante :

Le sens du courant induit est tel qu'il s'oppose à la continuation de la cause qui lui donne naissance ; il agit comme une réaction.

Cette loi résume les observations faites sur les effets de l'induction (65 et 66).

En disant que l'énergie induite dans un circuit est une transformation, soit de l'énergie mécanique dépensée pour déplacer un champ magnétique dans le voisinage de ce circuit, soit de l'énergie chimique employée à produire un courant dans un circuit inducteur, on est d'accord avec le principe de la conservation de l'énergie ; mais on n'explique pas pourquoi le courant induit est, comme l'exprime la loi de Lenz, inverse à la naissance de la cause inductrice, et direct à sa disparition ; enfin pourquoi, entre ces deux effets, il n'y a pas d'induction malgré la continuation du passage du courant dans le circuit inducteur. Les théories de Maxwell et de Lodge sont incomplètes à cet égard.

Cependant, si l'on admet que tous les phénomènes sont dus à des vibrations et que la matière est constituée par des atomes animés de mouvements tourbillonnaires extrêmement rapides, on peut donner une explication satisfaisante de l'induction.

Partant de cette dernière hypothèse, due à Lord Kelvin, nous admettrons que la rapidité, l'amplitude des mouvements, le plan dans lequel se meuvent les tourbillons, déterminent la nature, les propriétés d'un corps et, au point de vue électrique, sa conductibilité.

Lorsqu'un corps conducteur, un fil métallique, par exemple, est interposé entre les pôles d'un générateur d'électricité, les vibrations électriques se transmettent à travers ce corps en modifiant les mouvements propres de ses atomes de manière à orienter la direction de leur mouvement de rotation dans un même sens. De la résistance plus ou moins grande présentée par les tourbillons pour changer le régime de leur mouvement, dépendra la résistance électrique du conducteur.

Or, de même que lorsqu'une tige vibre, l'air environnant entre en vibrations, l'énergie électrique ne modifie pas seulement les mouvements des tourbillons qui constituent le conducteur ; mais aussi ceux des atomes de l'air et de l'éther (10) dans lesquels ce conducteur est plongé. L'air ayant une résistance considérable, n'est pas sensiblement modifié ; c'est donc la propagation de l'énergie par l'éther qui détermine les lignes de force, c'est-à-dire le champ magnétique révélé par l'expérience du fantôme.

Cette expérience ne montre que les lignes immobiles, mais on admet déjà, pour expliquer les phénomènes magnétiques, que les lignes de force circulent autour d'un conducteur parcouru par un courant ou, si l'on veut du pôle nord au pôle sud d'un solénoïde formé par ce conducteur. Nous ajouterons alors que le rayonnement de l'énergie électro-magnétique doit se produire par ondes successives comme dans la propagation de tous les phénomènes; autrement dit, que chaque couche d'atomes transmet à la suivante l'énergie qui lui est donnée par la couche précédente.

Supposons maintenant deux parties parallèles, A et B, de deux circuits distincts (*fig.* 206); le circuit B est fermé et une clé permet de lancer un courant dans le circuit A.

Dès que le courant est lancé, l'énergie rayonne autour de A pour se disperser dans l'espace, et des lignes de force, tournant sur elles-mêmes dans le sens de la flèche *f* apparaissent successivement. Dès l'apparition des premières, celles-ci vont créer, par une sorte de friction sur les tourbillons de l'éther qui n'ont pas encore été influencés, des lignes de force *f'* tournant en sens inverse autour de B. Par conséquent, puisque le courant *a* détermine un champ *f*, par réciprocité, le champ *f'* détermine un courant *b*; c'est-à-dire *un courant induit dont le sens est inverse de celui du courant inducteur.*

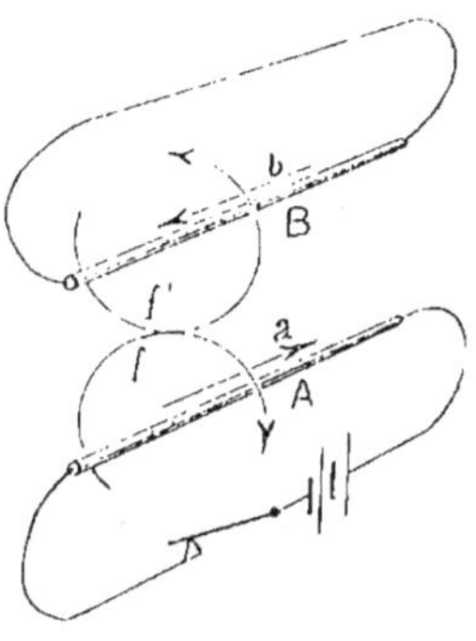

Fig. 206.

Cependant l'énergie rayonnante continue son action sur l'éther; des couches successives de tourbillons subissent l'influence et suivent le mouvement des premières; autrement dit, de nouvelles lignes de force apparaissent *au delà* du fil induit (*fig.* 207). A partir de ce moment aucun mouvement ne peut se produire *autour* de ce fil, puisque les lignes tournent sur ses deux côtés opposés dans le même sens : le champ induit disparaît donc, ainsi que le courant auquel il avait donné naissance ; et, tant que le régime du courant primaire ne sera pas modifié, aucun courant ne pourra se produire dans B.

Interrompons enfin le courant *a*. L'énergie cesse de se propager à partir du fil A ; les couches d'atomes de l'éther reprennent alors successivement leurs mouvements naturels pendant que les ondes déjà lancées continuent leur action vers l'infini. De sorte qu'à un moment donné, il n'y aura plus de lignes de force *f* qu'au delà du fil B (*fig.* 208). A ce moment, un mouvement se produira par friction autour de ce fil, mais, cette fois, ainsi que l'indique la flèche f'', dans le même sens que celui des lignes du champ inducteur. Par conséquent, un nouveau courant induit b, *de même sens que le courant inducteur*, prendra naissance dans B, puis disparaîtra avec la dispersion de l'énergie.

Si, à cette explication, on ajoute le résultat de l'expérience,

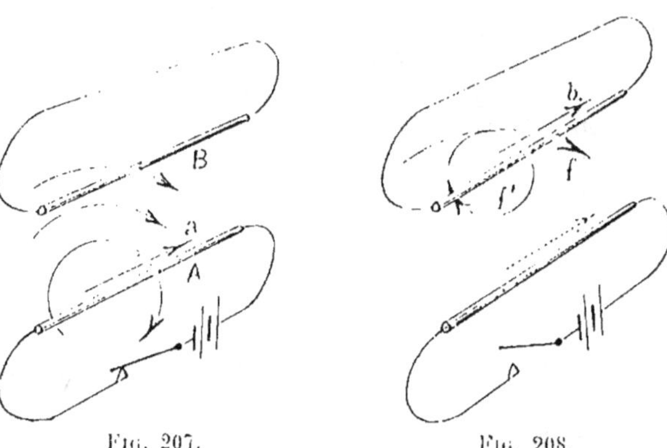

Fig. 207.   Fig. 208.

on reconnaît qu'au moment où, par suite de la naissance ou de la disparition du courant a, un courant induit apparaît en B, la dépense d'énergie est plus forte dans le primaire que si le secondaire n'existait pas ou était ouvert. En effet, quand il y a induction, l'énergie rayonnante trouve dans le fil induit un meilleur conducteur que dans l'air ou dans l'éther : d'où augmentation de la dépense du générateur, puisque, à ce moment, celui-ci distribue, pour ainsi dire, du courant dans les deux fils.

TABLE DES MATIÈRES

PREMIÈRE PARTIE

PRÉLIMINAIRES. — ÉLECTRICITÉ ET MAGNÉTISME

CHAPITRE I

Préliminaires

CHAPITRE II

Piles

CHAPITRE III

Étude du courant électrique. Unités

CHAPITRE IV

Dérivations. — Circuit fermé par la terre

CHAPITRE V

Groupement des éléments de piles

CHAPITRE VI

Notions de magnétisme. — Électro-aimant

CHAPITRE VII

Électro-magnétisme

CHAPITRE VIII

Induction

DEUXIÈME PARTIE

TÉLÉPHONE ET MICROPHONE. — POSTES D'ABONNÉS

CHAPITRE I

Téléphone

CHAPITRE II

Microphone

CHAPITRE III

Appareils accessoires des installations téléphoniques

CHAPITRE IV

Constitution des postes micro-téléphoniques

CHAPITRE V

Installations pratiques des postes d'abonnés

CHAPITRE VI

Postes d'abonnés reliés aux bureaux à batterie centrale

TROISIÈME PARTIE

POSTES CENTRAUX

—

CHAPITRE I

Tableaux commutateurs

CHAPITRE II

Tableau Jack-Knives

CHAPITRE III

Tableau Bailleux

CHAPITRE IV

Tableaux à leviers

CHAPITRE V

Installation d'un poste central d'abonné

CHAPITRE VI

Tableaux standards

CHAPITRE VII

Standard à dix numéros

CHAPITRE VIII

Standard à vingt-cinq numéros

CHAPITRE IX

Standards à cinquante et à cent numéros

CHAPITRE X

Tableau extensible

CHAPITRE XI

Dispositions communes aux divers tableaux

CHAPITRE XII

Tableaux d'abonnés reliés avec des bureaux à batterie centrale

CHAPITRE XIII

Répartiteur

CHAPITRE XIV

Installation d'embrochage

Pages.

CHAPITRE XV

Emploi des transformateurs sur les circuits interurbains

CHAPITRE XVI

Tableau interurbain

CHAPITRE XVII

Intercommunications

CHAPITRE XVIII

Télégraphie et téléphonie simultanées

CHAPITRE V

Mesures

CINQUIÈME PARTIE

COMMUTATEURS MULTIPLES

CHAPITRE I

Multiple ordinaire

CHAPITRE II

Multiple à batterie centrale

APPENDICE

La télégraphie sans fil, par le professeur Domenico MAZZOTTO, traduit de l'italien par J.-A. MONTPELLIER, rédacteur en chef de *l'Électricien*. In-8° 16 × 25 de X-432 p., avec 250 fig. Br., 12 fr. 50; cart..... 14 fr.

Notions générales sur les télécommunications sans fil. Télégraphie sans fil par conduction. Télégraphie sans fil par induction. Systèmes radiophoniques. Systèmes fondés sur l'emploi des radiations ultra-violettes et infra-rouges. Télégraphie sans fil par ondes électriques. Appareils de radiotélégraphie. Systèmes divers de radiotélégraphie. Syntonisation et communications multiples. Expériences pratiques et applications. Téléphonie sans fil. Applications diverses et conclusions.

La télégraphie sans fil, la télémécanique et la téléphonie sans fil à la portée de tout le monde, par E. MONIER, ingénieur; préface du Docteur E. BRANLY. 7° édition. In 16 11-5 × 18-5 de VIII-226 pages, avec 34 figures.................................... 2 fr. 50

L'électrotechnique *exposée à l'aide des mathématiques élémentaires*, par N.-A. PAQUET et A.-C. DOCQVIER, ingénieurs des mines, et J.-A. MONTPELLIER. TOME I. — *L'énergie et ses transformations. Phénomènes magnétiques, électriques et électromagnétiques. Mesures usuelles.* In 8 16 × 25 de XIV-328 pages, avec 194 figures. Broché, 7 fr. 50; cartonné....... 9 fr.

L'énergie électrique. Quantités et unités physiques. Principes et lois de l'électrotechnique. Phénomènes magnétiques. Phénomènes électrostatiques. Le courant électrique. Phénomènes électromagnétiques. Quantités et unités magnétiques, électromagnétiques et électrostatiques. Phénomènes de condensation. Phénomènes d'induction électromagnétique. Mesures électriques usuelles. Instruments et méthodes de mesure. Mesure des résistances. Mesure des intensités du courant. Mesure des forces électromotrices et des différences de potentiel.

TOME II. — *Production de l'énergie électrique.* In-8° 16 × 25 de XIV-584 pages, avec 546 figures. Broché, 13 fr.; cartonné.............. 16 fr. 50

Principe des machines dynamos électriques. Dynamos à courant continu. Phénomènes périodiques. Étude du courant alternatif. Mesure de quantités électriques périodiques. Alternateurs. Machines électrostatiques. Piles hydroélectriques. Piles thermo-électriques.

L'électricité à la portée de tout le monde, par Georges CLAUDE. 7° édition. In-8° 16 × 25 de 520 pages, avec 236 figures. Broché, 7 fr. 50; cartonné.. 9 fr. 50

L'électricité industrielle mise à la portée de l'ouvrier, *Manuel pratique à l'usage des monteurs-électriciens, élèves des écoles professionnelles, etc.*, par E. ROSENBERG. Traduit de l'allemand par A. MAUDUIT, professeur à l'Institut électrotechnique de Nancy. 4° édition. In-8 12 × 18 de XII-520 pages, avec 325 figures. Broché, 8 fr. 50; cartonné..... 10 fr

Phénomènes électriques. Aimants. Dynamos à courant continu. Moteurs électriques. Accumulateurs. Marche et couplage en parallèle. Éclairage électrique. Courants alternatifs. Alternateurs. Moteurs à courant alternatif. Courants polyphasés. Haute tension. Parafoudres. Distribution de l'énergie. Photométrie et Éclairage. Chauffage électrique.

Manuel pratique de l'ouvrier électricien-mécanicien. Principes, fonctionnement, conduite et entretien des machines électriques. Adaptation française de l'ouvrage allemand de E. SCHULZ, avec nombreuses additions, par J.-A. MONTPELLIER, rédacteur en chef de *l'Électricien*. In-8 de 324 pages, avec 175 figures. Broché, 6 fr.; cartonné... 7 fr. 25